受浙江大学文科高水平学术著作出版基金资助

"十三五"国家重点出版物出版规划

国家出版基金项目
NATIONAL PUBLICATION FOUNDATION

大国大转型
中国经济转型与创新发展丛书
中国（海南）改革发展研究院组织编著

大国小农

现代化新征程的"三农"问题与战略抉择

SMALL-SCALE
FARMING
OF
A
BIG
COUNTRY

叶兴庆◎著

ZHEJIANG UNIVERSITY PRESS
浙江大学出版社

图书在版编目(CIP)数据

大国小农:现代化新征程的"三农"问题与战略抉择 / 叶兴庆著. —杭州:浙江大学出版社,2021.6
(大国大转型:中国经济转型与创新发展丛书)
ISBN 978-7-308-21454-4

Ⅰ.①大… Ⅱ.①叶… Ⅲ.①三农问题-研究-中国
Ⅳ.①F32

中国版本图书馆 CIP 数据核字(2021)第 107787 号

大国小农:现代化新征程的"三农"问题与战略抉择

叶兴庆 著

总 编 辑	袁亚春
策 划	张 琛 吴伟伟 陈佩钰
责任编辑	陈 翩 丁沛岚
责任校对	张培洁
封面设计	雷建军
出版发行	浙江大学出版社
	(杭州市天目山路 148 号 邮政编码 310007)
	(网址:http://www.zjupress.com)
排 版	浙江时代出版服务有限公司
印 刷	浙江省邮电印刷股份有限公司
开 本	710mm×1000mm 1/16
印 张	20.75
字 数	265 千
版 印 次	2021 年 6 月第 1 版 2021 年 6 月第 1 次印刷
书 号	ISBN 978-7-308-21454-4
定 价	68.00 元

总 序

"十四五":以高水平开放形成改革发展新布局

迟福林

当今世界正处于百年未有之大变局。经过40多年的改革开放,中国与世界的关系发生历史性变化。作为新型开放大国,中国如何看世界、如何与世界融合发展?处于调整变化的世界,如何看中国、如何共建开放型经济体系?这是国内外普遍关注的重大问题。作为经济转型大国,我国既迎来重要的战略机遇,也面临着前所未有的挑战。"十四五"时期,我国经济正处于转型变革的关键时期,经济转型升级仍有较大空间,并蕴藏着巨大的增长潜力,我国仍处于重要战略机遇期。

在这个大背景下,推进高水平开放成为牵动和影响"十四五"改革发展的关键因素。面对百年未有之大变局,中国以高水平开放推动形成改革发展新布局,不仅对自身中长期发展有着重大影响,而且将给世界经济增长和经济全球化进程带来重大利好。未来5~10年,中国以更高水平的开放引导国内全面深化改革将成为突出亮点。

以制度型开放形成深化市场化改革的新动力。在内外环境明显变化的背景下,开放成为牵动和影响全局的关键因素,开放与改革直接融合、开放引导改革、开放是最大改革的时代特征十分突出。

"十四五"时期，适应经济全球化大趋势和我国全方位开放新要求，需要把握住推进高水平开放的重要机遇，以制度型开放加快市场化改革，并在国内国际基本经贸规则的对接融合中优化制度性、结构性安排。由此产生全面深化改革的新动力，推进深层次的体制机制变革，建立高标准的市场经济体制，进一步提升我国经济的国际竞争力。

以高水平开放促进经济转型升级。 "过去40年中国经济发展是在开放条件下取得的，未来中国经济实现高质量发展也必须在更加开放条件下进行。"从经济转型升级蕴藏着的内需潜力看，未来5年，我国保持6%左右的经济增长率仍有条件、有可能。有效释放巨大的内需潜力，关键是推动扩大开放与经济转型升级直接融合，并且在这个融合中不断激发市场活力和增长潜力。由此，不仅将为我国高质量发展奠定重要基础，而且将对全球经济增长产生重要影响。

以高水平开放为主线布局"十四五"。 无论内外部的发展环境如何变化，"十四五"时期，只要我们把握主动、扩大开放，坚持"开放的大门越开越大"，坚持在开放中完善自身体制机制，就能在适应经济全球化新形势中有效应对各类风险挑战，就能化"危"为"机"，实现由大国向强国的转变。这就需要适应全球经贸规则由"边境上开放"向"边境后开放"大趋势，优化制度性、结构性安排，促进高水平开放，对标国际规则，建立并完善以公开市场、公平竞争为主要标志的开放型经济体系。由此，不仅将推动我国逐步由全球经贸规则制定的参与国向主导国转变，而且将在维护经济全球化大局、反对单边主义与贸易保护主义中赢得更大主动。

2015年，中国（海南）改革发展研究院与浙江大学出版社联合策划出版"大国大转型——中国经济转型与创新发展丛书",在社会各界中产生了积极反响,也通过国际出版合作"走出去"进一步提升了国际影响力。今年,在新的形势和背景下,在丛书第一辑的基础上,又集结各位专家的研究力量,围绕"十四五"以及更长时期内我国经济转型面临的重大问题继续深入研究分析,提出政策思路和解决之道。

在原有基础上,丛书第二辑吸纳了各个领域一批知名专家学者,使得丛书的选题视角进一步丰富提升。作为丛书编委会主任,对丛书出版付出艰辛努力的学术顾问、编委会成员、各位作者,对浙江大学出版社的编辑团队表示衷心的感谢!

本套丛书涵盖多个领域,仅代表作者本人的学术研究观点。丛书不追求学术观点的一致性,欢迎读者朋友批评指正!

2019 年 11 月

目　　录

第七章　从消除绝对贫困转向缓解相对贫困 / 219

第一章 导 论

一、在国家现代化进程中把握农业变迁趋势与农业政策调整方向

准确把握农业变迁趋势和农业政策调整方向,需要基于国家现代化进程的视角。做到这一点,需要对国家现代化进程有准确把握。改革开放以来,中国人对现代化道路的展望有一个重要的特点,就是喜欢用"三步走"来概括,比如"大三步""中三步"和"小三步"等。

所谓"大三步",即1987年党的十三大,根据邓小平同志的构想,对我国的现代化建设有一个"三步走"的战略构想。第一步,1981年到1990年实现国民生产总值比1980年翻一番,解决人民的温饱问题。第二步,1991年到20世纪末国民生产总值再增长一倍,人民生活达到小康水平。第三步,到2050年基本实现现代化,人均国民生产总值达到中等发达国家水平,人民过上比较富裕的生活。两个10年和一个50年,加起来形成了一个70年的展望。

所谓"中三步",即1997年党的十五大,对21世纪又进行了一个"三步

走"的展望。第一步，21 世纪头 10 年实现国民生产总值比 2000 年翻一番，使人民的小康生活更加宽裕，形成比较完善的社会主义市场经济体制。第二步，再经过 10 年的努力，到建党 100 年时，使国民经济更加发展，各项制度更加完善。第三步，到 21 世纪中叶还有 30 年，即新中国成立 100 年时，基本实现现代化，建成富强民主文明的社会主义国家。这是一个 50 年的展望。

所谓"小三步"，即 2017 年党的十九大对未来 33 年提出了"三步走"的展望。第一步，到 2020 年要全面建成小康社会。第二步，从 2021 年到 2035 年，在全面建成小康社会的基础上，再奋斗 15 年，基本实现社会主义现代化。第三步，从 2036 年到 21 世纪中叶，在基本实现现代化的基础上，再奋斗 15 年，把我国建成富强民主文明和谐美丽的社会主义现代化强国。

基于"三步走"的构想，农业的发展要服从和服务于国家现代化这个大的进程。

二、现代化前半程的农业发展

中国的现代化进程到现在应该说已经完成了一半，或者一半多一点。如果按照到 2050 年建成现代化强国的时间进度来看，我们现在可以说进入了现代化的新征程。那么在现代化的前半程，农业成效怎么样？我总结了四个特征。第一是高速增长。这毫无疑问是现代化前半程农业发展的突出特点，但是我们在新征程就不会再有这样的高速度了。第二是增产导向。在现代化的前半程，我们要解决吃饱肚子的问题，对农产品的数量很重视，但对产品的质量顾及不够；对农业生产很重视，但对生态顾及不够。当年如果有一个生态目标，我们对新农村的构想就会更加完美，但当时还没有条件，我们的认识水平也没到这个阶段。第三是农业增长动力的转换。以前我们讲一靠政策，二靠科技，三靠投入，这更多是从政策的角度思考农业增长的动力。其实思考一下中国现代化前半程的农业增长,从动力的角度还是有规律可循的。在一个相当长的时期内,我们更多地依赖土地生产率的提高,后来逐步转向注重劳动生产率的提高。土地生产率导向的技术进步和劳动生产率导向的技术进步,对整个农业增长的贡献是不一样的,毫无疑问会影响到农业全要素生产率提高的速度,也就是说农业全要素生产率在一个时期更多是来自土地生产率的提高,而未来则倚重于劳动生产率的提高。第四是市场隔绝。在现代化的前半程,我国农业市场与国际市场"自然隔绝"。我国的工业化水平还比较低,农业生产成本也比较低,虽然我国人多地少的资源禀赋一直存在,但这种禀赋对农业的不利影响并没有得到充分彰显。在相当一段时期里,我国农产品的成本和价格比国外低,外国农产品就进不来,这就形成一种天然的保护状态,可以把这个状态称为"自然隔绝"。这种隔绝主要不是政策造成的,而是在这个发展阶段成本比较的结果。

三、农业现代化阶段判断

经过这些年的努力,农业发展到什么程度了?根据五个指标来综合判断,我国农业现代化在实现阶段的中后期(见表1-1)。其中,有两个指标比较弱一些:一是农业就业占比还是27.7%;二是农业科技进步贡献率虽然达到了56%,但是按照中后期这样一个阶段的划分,还是低了一些。其他三个指标,即农业增加值占比、农业机械化率以及农业中间消耗率,基本上达到了现代化实现阶段的后期标准。

表 1-1 我国农业现代化阶段判断

主要指标	传统农业阶段(1)	农业现代化实现阶段			后农业现代化阶段(5)	2018 年实际值
		初期(2)	中期(3)	后期(4)		
农业增加值占比	>50%	20%~50%	10%~20%	5%~10%	<5%	7.04%
农业就业占比	>80%	50%~80%	10%~50%	5%~10%	<5%	26.11%
农业科技进步贡献率	<5%	5%~30%	30%~60%	60%~80%	>80%	58.3%
农业机械化率	<5%	5%~30%	30%~60%	60%~80%	>80%	67%
农业中间消耗率	<10%	10%~20%	20%~40%	40%~50%	>50%	43%

注:部分指标的农业现代化阶段划分标准,参考了中国农科院蒋和平研究员和黄德林研究员的意见。

需要注意第五个指标——农业中间消耗率。对这个指标的进一步分析,可以判断某地工业化、城镇化发展的程度。通过对多个国家的比较分析,可以发现一个基本规律,即随着农产品商品化程度的提高,中间消耗的比重也会相应提高。比如在自然农业、自给自足的情况下,商品性投入很少,中间消耗率通常也很低。无论是对世界上各个国家时间序列数据的分析,还是对我国 31 个省(区、市)横截面数据的分析,都能得出类似的结论。比如工业化、城镇化水平较高的省份,中间消耗率就较高;工业化、城镇化水平较低的省份,中间消耗率也较低。我们可以用这个值来判断农业现代化程度。

从以上指标体系来判断我国农业现代化进程,既要看到成就,也要看到短板。

四、现代化新征程农业面临的突出问题

现代化的新征程,即从现在到 2050 年建成现代化强国的这个阶段,我

国农业现代化面临的突出问题有哪些,或者说农业现代化的短板有哪些?
我认为主要有产能透支、成本倒挂、"二兼"滞留、保护有限等四点。

(一)产能透支

现在我国有 6.5 亿吨粮食、600 万吨棉花、3000 万吨油料、8500 万吨
肉类、3000 万吨禽蛋、3000 万吨奶类、6400 万吨水产品的综合产能,这个
成就很了不起。但是我们也要清醒地看到,这个产能的实现在相当程度上
是以牺牲生态环境,以及过度的资源消耗为代价换取的。这种产能中相当
部分是不健康、不可持续的。虽然在推进农业供给侧结构性改革的过程中
农业不存在去产能的问题,但我们也应认识到农业产能结构有一个置换的
问题,即怎样以健康的产能去替换不健康的产能。这是我国农业未来现代
化进程中必须面对的一个重大挑战。

(二)成本倒挂

在现代化的前半程,我国农业市场与国际市场"自然隔绝",基本上可
视为国内问题。近几年,我们经常谈的是价格倒挂。价格倒挂当然在一定
程度上能够说明问题,但是价格的比较有内在的缺陷,因为价格取决于诸
多因素,比如国内外市场的波动、农业支持政策以及汇率等。成本的比较
更能说明问题,因为成本的比较更能反映资源禀赋和农业生产的经营形
态。也就是说,在既定农业生产经营形态下,成本的变动是比较稳定的,表
现为稳定地上升,稳定地下降,或变动比较小。当前需要注意的是,我国主
要农产品,特别是土地密集型大宗农产品的成本,已全面超过主要贸易国
的水平。这就需要我们考虑,在未来农业现代化的进程中,如何去直面成
本倒挂的问题。

(三)"二兼"滞留

目前,我国农业的兼业化现象已相当明显。2016 年第三次全国农业

普查结果显示,农业经营户是 20700 多万户,比 2006 年第二次全国农业普查的 20016 万户,多了几百万户。虽然 2016 年全国土地流转率超过 35%,农民工达到 2.8 亿人,但并没有改变农业的兼业状况,农业经营户总数仍在增长。特别是以农业为主、非农为辅的第一种兼业户(称作"一兼户")占比在下降,以农业为辅、非农为主的第二种兼业户(称作"二兼户")占比在上升,形成所谓"二兼"滞留问题,对这个问题要引起足够重视。日本经验表明,小规模兼营农业的问题不会随着工业化、城镇化以及科技的发展自动地得到解决。发展规模经营需要三个条件:非农化与城镇化、科技进步、农业社会化服务。没有这三个条件就推动不了规模经营,但是有了这三个条件并不等于一定能够实现规模经营,还跟土地政策息息相关。

(四)保护有限

在未来现代化进程中,我们还得迈一个坎,就是如何在低保护的情况下发展国内农业。2001 年我国加入 WTO 时,在农业方面争取到的国内支持和边境保护是不够的。国内支持方面是"两个 8.5%":一是特定产品"黄箱"8.5%,即某个产品的"黄箱"支持不能超过该产品产值的 8.5%;二是非特定产品"黄箱"8.5%,即农业普遍受益的"黄箱"支持不能超过农业总产值的 8.5%。我国部分农产品的特定产品"黄箱"空间所剩无几。边境保护方面,世界平均农产品关税是 60%,我国是 15%,只有世界平均水平的 1/4。虽然我国对玉米、小麦、大米、棉花、糖等农产品有关税配额管理,但是配额以外的关税最高也只有 65%。棉花、糖的配额外关税已经不足以保护国内市场,也就是说由于国内外之间的资源禀赋差异,这种成本倒挂幅度,靠棉花 40%、糖 50% 的配额外关税,已经挡不住进口了。玉米、小麦、大米,按照 1% 的配额关税税率也已经挡不住进口了,按照 65% 的配额外关税税率目前尚可挡住进口,但是能挡多长时间还很难说。这是现代化新征程要面临的又一个重大挑战。

五、现代化新征程农业政策的调整

针对以上问题,在现代化的新征程,要把农业现代化这篇文章做好,需要从以下四个方面采取措施。

(一)从增产导向转向竞争力导向

2017 年的中央经济工作会议明确提出,农业政策要从增产导向转向提质导向。要推进这个转向需要回顾一下历史。2004 年是个重要拐点:我国农业步入对外贸易依存度长期上升通道,农业逐步成为国际问题。考察日本的现代化进程,我们发现农业进入对外贸易依存度上升通道以后,再去把这个依存度降下来几乎是不可能的。那么它的必然性是什么?首先,因为工业化与城镇化发展到一定程度后,人多地少的资源禀赋劣势被触发,也就是说在现代化前半程它不是一个问题,但是工业化程度到了一定阶段后它就是一个大问题。其次,边境保护水平本来就低,并且今后"中国开放的大门不会关闭,只会越开越大"。这种低保护的自由贸易,对我国制造业会带来机遇大于挑战的外部环境,但对我国在人多地少的资源禀赋条件下发展农业却构成巨大挑战。迎接这个挑战,必须提高农业竞争力。

如何提高农业竞争力?我们构建了一个双支柱农业竞争力框架,通过"硬拼"和"巧取"两条腿走路。

第一,"硬拼"。一是提高价格竞争力,即通过农产品价格形成机制以及收储制度的改革,把以前人为托高的主要农产品价格恢复到市场长期均衡价格。二是提高基础竞争力,即通过土地的流转和规模经营的发展,使土地集中连片,提高劳动生产率。还要发展作业外包市场,这是第二种形态的规模经营,获取这个领域的规模经济来降低成本。三是提高一般服务竞争力,即农业支持政策结构本身需要改革,非特定产品"黄箱"政策空间还很大，特别是"绿箱"措施不受限制，可以大力使用。比如农田水利建设、科技进步、农民培训、技术推广，这些领域的投入是没有限制的，并且这些领域的投入能够直接降低农业生产成本。

第二，"巧取"。光靠硬拼，不仅代价大，而且拼不起。所以我们要巧取，就是人多地少的小规模农业要实行差异化竞争的策略，通过产业链的整合、品质的提高、多功能的发挥，来挖掘小规模农业的优势。一是提高产业链竞争力，其前提是优化农业区域布局，核心是培育农业龙头企业，基础是完善利益联结机制。二是提高品质竞争力，即通过"信任溢价"为小规模农业、高品质的农业提供生存空间。未来中国农业的格局应该是国内有购买力的人愿意为国产农产品付更高的价格，形成"信任溢价"。我国消费者普遍认为，进口农产品是品质好的、是价格高的，国产农产品是品质差的，从而是应该卖低价的。我国的小规模农业要生存下去，未来必须把这个局面扭转过来。只有通过消费者的信任，通过"信任溢价"，才能够为小规模农业、为高品质的农业提供生存空间。三是提高功能竞争力，比如积极探索务实管用的新业态，切实解决好配套设施用地以及建立健全农业生态效益补偿机制。

（二）从重农业生产到重农业生态

在我国未来的现代化进程中，农业政策要从重生产转向重生态。2014年是个重要拐点。这一年出台了诸多新举措，比如启动新一轮退耕还林，启动重金属污染耕地修复试点，开展华北地下水超采漏斗区综合治理、湿地生态效益补偿和退耕还湿试点。这些举措具有标志性意义，让新的发展理念，即绿色发展理念和可持续发展理念开始影响我国农业政策。后来有关部门陆续出台了各类规划和文件，加大农业突出环境问题治理力度，减少化肥和农药过量使用，推进农业废弃物转化利用，2015年农业部提出了确保到2020年实现"一控两减三基本"的工作目标。近年来，这些政策开始产生成效。另外,农业产能结构如何进一步优化也是未来农业发展的重要问题,也就是现有的种植业、畜牧业、水产业的边际产能如何有序退出的问题。我们认为,要推进边际产能退出,真正让农业走上绿色发展的道路,关键在于农业经营者本身愿意采用这种绿色生态、可持续发展的方式。为此,我们建立了这样一个不等式:$(NY-NC) \geqslant (OY-OC)$。要推动农业走上绿色发展道路,就要让这个不等式成立,即让农民从新发展方式中得到的净收益大于从传统粗放发展方式中所能得到的净收益。这个不等式涉及四个变量,我们要做大第一个变量(NY)和第四个变量(OC),做小第二个变量(NC)和第三个变量(OY)。做大第一个变量,就是要让新发展方式的总收入最大化;做大第四个变量,就是要让旧发展方式的总成本最大化;做小第二变量,就是要将新发展方式的总成本做小;做小第三个变量,就是要将旧发展方式的总收入做小。在四个变量上同时发力,才能使这个不等式成立,才能推动农业发展从旧的方式转向新的方式。围绕这四个变量分别可以采取很多政策,比如要做大 NY、做小 NC,就要实施农业绿色品牌战略,疏通渠道,提高消费者对按新发展方式所产农品的支付意愿;实施绿色生态导向的农业投入补贴政策,摊薄新发展方式的生产成本。要做小 OY、做大 OC,就要降低消费者对按旧发展方式所产农产品的支付意愿;通过制定阶梯水价、设立环境门槛以及使用经济处罚等手段,提高旧发展方式的成本。

(三)从劳动力单向外流到劳动力双向流动

在我国未来现代化进程中,农业发展要促进劳动力从单向外流转向双向流动。在现代化前半程,我国农业劳动力基本上是单向外流的。根据《中国统计年鉴》的历年数据,全国第一产业就业人数 1978 年为 28318 万人,2018 年为 20258 万人,以此推算外流 8060 万人,但是这个数字大大低估了农业劳动力外流的状况。1978—2018 年全国就业人数年均增长

1.66%,如果不外流,全国第一产业就业人数 2018 年应为 54719 万人,以此推算外流了 34461 万人。我国现阶段还处于"要富裕农民必须减少农民"的发展阶段,2018 年第一产业就业占比还高达 26%,而第一产业 GDP 的比重才 7%,也就是说 26% 的人只生产了 7% 的财富。劳动生产率差距从根本上决定了收入差距,提高农民收入要建立在提高农业劳动生产率的基础上。但问题是,在现代化的前半程,我国农业劳动力外流走的是一条"精英移民"道路。这是一条中国独特的农业劳动力转移道路,有别于其他国家的破产农民进城道路。我国是精英农民进城,留下老弱妇孺进行农业生产。精英移民的特征,一是农民工男性占比高于农业生产经营人员男性占比;二是农民工的文化程度明显高于农业生产人员的文化程度;三是农民工的年龄明显低于农业生产经营人员,更加严重的是农业劳动力老龄化程度大大超过农民工老龄化的程度。

在这种状况下发展现代农业,面临的一个重要挑战是如何培养新型农业经营主体。即如何优化农业的从业者结构,培养现代青年农场主、新型农业经营主体的带头人,甚至包括农业职业经理人。2016 年,经济日报社联合中国人民大学、零点有数科技有限公司开展的"全国新型农业经营主体发展指数"调查显示,新型农业经营主体负责人中返乡农民工的占比高达 58%。这表明,培育新型农业经营主体很重要的一个方面就是要在从现有农民中培育的同时,更加重视"城归"的作用,引导返乡、回乡、下乡,将现代科技、生产方式和经营模式引入农业。但是,这就会碰到制度性障碍,因为中国农村的特点是集体所有制。集体所有制是一个相对封闭的产权结构,城乡之间的要素流动有一定的障碍。2017 年中央经济工作会议强调,要健全城乡融合发展体制机制,清除阻碍要素下乡的各种障碍。城市的医疗、文化、教育、科技以及资金等要素下乡,难度相对较低,但是新型职业农民下乡,特别是那些非当地集体经济组织成员的新型职业农民下乡,就会遇到一些障碍,这个问题应通过土地制度改革来解决。

（四）从重土地的保障功能到重土地的要素功能

在我国未来现代化进程中，要推动从重土地的保障功能，转向重土地的要素功能。对土地功能的认识会直接影响设计土地制度的初衷，也会影响到设计土地制度的基本原则。长期以来，我们把土地作为农民最后的、最可靠的生计保障，所以我们在设计包括承包地、宅基地等土地制度的时候，会有很多顾忌。但是随着社会保障体系，包括最低生活保障制度、新型农村合作医疗保险制度、新型农村社会养老保险制度逐步覆盖到农村，土地的保障功能逐步剥离给社会和政府。在此背景下，土地的功能要回归其本源，即回归到一种生产要素。认识到这一点，在设计土地制度的时候就会有新的考虑。

当然，即便强调恢复土地的要素功能，也要认识到它是一种特殊的要素，其流转及配置不能完全由市场机制来发挥作用。因为土地的配置极有可能出现市场失灵。比如，据有些专家的样本调查，土地确权后并不一定有利于土地的集中化流转，反而会吊高承包权利人的胃口，使承包权利人产生一种财富幻觉，对流转出的土地有更高的要价，从而不利于土地流转和集中。在这个问题上我们要做进一步的研究。再比如，我国的城乡土地是一个二元结构，这个制度确实有它的问题，就是农民的土地财产权益没有得到充分尊重。但也要庆幸农村地价没有被炒起来，这为未来低成本地推进乡村振兴提供了难得的条件。所以，不要把城乡二元的土地制度完全看作一个坏事，矛盾是在转化的。

在未来的现代化进程中，毫无疑问要完善土地"三权分置"办法。如何对所有权、承包权、经营权进行理性赋权，这个问题一定要引起高度重视。要有这样的理念，即一个好的土地制度，要达到"土地是用来种的，不是用来囤的""是用来生产农产品的，不是用来生产财产性收入的"的目的。如果把土地当作农民的生计保障，当作农民的财产性收入来源，按照这样的理念去设计我国的土地制度、去完善土地的"三权分置"办法，会使我国的现代农业陷入困境。应按新的理念来设计我国农村土地制度。2017 年 10 月 19 日，习近平总书记在参加党的十九大贵州省代表团审议时，对一名贵州企业家说，党的十九大报告把新一轮土地承包期确定为 30 年，是同我们实现强国目标的时间点相契合的，到建成社会主义现代化强国时，我们再研究新的土地政策。对党的十七届三中全会首次提出的"长久不变"，很多人原先的预期是 70 年、90 年不变。改革开放以来，我国绝大多数农村先后经历了第一轮 15 年不变、第二轮 30 年不变，即将迎来第三轮 30 年不变，这意味着承包期长达 75 年。也就是第一轮承包时刚出生的人，到第三轮承包到期时，最小也已 75 岁了。在我国未来现代化进程中，城乡人口结构、乡村人口结构、农民的就业和保障体系，都会发生巨大变化。我们要为未来的土地政策变革、为未来完善农村土地"三权分置"办法，留出空间。这也是我们在现代化的新征程要处理好的一个问题。

六、结束语

在我国未来现代化进程中处理好"三农"问题，应把握好三点。一要对实现农业农村现代化的艰巨性有足够估计。在现代化的前半程，农业农村现代化是"四化同步"的短腿。未来随着乡村振兴战略的推进，农业农村的发展步伐会加快。但无论是到 2035 年基本实现现代化，还是到 2050 年建成现代化强国，跟 2020 年实现全面建成小康社会目标时的处境一样，届时的农业农村依然会是短腿。二要处理好工业化与城镇化"快变量"和农业转型"慢变量"的关系。既要有历史耐心，也要防止温水煮青蛙。见事迟、行动慢会贻误很多时机。在日本的农业农村现代化转型进程中，就有不少温水煮青蛙的事例，遇事总是拖一拖，等问题暴露了再来解决时成本大大提高，如大米保护政策调整、农地制度改革等。这为我国处理类似问题提供了镜鉴。三要处理好发挥市场决定性作用与更好地发挥政府作用的关系。在我国未来现代化进程中,要在人多地少的资源禀赋条件下探索出一条中国特色的农业农村现代化道路,既要遵循市场规律、发挥比较优势,又要守住粮食安全的底线。

第二章　高水平开放与农业战略性调整

以 2001 年加入 WTO 为标志，我国进入深度参与经济全球化、全面提高对外开放水平的新阶段。以党的十八届三中全会《决定》(《中共中央关于全面深化改革若干重大问题的决定》，下同)提出构建开放型经济新体制为标志，我国进入以制度型开放为重要特征、更高水平开放的新阶段。在迄今的开放进程中，我国农业作为总体上缺乏竞争优势的产业部门，经受住了考验，国家粮食安全和农民生计得到改善，农业现代化稳步推进。随着新一轮高水平开放举措效应的逐步显现、农业自身比较优势的动态变化，未来我国农业实际承受的挑战和压力将进一步加大。应对这种挑战和压力，根本出路在于深化农业供给侧结构性改革，努力提高农业的产业素质和竞争力，同时也需要谋划和实施全球农业战略，提高统筹利用国内外两个市场、两种资源的能力和开放条件下的国家粮食安全治理能力。

一、清醒认识加入 WTO 以来我国农业的发展走势

对加入 WTO 将给我国农业带来什么影响，在早期是有争论的。入世以来的农业发展绩效一定程度上回答了这些争论。但问题并未终结，入世

对农业的影响有待继续释放，压力和挑战需要逐步消化。

（一）全球领先的开放程度

我国加入 WTO 时，在农业方面作出了较高的开放承诺。无论是与 WTO 创始成员和其他新加入成员相比，还是与我国农业自身资源禀赋相比，这种开放程度都是偏高的。我国农业开放已处于全球领先地位，成为全球农产品关税水平较低和贸易自由化程度最高的国家之一（张陆彪，2019；崔卫杰，2019a）。从 WTO《农业协定》的三大领域来看，我国农业确实作出了领先于大多数成员的开放承诺。

1. 大幅降低市场准入门槛，承诺取消所有非关税措施，对全部农产品实行关税化管理

尽管入世谈判期间我国农产品平均关税已由 1992 年的 46.6% 降至 1999 年的 21.2%，我国仍承诺入世后继续削减，2010 年过渡期结束时削减至 15.2%，累计降幅达 67%，是乌拉圭回合中发达国家成员 36% 降幅的近 2 倍、发展中国家成员 24% 降幅的近 3 倍（张陆彪，2019）。我国入世过渡期结束后的农产品最终关税水平，约为世界平均水平的 1/4，远低于发展中国家成员 56% 和发达国家成员 39% 的平均水平；我国农产品的最高约束关税为 65%，而美国、欧盟、日本分别为 440%、408%、1706%（国务院新闻办公室，2018）。虽然我国对部分农产品进口实行关税配额管理，但豆油、菜籽油、棕榈油的配额仅在过渡期内实行，自 2006 年起取消配额；自 2005 年起小麦、玉米、大米配额外最惠国税率降至 65%，食糖、棉花配额外最惠国税率分别降至 50% 和 40%。我国承诺放弃适用《农业协定》第 5 条关于特殊保障条款的权利，当农产品进口数量增加或价格下降到一定幅度、对国内相关产业造成实质损害或损害威胁时，只能适用触发门槛更高的《保障措施协定》进行贸易救济。

2. 只获得极为有限的国内支持政策空间

我国放弃适用为发展中国家成员量身定制的《农业协定》第 6.2 条关于"发展箱"的权利,对农业可普遍获得的投资补贴、低收入或资源贫乏生产者可普遍获得的农业投入品补贴必须计入现行综合支持量(AMS),而不能像其他发展中国家成员一样免于削减。我国以 1996—1998 年为减让基期,此期间扭曲生产或贸易的农业综合支持量为负值:非特定产品综合支持量为 294.02 亿元,占农业总产值的 1.44%;特定产品综合支持量中仅玉米为 9.35 亿元,其他产品均为负值;此期间我国农业税费负担约为 1200 亿元。综合计算,我国农业综合支持量约为－900 亿元,这意味着我国农业国内支持水平约为－5%(柯炳生,2002)。基于这一情况,我国未能根据《农业协定》第 6.3 条的规定获得基期农业综合支持量权利,这意味着我国入世以后的"黄箱"措施仅限于微量允许。根据《农业协定》第 6.4 条的规定,发达国家成员特定产品微量允许(某一产品的"黄箱"措施占该产品产值的比例)和非特定产品微量允许(各产品普遍受益的"黄箱"措施占农业总产值的比例)上限分别为 5%,发展中国家成员分别为 10%,但我国分别只有 8.5%,未能充分享受到发展中国家成员的特殊和差别待遇。

3. 承诺不使用任何出口补贴措施

入世之前的一个时期内,由于国内玉米和棉花出现过剩,我国曾给予过出口补贴。入世时我国承诺不再对农产品出口提供补贴。与此形成鲜明对照的是,美国、欧盟等发达国家成员自 WTO 成立以来一直为农产品出口提供各种形式的补贴。尽管 2015 年 WTO 第十届部长级会议形成具有约束力的决议,同意停止和逐步淘汰农业出口补贴,要求发达国家成员立即取消出口补贴、发展中国家成员 2018 年取消出口补贴,特定的"加工品、奶制品和猪肉"等产品可延至 2020 年,25 个国家作出了削减出口补贴的承诺,但从实际执行情况看,出口补贴的削减并未达到预定目标。

入世以来,我国在按入世承诺扩大农业对外开放和按 WTO 规则调整完善国内农业政策的同时,还通过签订双边或诸边区域贸易协定实行更大程度的开放。截至 2019 年底,我国已与 25 个国家和地区签署 17 个自贸协定。在这些自贸协定中,农产品市场开放程度比 WTO 框架下的开放程度更高。例如,中国—东盟自贸区自 2004 年 1 月 1 日起实施早期收获计划,下调农产品关税,到 2006 年约 600 项农产品的关税降为零;自 2005 年7 月起,除 2004 年已实施降税的早期收获产品和少量敏感产品外,双方对其他约 7000 个税目的产品实施降税。又如,2005 年 11 月 18 日签订的《中国—智利自由贸易协定》、2008 年 4 月 7 日签订的《中国—新西兰自由贸易协定》、2015 年 6 月 17 日签订的《中国—澳大利亚自由贸易协定》,由于这些国家的农业具有较强比较优势,显著扩大了这些国家的农产品对华出口。

(二)总体平稳的发展绩效

尽管农业的开放程度很高,入世以来我国农业发展依然总体平稳,延续了入世之前的向上走势,并未出现入世前夕一些人所担心的农业将受到冲击、农民将大规模失业的情景。

1.农业增加值平稳增长

2002—2019 年全国第一产业增加值年均增长 4.01%,比 1979—2001年 4.62%的年均增长速度略有下降。这种下降,主要是农产品需求增长速度随恩格尔系数下降而下降导致的,是经济发展到一定阶段后的正常现象。与此前的大起大落相比,入世以来的农业增长稳定性得到显著加强。在 1979—2001 年的 23 个年份中,第一产业增加值增长速度峰谷相差 14.4个百分点;在 2002—2019 年的 18 个年份中,峰谷差仅为 3.7 个百分点(见图 2-1)。第一产业增长稳定性的增强,与农业基础设施在防汛抗旱中发挥了支撑作用、举国体制在抗御重大植物病虫害和动物疫情风险中发挥了保障作用等有关,也与国家对农业的调控作用密不可分。粮食最低收购价和重要农产品临时收储政策、缓解生猪市场价格周期性波动调控预案等市场调控政策的制定实施,降低了农产品市场波动幅度,为提高农业增长的稳定性创造了有利条件。

2. 农产品生产全面增长

入世前夕,一些研究认为,我国缺乏比较优势的土地密集型大宗农产品如玉米,将面临进口冲击,生产将出现下降(郭庆海,2002)。实际结果表明,即使是缺乏比较优势的土地密集型农产品也保持了增长势头。2002—2019 年全国粮食产量提高了 21120 万吨,超过了 1979—2001 年 14787 万吨的增长幅度;在 2002—2019 年的粮食产量增长中,玉米产量增长占69.4%。棉花、油料、糖料等典型土地密集型农产品也都维持了长期增长走势(见图 2-2)。高度依赖粮食的畜牧养殖业,在玉米产量增长和大豆进口增加的支撑下,同样维持了长期增长走势。具有较强竞争优势的劳动、资金、技术密集型农产品,如蔬菜、水果、茶叶、水产品等,更是实现了较快增长(见图 2-3)。就连进口大量增加的大豆,国内生产也未明显萎缩。可以认为,入世以来没有一种农产品因遭受进口冲击而明显萎缩。入世以来我国工业化与城镇化快速发展、居民收入水平快速提高创造的新增需求,既容纳了不断增加的农产品进口,也为国内农产品生产增长提供了巨大市场空间。

3. 农业现代化进程得到快速推进

在入世以来快速工业化与城镇化的带动下,我国农业现代化也进入快速推进阶段。农业生产规模化水平明显提高,全国农村承包地流转面积从2004 年的 0.58 亿亩提高到 2018 年的 5.3 亿亩。2016 年末,全国耕地规模化耕种面积占全部实际耕地耕种面积的 28.6%、规模化养殖生猪存栏占生猪存栏总数的 62.9%、家禽规模化存栏占比达到 73.9%(国家统计局,

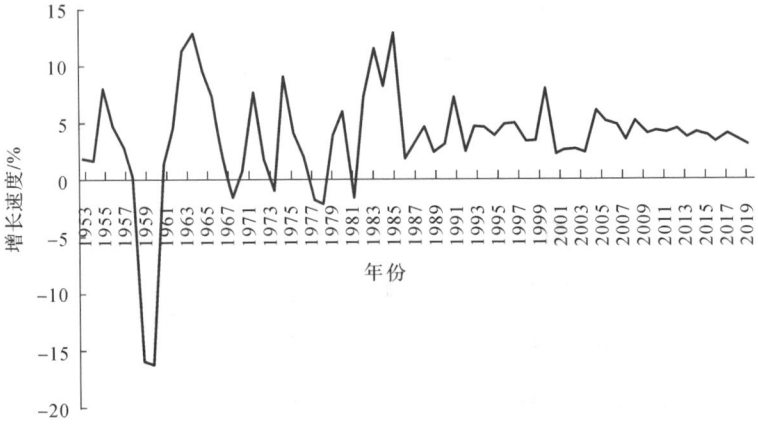

图 2-1　全国第一产业增加值增长速度

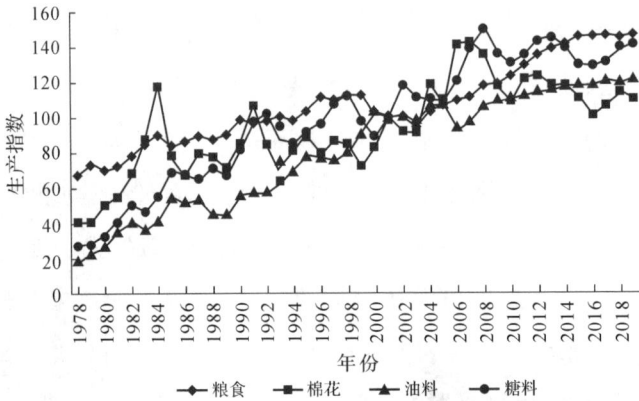

图 2-2　土地密集型农产品生产指数(2001 年＝100)

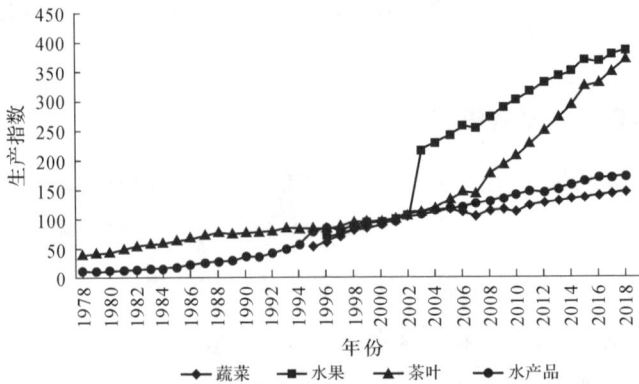

图 2-3　劳动密集型农产品生产指数(2001 年＝100)

2019）。① 农业生产机械化程度快速提高,全国农作物耕种收综合机械化水平从 2001 年的 32% 提高到 2019 年的 70%,农业已进入全程、全面机械化新阶段。农业生产绿色化迎来转折性变化,全国化肥使用量从 2015 年 6022.6 万吨的峰值下降到 2018 年的 5653.4 万吨,农药使用量从 2014 年 180.69 万吨的峰值下降到 2018 年的 150 万吨;2018 年全国畜禽粪污综合利用率达到 70%,秸秆综合利用率达到 84%,农用地膜回收率达到 60%,全国农业科技进步贡献率从 2005 年的 48% 提高到 2019 年的 59%。

4. 农业就业份额快速下降

全国第一产业就业人数从 2001 年的 36399 万人减少到 2018 年的 20258 万人,累计减少 16141 万人;第一产业就业份额从 2001 年的 50.0% 下降到 2018 年的 26.1%,累计下降 23.9 个百分点。这种下降是在农业劳动生产率和土地产出率上升的基础上实现的,是工业化与城镇化带来的积极变化,与农业生产萎缩情境下的农业就业减少有本质的不同。

5. 农民收入快速增长

全国农民人均可支配收入 2002—2019 年年均增长 8.1%,高于 1979—2001 年年均 7.4% 的增长速度。农民收入来源发生深刻变化,2001—2019 年工资性收入占比从 32.0% 提高到 41.1%、转移性收入占比从 3.7% 提高到 20.6%。这意味着入世以来工业化与城镇化对农民收入的拉动作用、社会保障和农业补贴政策对农民收入的支撑作用,大大对冲了农产品进口增加对农业经营收入的不利影响。

(三)悄然发生的深刻转型

观察入世以来的我国农业发展,在看到平稳的一面的同时,还要看到

---

① 耕地规模化耕种指南方 50 亩以上、北方 100 亩以上,规模化养殖生猪存栏指年出栏生猪 200 头以上,家禽规模化存栏指肉鸡肉鸭年出栏 1 万只及以上、蛋鸡蛋鸭存栏 2000 只及以上、鹅年出栏 1000 只及以上。

已经和正在发生的深刻转型,既不能夸大入世对农业的冲击,也不能对深层次矛盾和问题视而不见。必须清醒地认识到,入世给我国农业带来的挑战会随工业化与城镇化水平提高而进一步释放和显性化。目前来看,有两大挑战已经摆在我们面前。

1.农业进口依存度快速上升

入世之前,由于我国工业化与城镇化程度不高,农业劳动力的机会成本低,我国主要农产品的生产成本和市场价格普遍低于国外水平,农业在低水平地满足国内消费需求的同时,甚至还承担着出口创汇的功能。这是我国在入世谈判过程中对农产品市场准入作出偏高开放承诺的"底气"所在。入世初期,这一格局没有发生实质性变化。在这种情况下,尽管农产品市场开放程度较高,农业却未受到进口的明显冲击。但2004年开始,我国农产品贸易持续出现逆差(见图2-4)。在逆差的背后,孕育着深刻的变化。

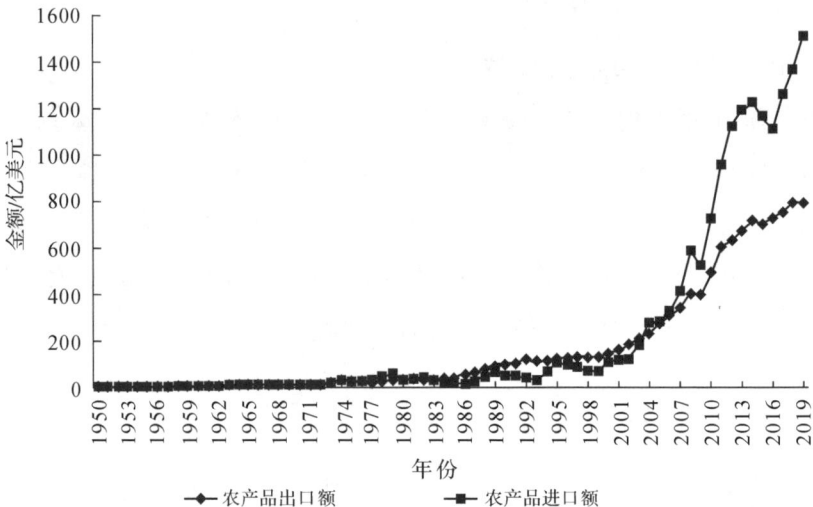

图 2-4 全国农产品进出口走势

第一,国内外农产品生产成本和价格倒挂幅度不断扩大,价差驱动型进口压力逐步增加。2004 年前后,我国农业剩余劳动力转移迈过刘易斯第一拐点,农民工工资出现跳跃式上涨,农业生产用工的机会成本随之上涨。土地流转率提高导致地租显性化,农业补贴特别是对新型经营主体补贴的增加导致单位面积土地租金上涨。受此推动,大宗农产品成本和价格逐步超过主要出口国水平,国外农产品逐步翻越运费、关税等贸易成本之墙进入我国市场,价差驱动型进口开始成为常态。目前,配额外最惠国税率已无法挡住棉花和食糖的进口,配额税率也已无法挡住大米、小麦、玉米的进口,实行单一关税管理的大豆、油菜籽、食用植物油、奶粉、肉类等产品早就无法挡住国外产品的进入。

第二,国内生产增长赶不上需求增长,缺口驱动型进口压力逐步增加。入世以来,我国粮食、棉花、油料、糖料、蔬菜、水果、畜产品、水产品等大宗农产品产量都有不同幅度的增长。但我国人均国内生产总值已从 2001 年的 1053 美元提高到 2019 年的 10276 美元,同期人口总量从 12.76 亿人增加到 14 亿人,增加了 1.24 亿人,城镇人口总量从 4.81 亿人增加到 8.48 亿人,增加了 3.67 亿人,这些变量共同推动全社会对农产品的需求不断增长。总体而言,尽管目前稻谷、小麦等产品依然存在一定的超出正常值库存,棉花、食糖、玉米等产品一度出现过超正常值库存,但即便剔除这一因素,我国多数大宗农产品的生产增长未能赶上需求增长。2001—2019 年,棉花进口从 19.7 万吨扩大到 193.7 万吨,食糖进口从 119.9 万吨扩大到 339 万吨,大豆进口从 1394 万吨扩大到 8851.1 万吨,油菜籽进口从 172.4 万吨扩大到 273.7 万吨,食用植物油进口从 167.5 万吨扩大到 1152.7 万吨,这种进口增长具有缺口驱动型特征。

第三,劳动力成本上涨导致劳动密集型农产品的出口优势衰减。蔬菜、水果、水产品是我国传统的出口品类,随着劳动力成本上涨,这些劳动密集型农产品逐步丧失竞争优势。水果出口从 2001 年的 8 亿美元扩大到 2019 年的 74.5 亿美元,同期进口从 3.5 亿美元扩大到 103.6 亿美元,2018

年起出现逆差。蔬菜和水产品长期保持贸易顺差,顺差规模分别从2001年的22.4亿美元和23亿美元扩大到2017年的峰值149.7亿美元和98亿美元,2018年蔬菜和水产品的贸易顺差分别同比下降3.7%和23.9%,2019年蔬菜贸易顺差与上年基本持平,水产品贸易顺差同比进一步下降74.1%。这是一种短期回调还是趋势性下降,需要给予密切关注。

第四,农产品进出口结构基本体现了农业资源禀赋特征。2001—2019年,我国农产品进出口贸易总额从279亿美元增长到2300.7亿美元,年均增长12.4%。其中,出口从160.5亿美元增长到791亿美元,年均增长9.3%,进口从118.5亿美元增长到1509.7亿美元,年均增长15.2%;贸易平衡从顺差42亿美元变为逆差718.7亿美元。这表明,我国农业进口依存度已步入快速上升通道。在农产品进口结构中,以土地密集型农产品为主,目前主要土地密集型农产品已全部处于净进口状态;在农产品出口结构中,以劳动密集型农产品为主。这种进出口结构,大体符合我国人多地少的农业资源禀赋特征,既满足了全社会对优质农产品不断增长的需求,又减轻了国内资源环境承受的压力。

2. 农业国内支持水平快速上升

入世之前,我国部分农产品的政府收购价低于固定外部参考价,农民需要缴纳农业税,农业总体上还是工业化的原始积累者。当时不少人认为,国内支持承诺的高低并没有多大实际意义,问题不在于国家有钱担心有违WTO规则而发不出去,而在于如何将有限的国家财政资源用好(柯炳生,2002)。基于这种现实,我国在农业国内支持承诺方面作出了较大让步。但随着工业化与城镇化水平提高,工农和城乡关系开始出现转折性变化,我国农业政策经历了急剧转型。入世以来,我国农业国内支持政策的变化呈现三个特征。

第一,国家对农业从攫取转向补贴。以2004年为转折点,农业反转为工业化的反哺对象。一方面,从2000年开始实行农村税费体制改革试点,逐步降低农业税税率,最终于 2006 年废除农业税。另一方面,先后从 2004 年和 2006 年起在主产区实行稻谷和小麦最低收购价政策,后来拓展到一度对玉米、棉花、油菜籽、食糖实行临时收储政策;从 2004 年起实行种粮农民直接补贴、农作物良种补贴和农机具购置补贴,从 2006 年起实行农资综合补贴。

第二,农业国内支持总量持续快速增长。根据我国向 WTO 的通报,我国农业国内支持总量从 2001 年的 885 亿元增长到 2016 年的 15070 亿元,年均增长 16%;同期全国农林牧业总产值从 23364.87 亿元增长到 87213.11 亿元,年均增长 9%,农业国内支持总量占农林牧业总产值的比重从 7% 提高到 17%。

第三,农业国内支持结构发生较大变化。在"绿箱"政策持续快速推进的同时,"黄箱"政策的力度逐步加大,2016 年首次出现了"蓝箱"政策。尤其是自 2011 年起,出现了特定产品现行综合支持量越过了微量允许上限的问题(见表 2-1)。这表明,虽然入世以来对 WTO 规则的熟知程度在提高,但在政策设计过程中运用 WTO 规则的意识和能力依然不够。

表 2-1　我国农业国内支持水平变化情况　　　　　　单位:百万元

年份	黄箱			绿箱	蓝箱
	特定产品微量允许	特定产品现行综合支持量	非特定产品微量允许		
1999	−96501		700	184335	
2000	−93656		745	207898	
2001	−76076		748	242332	
2002	−38771.73		234.74	252117.1	
2003	−27308.57		1282.61	257962.74	
2004	4194.91		1974.72	308493	
2005	−9491.45		2200.31	309566.06	
2006	−17760.77		14951.36	356524.48	

续　表

年份	黄箱			绿箱	蓝箱
	特定产品微量允许	特定产品现行综合支持量	非特定产品微量允许		
2007	4252.12		30754.22	457856.8	
2008	10241.41		78863.54	593014.94	
2009	19471		89123	477460	
2010	25351		97664	534632	
2011	34073	25883	103697	564819	
2012	39323	61775	132449	686667	
2013	56915	104450	133346	766232	
2014	69325	113872	134592	836382	
2015	61635	144809	133532	1083214	
2016	47645	81357	25759	1313152	39039

资料来源:中国向 WTO 的通报。

二、从两个维度研判高水平开放对我国农业的深远影响

我国已进入以全面开放、制度型开放、自主开放为主要特征的高水平开放新阶段(隆国强,2019)。在新一轮开放中,一方面,农业要继续消化入世承诺和已签订区域贸易协定逐步释放出来的挑战和压力;另一方面,农业要承受开放的新举措、农业产业优势的新变化带来的新挑战和新压力。从经贸规则来看,开放标准的提高、约束纪律的加严、补贴空间的收窄,使农业日益真切感受到约束。从产业优势来看,成本水平的上升、国内外倒挂幅度的扩大、竞争优势的衰减、比较劣势的凸显,使农业日益真切感受到冲击。

（一）经贸规则之变对农业的深远影响

1.自主谋变

（1）构建开放型经济新体制对农业的影响

党的十八届三中全会《决定》强调，"构建开放型经济新体制"，"促进国际国内要素有序自由流动、资源高效配置、市场深度融合"。党的十九大报告指出，"推动形成全面开放新格局"，"实行高水平的贸易和投资自由化便利化政策"。2018年，中央经济工作会议指出，"要推动全方位对外开放，推动由商品和要素流动型开放向规则等制度型开放转变"。2019年《政府工作报告》强调，"继续推动商品和要素流动型开放，更加注重规则等制度型开放，以高水平开放带动改革全面深化"。党的十九届四中全会《决定》（《中共中央关于坚持和完善中国特色社会主义制度　推进国家治理体系和治理能力现代化若干重大问题的决定》，下同）要求，"建设更高水平开放型经济新体制"，"实施更大范围、更宽领域、更深层次的全面开放，推动制造业、服务业、农业扩大开放"。在中央作出的这一系列重大开放决定中，制度型开放居于核心位置，对我国经济社会各领域都将产生深远影响，农业不可能成为例外。推进制度型开放，需要借鉴和对标国际先进规则，以第二次入世的毅力和决心，主动和自主完善我国经贸法律与规则体系（崔卫杰，2019b；韩文秀，2019；许英明，2019）。我国农业目前实行的规则、规制、管理、标准等，不少需要与国际先进水平看齐。为此，既要完善价格、收储、投资、信贷、保险等农业支持保护制度，也要完善动植物新品种保护制度，还要完善检验检疫、生物安全管理等农业技术性壁垒措施。

（2）签订区域贸易协定对农业的影响

在WTO最惠国待遇基础上，为了实现更高水平的贸易和投资的自由化、便利化，达成双边或诸边区域贸易协定是一个流行趋势。我国也主动通过这种方式促进区域经济一体化。从我国已经签订的 17 个自贸协定来看,对农业带来的影响是非常明显的。以《中国—新西兰自由贸易协定》为例,自 2008 年 10 月 1 日生效以来,我国分阶段降低新西兰全脂奶粉进口关税税率,2019 年降至零关税,这导致我国全脂奶粉进口持续增长,挤占了国内奶业增长空间。由于新西兰占据我国进口全脂奶粉的绝大部分市场份额(2018 年达到 89.7%),国内客户也逐渐把新西兰全脂奶粉的风味当作衡量其他产品的标准。但《中国—新西兰自由贸易协定》的影响并没有完全释放出来,根据该协定,我国对全脂奶粉的特殊保障措施到 2024 年将失效,届时我国奶业将承受更大竞争压力。目前,我国正与 27 个国家和地区进行 12 个自贸协定谈判或升级谈判,与 8 个国家就建立或升级双边自贸协定进行联合可行性研究。这些国家和地区中,有不少在农业方面具有较强竞争优势,如加拿大、挪威等,一旦达成自贸协定,我国农业将面临较大压力。

(3)实施粮食安全新战略对农业的影响

过去一个时期,我国把实现粮食自给作为农业政策最优先目标,一度实行过"以粮为纲、全面砍光"。即便实行市场化改革以来农民获得了较大的生产经营自主权,但发展粮食生产依然居于最优先位置。这一方面使我国粮食生产取得长足发展,另一方面也导致过度垦殖草原和山坡地、过度开采地下水、过量使用化肥和农药等资源环境问题,以及不能充分利用各地比较优势发展高附加值农产品生产等资源错配问题。2013 年,中央经济工作会议和中央农村工作会议明确提出,实施"以我为主、立足国内、确保产能、适度进口、科技支撑"的国家粮食安全新战略;2016 年国务院印发的《全国农业现代化规划(2016—2020 年)》提出,2020 年小麦、稻谷自给率为 100%,但把自给率界定为"国内生产能力满足需求的程度",而且对玉米未提出量化要求;2019 年发布的《中国的粮食安全》白皮书,未再重申 1996 年发布的《中国的粮食问题》白皮书关于"在正常情况下,粮食自给率不低于95％，净进口量不超过国内消费量的5％"的量化指标。具体来看，粮食安全战略有五个方面的新变化："保"的范围有收缩，从过去笼统地要求保障粮食安全，调整为"谷物基本自给、口粮绝对安全"，按国际通行口径剔除了豆类、薯类；"保"的要求有提高，不仅要求保障数量安全，而且要求保障质量安全；"保"的内涵有深化，更加注重产能的提高，强调藏粮于地、藏粮于技，强调可持续发展；"保"的途径有变化，首次把适度进口作为保障粮食安全的途径之一；"保"的责任有调整，在继续强调地方责任的同时，首次明确中央负首要责任。粮食安全战略的这些调整，为我国农业扩大对外开放提供了新的空间，有利于积极利用国外农业资源满足国内市场需求、促进国内土地等资源休养生息。

（4）将国内市场作为博弈筹码对农业的影响

目前，我国与全球230多个国家和地区有贸易往来，对其中部分贸易伙伴长期存在贸易顺差，面临自其扩大进口、促进贸易平衡的压力。为主动向贸易伙伴开放市场，近年来我国不仅自主调低了进口关税，而且自2018年起开创性地举办中国国际进口博览会。在我国对其存在贸易顺差的贸易伙伴中，不少在农业方面具有比较优势，要求我国增加其农产品进口成为这些贸易伙伴的主要诉求之一。针对这种情况，在近年来的重大双边外交活动中，扩大农产品进口成为我国最常使用的政治承诺和优惠贸易安排之一（见表2-2）。这种做法有利于维护双边经贸关系，也有利于为国内消费者提供多样化的优质农产品，但对国内农业也将带来一定影响，特别是扩大国内有生产能力的农产品和食品的进口，将挤占部分国内市场空间。

表 2-2　扩大农产品进口的政治承诺:以 2019 年下半年为例

承诺时间	承诺对象	承诺内容	出　　处
2019 年 9 月 17 日	俄罗斯	全面落实《中国东北地区和俄罗斯远东及贝加尔地区农业发展规划》和《中华人民共和国商务部、农业农村部与俄罗斯联邦经济发展部、农业部关于深化中俄大豆合作的发展规划》,深化农业全产业链合作,扩大农产品相互准入,促进农产品贸易发展 切实加强非洲猪瘟和马铃薯甲虫等重大动植物疫情防控合作,为农业和农产品贸易发展提供有力的安全保障 积极开展两国农产品食品相互市场准入合作,不断扩大对方优质农产品食品进口,继续促进两国农业合作	《中俄总理第二十四次定期会晤联合公报》(2019 年 9 月 17 日,圣彼得堡),《人民日报》2019 年 9 月 18 日第 3 版
2019 年 10 月 9 日	所罗门	中方欢迎所方有竞争力的优质产品扩大对华出口	《李克强同所罗门群岛总理索加瓦雷举行会谈》,《人民日报》2019 年 10 月 10 日第 2 版
2019 年 10 月 12 日	印度	印方感谢中方积极增加进口印度大米和食糖等产品,希望用好高级别经贸对话机制,推动双边贸易平衡可持续发展	《习近平同印度总理莫迪在金奈继续举行会晤》,《人民日报》2019 年 10 月 13 日第 1 版
2019 年 10 月 13 日	尼泊尔	双方欢迎签署关于尼泊尔柑橘输华植物检疫要求的议定书,并同意尽早签署关于食品进出口安全合作谅解备忘录	《中华人民共和国和尼泊尔联合声明》(2019 年 10 月 13 日,加德满都),《人民日报》2019 年 10 月 14 日第 2 版
2019 年 10 月 25 日	巴西	中方愿进口更多符合中国市场需求的巴西优质产品和高附加值产品,拓展两国农业、能源、矿业、航天、基础设施建设等方面合作	《习近平同巴西总统博索纳罗会谈》,《人民日报》2019 年 10 月 26 日第 1 版
		双方对两国海关、农业部门达成的谅解及特定商品检疫议定书表示满意,这将促进两国双边农产品出口多元化增长	《中华人民共和国和巴西联邦共和国联合声明》(2019 年 10 月 25 日,北京),《人民日报》2019 年 10 月 26 日第 3 版

承诺时间	承诺对象	承诺内容	出　处
2019 年 11 月 5 日	泰国	中方鼓励扩大泰国大米等优质农产品对华出口	《李克强同泰国总理巴育举行会谈》,《人民日报》2019 年 11 月 7 日第 3 版
		双方将落实好两国政府关于农产品贸易合作的谅解备忘录	《中华人民共和国政府和泰王国政府联合新闻声明》(2019 年 11 月 5 日,曼谷),《人民日报》2019 年 11 月 7 日第 3 版
2019 年 11 月 6 日	法国	中方愿意根据市场需求,进口更多优质安全的法国农食产品,开展农业全方位合作	《习近平同法国总统马克龙会谈》,《人民日报》2019 年 11 月 7 日第 1 版
		双方同意加强农业全方位合作,该合作有利于扩大法国农产品对华出口	《中法关系行动计划》(2019 年 11 月 6 日,北京),《人民日报》2019 年 11 月 7 日第 2 版
2019 年 11 月 11 日	希腊	中方愿进口更多希腊优质农产品	《习近平同希腊总理米佐塔基斯会谈》,《人民日报》2019 年 11 月 12 日第 1 版
		双方愿深化农业政策、研究和食品安全等领域的双边合作,通过加快相关程序,推进农产品和食品贸易便利化,促进希腊符合中方要求的优质农产品对华出口	《中华人民共和国和希腊共和国关于加强全面战略伙伴关系的联合声明》(2019 年 11 月 11 日,希腊),《人民日报》2019 年 11 月 12 日第 2 版

(5)扩大外资准入对农业的影响

在准备加入 WTO 的过程中,我国即着手规范利用外资的制度和政策。1995 年国家发布《外商投资产业指导目录》和《指导外商投资方向暂行规定》,前者于 1997 年进行了修订。加入 WTO 后的 2002—2017 年,国家又先后 6 次对《外商投资产业指导目录》进行修订。从 2018 年起,按照准入前国民待遇加负面清单的新要求,发布《外商投资准入特别管理措施(负面清单)》。总体而言,入世以来我国逐步扩大了外商投资农业的准入范围。以 2011 年修订的《外商投资产业指导目录》与 2019 年全国版《外商投资准入特别管理措施（负面清单）》相比，农业对外资的开放程度大大提高：在种业方面，取消除小麦和玉米外的其他农作物新品种选育和种子生产的中方控股要求；在农产品加工方面，取消对棉花（籽棉）、大米、面粉加工和玉米深加工的限制，取消对豆油等食用油脂加工、生物液体燃料（燃料乙醇、生物柴油）生产的中方控股要求，取消对我国传统工艺的绿茶及特种茶加工（名茶、黑茶等）的禁止要求；在农产品和农资流通方面，取消对粮食收购，对粮食、棉花、植物油、食糖、烟草、农药、农膜、化肥的批发、零售、配送，对大型农产品批发市场建设、经营的限制（见表2-3）。此外，2013年以来，我国先后设立18个自贸试验区，探索更大程度的开放举措。与2018年和2019年全国版《外商投资准入特别管理措施（负面清单）》相比，2018年和2019年版《自由贸易试验区外商投资准入特别管理措施（负面清单）》先后将小麦、玉米新品种选育和种子生产外资股比由不超过49%放宽至不超过66%，取消禁止投资中国管辖海域及内陆水域水产品捕捞的规定。扩大外资准入，为我国农业发展带来新理念、新技术、新模式，特别是促进了畜禽养殖、饲料加工、粮油加工等的现代化进程，但对种业安全的潜在影响需要引起高度关注。

2. 积极应变

（1）世贸争端案裁决结果对农业的影响

截至2019年底，我国在WTO争端解决机制下作为被诉方的磋商案件共44件，其中涉及农业的被诉案共4件。[①] 这些争端案的裁决结果，特别是未支持我方主张的裁决结果，对我国农业贸易政策改革产生倒逼作用。例如，2016年9月，美国贸易代表办公室向WTO提出磋商请求，指称中国对小麦、稻谷、玉米的市场价格支持超过微量允许上限；2019年2月，

---

① 包括美国诉中国农业生产者支持政策（DS511）、美国诉中国农产品关税配额管理办法（DS517）、巴西诉中国食糖进口管理措施（DS568）、加拿大诉中国油菜籽进口管理措施（DS589）。

表 2-3　农业利用外资准入门槛的变化

《外商投资产业指导目录(2011 年修订)》涉农部分	《外商投资准入特别管理措施(负面清单)(2019 年版)》涉农部分
限制类: 1.农作物新品种选育和种子生产(中方控股) 2.珍贵树种原木加工(限于合资、合作) 3.棉花(籽棉)加工 4.豆油、菜籽油、花生油、棉籽油、茶籽油、葵花籽油、棕榈油等食用油脂加工(中方控股),大米、面粉加工,玉米深加工 5.生物液体燃料(燃料乙醇、生物柴油)生产(中方控股) 6.粮食收购,粮食、棉花、植物油、食糖、烟草、原油、农药、农膜、化肥的批发、零售、配送(设立超过 30 家分店,销售来自多个供应商的不同种类和品牌商品的连锁店由中方控股) 7.大型农产品批发市场建设、经营 禁止类: 1.我国稀有和特有的珍贵优良品种的研发、养殖、种植以及相关繁殖材料的生产(包括种植业、畜牧业、水产业的优良基因) 2.转基因生物研发和转基因农作物种子、种畜禽、水产苗种生产 3.我国管辖海域及内陆水域水产品捕捞 4.我国传统工艺的绿茶及特种茶加工(名茶、黑茶等)	1.小麦、玉米新品种选育和种子生产须由中方控股 2.禁止投资中国稀有和特有的珍贵优良品种的研发、养殖、种植以及相关繁殖材料的生产(包括种植业、畜牧业、水产业的优良基因) 3.禁止投资农作物、种畜禽、水产苗种转基因品种选育及其转基因种子(苗)生产 4.禁止投资中国管辖海域及内陆水域水产品捕捞 5.境外投资者不得作为农民专业合作社成员

WTO 争端解决机构裁决认定中国在 2012—2015 年对小麦、籼稻和粳稻的补贴超标,要求我国遵守入世承诺。作为应对,我国不得不对小麦和稻谷的最低收购价政策进行调整,从 2020 年起把原先在主产区按最低收购价敞开收购的操作办法,调整为按最低收购价限量收购。再如,2016 年 12 月,美国贸易代表办公室向 WTO 提出磋商请求,指称中国对小麦、大米(长粒米和中短粒米)、玉米等三种农产品实施的关税配额管理措施违反入世承诺;2019 年 4 月,WTO 争端解决机构认定中国的大

米、小麦和玉米进口关税配额管理办法违反中方入世承诺。作为应对，我国不得不对《农产品进口关税配额管理暂行办法》进行大幅度修订，调整国营贸易配额分配、未利用配额再分配等操作办法①。未来不排除一些WTO成员对我国其他农业政策提起诉讼，作为应对之举采取的开放措施也会随之出台。

（2）WTO改革对农业的影响

目前，WTO农业领域改革集中在七大议题上，包括国内支持、粮食安全公共储备、市场准入、特殊保障机制、出口竞争、出口限制、棉花。这些议题中对我国有可能产生直接影响的有四个。一是国内支持。部分成员主张对包括综合支持量和微量允许在内的贸易扭曲型支持进行封顶改革；有些成员主张把"蓝箱"纳入封顶改革范围，对"蓝箱"措施实行更严格的限制，甚至主张逐步取消"蓝箱"措施；一些成员要求加强对"绿箱"措施的纪律约束，确保没有或只有极小的贸易扭曲效应，防止转箱。二是粮食安全公共储备。一些成员要求粮食安全公共储备项目不计入"黄箱"，甚至要求扩大适用范围；一些成员赞成不把粮食安全公共储备计入"黄箱"，但对储备规模、透明度等要进行严格的纪律约束；也有成员对发展中国家成员按管理价格收购和销售的粮食安全公共储备项目不计入"黄箱"提出质疑。三是市场准入。一些成员指出，应持续推进关税削减改革，各成员应修订其减让表，把所有农产品的约束关税转换为简化的从价税，按阶梯公式削减关税峰值，避免关税升级，使加工品的关税不超过初级产品关税的一定倍数。在农产品关税配额管理方面，一些成员指出应提升配额管理的透明度、强化成员及时通报配额完成情况的义务，配额未完成机制应适用于所

---

① 根据2020年1月15日在华盛顿签署的《中华人民共和国政府与美利坚合众国政府经济贸易协议》，我国不仅需要根据WTO专家组裁决结果调整完善小麦、大米、玉米关税配额管理办法和农业国内支持政策，而且需要对卫生和植物卫生措施（SPS）领域的部分标准、规制进行修改完善，乃至制定新的标准、规制。以乳品为例，既需要对部分细分品种的标准、规制进行修改完善，又需要针对延长货架期乳、强化乳、超滤液态乳、乳渗透物粉等新产品制定标准、规制。

有成员,应督促成员及时通报配额完成情况和未完成配额的再分配机制,同时应进一步明确未完成配额再分配的方法,以促进成员更透明、有效地分配未完成配额。四是棉花。在改革棉花的国内支持方面,一些成员提出了不同的方法:将扭曲贸易的国内支持限制在棉花总产值的一定比例范围内;设定所有支持总额的比例;设立向棉花生产者的转移支付占总产值比例的限额;建立一个阶梯公式,让有较多支持的国家削减更多。"棉花四国"(贝宁、布基纳法索、乍得、马里)指出,棉花国内补贴的归类计算方法仍存在不足,"蓝箱"措施作为仅次于"黄箱"措施的贸易扭曲型政策,也应受限额约束。在棉花市场准入方面,一些成员表示,希望还没有为发展中国家提供"零关税、零配额"市场准入的国家加快落实 WTO 第十届部长级会议的决议。WTO 农业领域的这些改革诉求和主张短期内未必都能达成共识、形成具有约束力的决议,但其代表的改革动向值得我们重视,对我国未来农业政策的调整完善具有镜鉴意义。

(二)产业优势之变对农业的深远影响

从开放视角研判我国农业中长期发展趋势,除了需要密切关注我国新一轮高水平开放新动向、全球多边贸易体制改革新趋势及其对我国农业的深远影响外,还需要准确把握未来我国农业在全球范围内成本和价格比较的变化趋势、以品质为核心的综合竞争能力的提高幅度及其对农业发展的长远影响。

1. 土地密集型大宗农产品的成本和价格倒挂幅度将进一步扩大

我国具有典型的人多地少水缺的资源禀赋特征。在工业化与城镇化的早期阶段,一方面,由于人工和土地成本尚未明显上涨,我国主要土地密集型大宗农产品的生产成本和国内市场价格低于全球主要农产品出口国水平,土地密集型大宗农产品的价差驱动型进口尚未发生,仅在个别年份因国内供给不足出现过缺口驱动型进口;另一方面,由于国内长期供给不足,加之受出口贸易管制影响,即便国内价格低于国际市场价格,除个别年份国内供过于求、需要为消化库存而组织少量出口外,土地密集型大宗农产品也不可能长期大量出口。因此,在这个发展阶段我国土地密集型大宗农产品与全球市场的关联度很低,处于自然隔绝和制度隔绝状态。

然而,随着工业化与城镇化程度的提高,我国土地密集型大宗农产品的比较劣势逐步暴露,未来会进一步加剧。

从成本比较看,未来我国主要土地密集型大宗农产品的成本倒挂幅度会进一步扩大(叶兴庆,2016;倪洪兴,2019)。我国稻谷、小麦、玉米、大豆、花生、棉花的单位产品成本已分别于 2011 年、2012 年、2001 年、2004 年、2010 年和 2012 年起稳定地超过美国水平,倒挂幅度逐步扩大,2018 年分别达到 47%、53%、116%、139%、66% 和 27%(见表 2-4)。在决定单位产品成本倒挂幅度的各种因素中,人工成本倒挂幅度最为明显,2018 年这 6 种产品分别为 404%、627%%、181%、130%、911% 和 720%;其次为土地成本倒挂幅度,2018 年这 6 种产品分别为 82%、57%、105%、193%、181% 和 79%;在其他成本中,2018 年仅玉米和大豆比美国分别高出 15% 和 21%,而稻谷、小麦、花生和棉花则分别比美国低 14%、2%、31% 和 37%(见表 2-5)。我国单位产品人工成本之所以高出美国这么多,根本原因在于土地经营规模小、机械化程度低。未来我国土地密集型农产品生产的经营规模、社会化服务程度、机械化水平和土地生产率、劳动生产率均将持续提高,但其对成本的抑制作用,不足以对冲单位时间工资水平、单位面积地租水平增长对成本的抬升作用,单位产品成本仍将长期持续提高,国内外土地密集型大宗农产品的成本倒挂幅度还将继续扩大。

表 2-4　入世以来中美土地密集型农产品单位产品成本比较

单位：元/50公斤

年份	稻谷		小麦		玉米		大豆		花生		棉花	
	中国	美国	中国	美国	中国	美国	中国	美国	中国	美国	中国	美国
2000	46	78.23	57.58	70.34	43.72	44.68	84.56	94.68	103.91	327.66	385.41	747.14
2001	44.61	78.2	57.39	80.84	40.42	39.45	86.25	93.73	100.44	261.46	350.23	678.73
2002	47.13	75.72	60.56	95.76	41.92	40.66	84.79	88.61	93.82	258.76	364.74	703.09
2003	48.69	78.56	61.94	71.48	44.67	38.77	102.23	102.37	118.79	201.05	444.35	501.92
2004	49.06	80.1	50.44	72.85	42.72	36.41	93.88	84.05	102.67	173.21	419.42	452.67
2005	55.84	89.23	57.33	78.23	44.65	41.86	98.66	85.77	116.1	190.57	460.68	486.01
2006	57.99	89.93	55.48	95.61	46.9	46.58	100.32	88.04	113.54	203.55	437.7	595.74
2007	60.3	81.71	58.8	87.75	51.7	46.51	129.36	104	138.94	195.02	467.4	485.13
2008	70.2	89.13	62.2	85.76	55.6	50.3	121.81	101.21	151	188.78	530.7	703.94
2009	72.4	85.81	73	89.93	62.2	47.11	143.4	96.08	147.68	177.98	522.3	720.74
2010	84	90.82	81.6	71.03	67.9	49.9	142.38	100.93	183.53	182.40	710.3	582.5
2011	95.2	92.92	89.2	89.25	78.9	55.08	163.4	108.79	200.97	195.94	799.9	939.14
2012	108.7	88.91	105.6	78.93	91.6	68.83	193.37	121.3	243.16	164.88	900.4	724.72
2013	120.34	87.48	119.48	91.22	101.07	52.84	222.39	123.75	259.34	168.90	1035.89	825.15
2014	119.78	86.15	110.53	96.32	103.86	48.98	228.21	112.24	284.14	174.24	953.7	703.06
2015	120.45	82.34	114.41	88.55	107.55	49.69	238.86	113.71	288.93	227.01	996.4	531.21
2016	122.34	87.57	121.49	71.74	107.12	48.12	275.36	98.03	269.88	266.31	936.34	546.88
2017	124.24	87.78	115.89	91.54	99.14	47.92	234.07	104.04	275.51	162.77	922.95	570.70
2018	122.81	83.82	133.13	87.1	104.07	48.12	257.22	107.48	271.69	163.21	913.18	718.81

资料来源：国家发改委价格司《全国农产品成本收益资料汇编》（相关年份）。

表 2-5　2018 年中美土地密集型农产品单位产品成本构成比较

单位：元/50 公斤

		人工	土地	其他
稻谷	中国	48.17	23.90	52.32
	美国	9.56	13.12	61.14
小麦	中国	47.53	28.72	61.01
	美国	6.54	18.24	62.32
玉米	中国	44.51	23.36	39.40
	美国	2.34	11.37	34.41
大豆	中国	80.76	102.03	80.66
	美国	5.75	34.81	66.93
花生	中国	134.72	48.91	91.60
	美国	13.33	17.39	132.48
棉花	中国	564.54	153.43	356.97
	美国	68.83	85.69	564.25

资料来源：国家发改委价格司：《2019 年全国农产品成本收益资料汇编》。

　　从价格比较看，未来国际市场价格对国内市场价格上升的"天花板效应"将进一步强化。我国主要土地密集型大宗农产品的国内市场价格已全面超过进口到岸税后价格（叶兴庆，2016）。对稻谷、小麦、玉米而言，按配额税率计算的进口到岸税后价已分别于 2013 年 7 月、2013 年 6 月和 2013 年 7 月起持续低于国内市场批发价；未来只要国内生产成本上升的速度持续高于主要出口国水平、人民币汇率不出现持续性大幅贬值，按配额外最惠国税率计算的进口到岸税后价终究也将低于国内市场批发价格。棉花按滑准税计算的进口到岸税后价格曾一度持续高于国内市场价格，取消临时收储政策后已趋于并轨。食糖按配额税率计算的进口到岸税后价已于 2011 年 2 月起持续低于国内市场价格，按配额外最惠国税率计算的进口到岸税后价也已于 2015 年 2 月起在大部分时段低于国内市场价格。未实行关税配额管理的大豆,其进口到岸税后价已于 2012 年 10 月起持续低于国内市场价格。需要注意的是,最低收购价和临时收储政策的实行,一度人为地抬高了国内市场价格,使国内外价格倒挂的拐点提前到来。2014年以来重要农产品价格形成机制和收储制度的改革,逐步矫正了扭曲的国内市场价格,使国内外价格倒挂的幅度有所收敛,但成本倒挂这一最为本源的决定性因素没有发生逆转,价格倒挂也就不可能发生逆转。此外,由于在畜产品生产成本中饲料成本占大头,以玉米为主的饲料粮的成本和价格出现倒挂,已导致畜产品成本和价格出现倒挂。

2.劳动密集型农产品的出口增长速度将进一步放缓

入世以来,我国具有较强比较优势的劳动密集型农产品出口增长较快,出口规模和贸易顺差持续扩大;但近年来出口增长速度明显放缓(朱晶等,2018)。一方面,受全球经济和贸易增长放缓影响,国外市场对我国劳动密集型优势农产品的需求增长放缓;另一方面,我国劳动密集型优势农产品在生产成本快速增长的同时品质没有相应提高,削弱了其国际市场竞争力。

以苹果为例,2001—2018 年单位产品生产成本年均增长 8.4%,其中物质与服务费用、人工成本和土地成本分别年均增长 5.2%、11.6% 和5.1%;物质与服务费用、人工成本和土地成本占比,2001 年分别为 51%、38% 和 11%,2018 年分别为 31%、62% 和 7%(见图 2-5)。在成本上涨的同时,苹果品质却没有明显提高,甚至出现下降,从而使我国苹果靠价格竞争赢得国际市场的局面难以为继,出口增长陷入徘徊状态(见图 2-6)。

需要引起高度重视的是,近年来劳动密集型农产品在出口增长乏力的同时,进口快速增长,导致劳动密集型农产品进口占全部农产品进口的比重快速提高、净出口快速减少,部分产品甚至由顺差转为逆差(杨军等,2019)。动物产品中的畜产品、园艺产品中的水果都具有这一变化特征。受以下因素影响,未来这一变化趋势仍将持续下去:以品质提高对冲成本

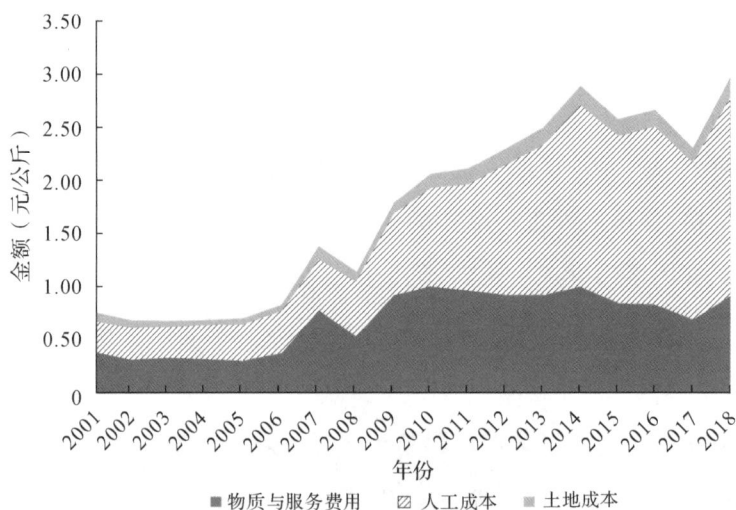

图 2-5 全国苹果生产成本变化趋势

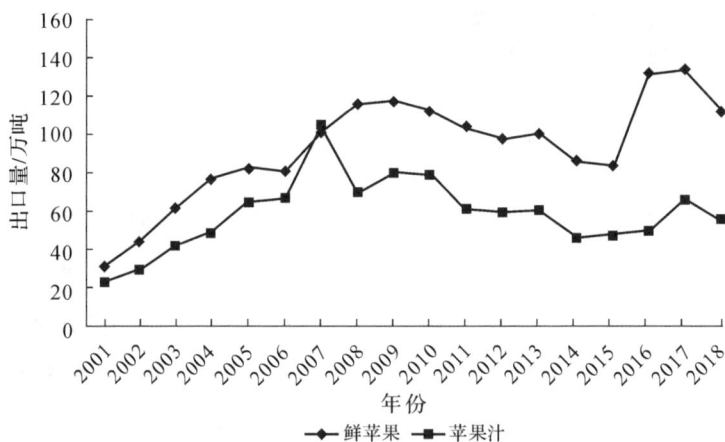

图 2-6 全国苹果出口变化趋势

和价格上涨、维持和扩大出口竞争优势的空间有限,特别是园艺作物机械
化水平的提高不足以对冲单位时间工资水平的上涨;随着信息化程度的提
高、电子商务等新模式的普及、中等收入群体的扩大,国内消费者对国外优
质农产品的需求将不断扩大;主动扩大市场开放,使进口国外优质农产品

更加便利,制度性成本不断降低。

3.农业贸易竞争优势将进一步衰减

入世以来,以贸易竞争力指数[①]表示的我国农业比较优势发生了转折性变化。从 2004 年起,农业总体上失去了贸易竞争优势,且不断下降(见图 2-7)。在土地密集型农产品中,谷物一度具有贸易竞争优势,但 2009 年以后其贸易竞争力指数持续为负;油籽、植物油、棉花、食糖等土地密集型农产品一直缺乏贸易竞争优势,且不断下降(见图 2-8)。在劳动密集型农产品中,除蔬菜、茶叶一直具有明显的贸易竞争优势外,畜产品的贸易竞争力指数不仅早已于 2000 年转负,而且此后急剧下滑;水果的贸易竞争力指数已于 2018 年转负;水产品的贸易竞争优势也已开始下降,即将转负(见图 2-9)。

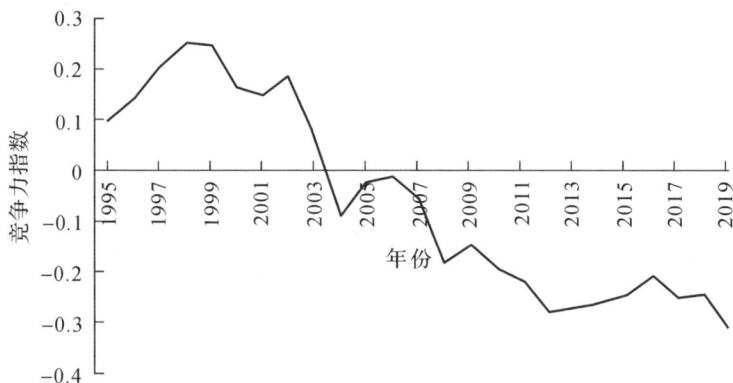

图 2-7　全部农产品贸易竞争力指数变化趋势

面向未来,我国农业将呈现以下三个趋势:第一,我国人口总量、城镇化率、人均收入水平等将继续提高,食物消费结构的转型升级过程远未完

---

① 贸易竞争力指数,即 TC(trade competitiveness)指数,是测度国际竞争力常用的指标之一,表示一国进出口贸易的差额占进出口贸易总额的比重,即 TC 指数＝(出口额－进口额)/(出口额＋进口额)。该指数越接近于 0,表示竞争力越接近于平均水平;该指数为－1 表示该产业只进口不出口,越接近于－1 则表示竞争力越弱;该指数为 1 表示该产业只出口不进口,越接近于 1 则表示竞争力越强。

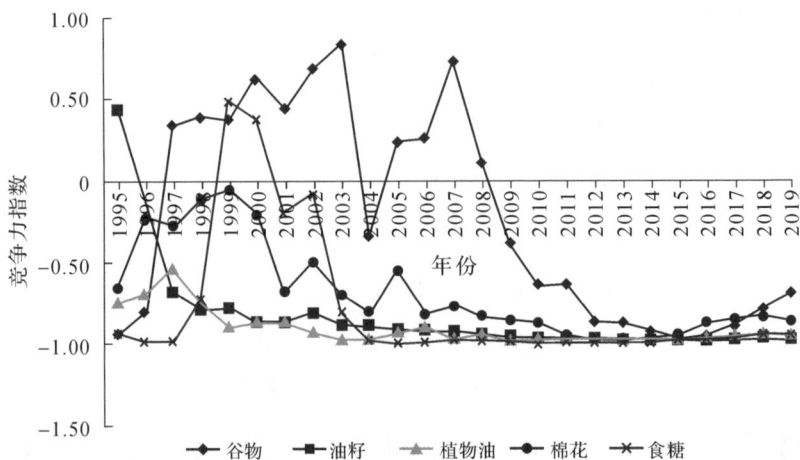

图 2-8　主要土地密集型农产品贸易竞争力指数变化趋势

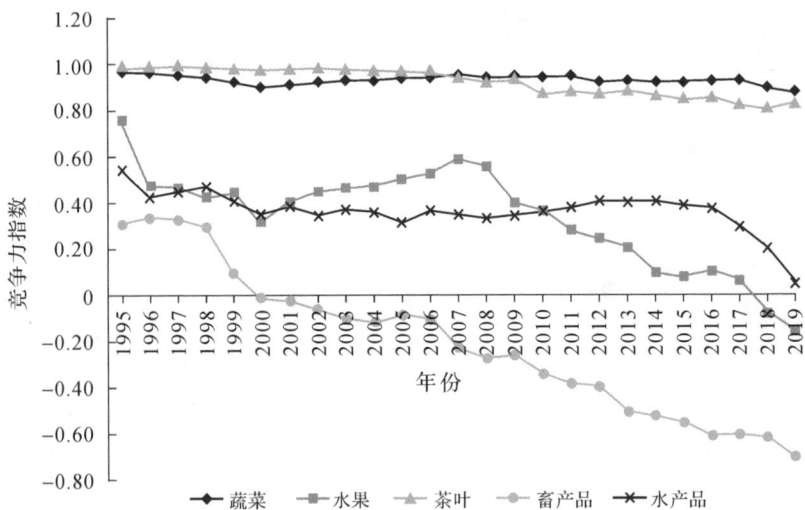

图 2-9　主要劳动密集型农产品贸易竞争力指数变化趋势

成,食物需求峰值也远未到来。第二,我国农业超载的边际产能将继续主动退出,低效的边际产能将继续被迫退出,可持续、有竞争力的产能难以等量跟进。我国棉花和糖料先后于 2007 年和 2008 年达到产量峰值,奶类产量已连续 7 年未能超过 2012 年的历史最高水平,猪肉产量也已连续 5 年未能超过 2014 年的历史最高水平。从日本的历史经验看,工业化程度越高,跨过产量峰值、步入下降通道的农产品种类也越多(见表 2-6)。第三,我国主动推进的高水平开放和多边贸易体制改革,将使农业的边境保护和国内支持受限。在这三大趋势性力量的作用下,未来我国农业承受的缺口驱动型进口压力和价差驱动型进口压力将长期叠加,农业贸易竞争优势将进一步衰减。

表 2-6　日本农业生产指数变化趋势

年份	农业	大米	麦类	豆类	薯类	蔬菜	水果	畜产品
1960—1964	100	100	100	100	100	100	100	100
1965—1969	117	107	78	73	82	123	142	151
1970—1974	120	94	27	64	60	135	184	205
1975—1979	129	99	25	49	59	141	206	241
1980—1984	129	84	44	49	63	145	199	280
1985—1989	134	87	55	57	70	147	194	307
1990—1994	128	81	38	40	63	137	172	313
1995—1999	122	79	28	38	58	129	161	297
2000—2004	115	70	40	46	53	121	150	286

资料来源:生源寺真一(2017)。

一个时期以来,对我国工业化与城镇化进程中农产品成本和价格走势的认识滞后,对国内外农产品成本和价格比较的转折性、趋势性变化认识不足,导致一些人对我国土地密集型大宗农产品生产经受住了入世冲击的本质原因认识不清,对我国农业的竞争力过于自信,从而导致我国农业发展政策设计一度缺乏前瞻性。必须清醒地认识到,成本倒挂幅度扩大、价格上升遭遇"天花板"封顶是未来我国土地密集型大宗农产品生产发展的基准情景,成本继续上升、出口竞争力下降是未来我国劳动密集型大宗农产品生产发展的基准情景,需要据此重塑我国农业发展战略和政策体系。

三、在高水平开放背景下推进我国农业战略性调整

面对经贸规则之变和产业优势之变,必须对我国农业进行战略性调整。这种战略性调整,应面向农业现代化,以有利于遵循 WTO 规则和区域贸易协定、更好发挥我国农业比较优势为原则,以持续推进农业供给侧结构性改革为主线,既包括促进农业发展从增产导向转向竞争力导向、对农业支持保护制度进行重构,也包括更加积极主动地利用全球农业资源和农产品市场。

(一)按照"突出重点、有保有放"的思路调整农业生产结构

在我国未来现代化进程中,全社会对农产品的消费需求结构会继续发生深刻变化,农业的整体进口依存度也会逐步上升,但部分农产品所具有的社会和政治敏感性也会长期存在。这就需要在保住重点的前提下,对农业生产结构进行前瞻性、战略性调整。

1.对品种结构进行战略性调整

目前,我国农业生产的品种结构是在市场和政府共同作用下形成的,基本符合我国的资源禀赋、发展阶段和需求结构。市场的作用体现在价格信号对国内农业生产结构和农产品进出口结构的调节上,政府的作用体现在国内农业支持政策和边境保护政策对不同农产品的力度差异上。未来在市场的作用下,我国农业生产的品种结构还会继续发生变化,总体趋势是特色农产品、可贸易性低的鲜活农产品的总量和占比会继续上升,均质化程度高、可贸易性强、成本和价格倒挂幅度大的土地密集型农产品的生产总量越过峰值后将会逐步下降。未来政府对农业生产品种结构的调整,核心在于以新的理念确定该保护的重点产品。哪些农产品是关系国计民生、在开放进程中需要得到重点支持保护的敏感产品,在不同发展阶段、不

同文化背景国家是有较大差异的(朱满德等,2019)。我国在入世谈判中,把小麦、大米、玉米、棉花、食糖、羊毛视作敏感产品,争取到实行关税配额管理的保护制度;把大豆、食用植物油、奶类、肉类等视作一般农产品,实行单一关税管理。而在农业缺乏竞争优势的日本、韩国、欧盟,对奶类、肉类的保护程度远远超过对玉米、棉花的保护程度。我国入世过程中对敏感农产品的界定,具有明显的时代局限性。尤其是对玉米设置较高的边境保护,对畜产品却设置较低的边境保护,是一种缺乏前瞻性的、本末倒置的政策组合。① 出现这种偏差,原因在于对玉米属性的认知停留在饥饿年代,依然将其视作"三大主粮"之一。实际上,目前我国玉米仅 5% 用作口粮,其饲料属性和工业原料用途更为突出(张在一等,2019)。与我国具有相同资源禀赋的日本,很早就对玉米实行零关税,但对奶类、肉类实行较高的关税,以此降低本国畜牧业生产成本、提高国外畜产品进入日本的关税成本。这种做法值得我国借鉴。应根据时代的变化,合理确定敏感农产品的范围,做到有保有放。②

2. 对区域结构进行战略性调整

受全国农产品市场一体化程度提高的影响,农业生产向优势产区集中的趋势已经形成。由于各地工业化与城镇化水平不同,受农产品进口冲击和农产品出口带动的程度不同,农业增长的区域分化特征也较明显。农业生产区域结构的这种深刻调整,是市场配置资源的必然结果,与政府的农业区域布局政策也有密切关系。未来政府对农业生产区域结构的调整,应在遵循市场规律、顺应对外开放趋势的基础上,把着力点放在以下方面:合

---

① 与此类似的是,我国入世减让表确定的最惠国税率,种用玉米为 20%,其他玉米为 65%,对玉米种业的保护程度偏低。而在《外商投资准入特别管理措施(负面清单)(2019 年版)》中,却保留着对外资进入玉米种业的禁止性规定。在贸易准入上低保护、在投资准入上高保护,这种政策设计在逻辑上不能自洽。

② 2019 年 9 月 9 日,中央全面深化改革委员会第十次会议审议了《关于实施重要农产品保障战略的指导意见》,在这个方面进行了顶层设计,但此文件迄今未见公开发布。

理划定粮食生产功能区和重要农产品生产保护区,合理确定其政策定位,将"绿箱"措施和非特定产品"黄箱"措施向这些地区倾斜,增强其应对进口冲击的能力;保持战略定力,进一步加大边际产能退出的力度,扩大土壤污染区、地下水超采区治理范围,降低生态环境承载力低地区的畜牧和水产养殖强度;稳慎推行粮食安全省长责任制、"菜篮子"市长负责制,把握好政府与市场的边界,鼓励各地在保护好基本农田的前提下充分发挥比较优势,不宜过分强调各地在具体品种上必须达到的"自给率",更不宜层层分解种植面积、养殖头数等计划指标。

(二)按照"突出优势、两手并举"的思路重塑农业竞争力

在价格倒挂拐点到来之前,我国农业凭借丰富的劳动力资源和较高的土地生产率维持着较强的国际竞争力。工业化与城镇化程度的提高,使得尽管我国农业劳动生产率快速提高,但仍然赶不上农业劳动力机会成本的上涨,导致单位产品人工成本持续提高,无论是土地密集型农产品还是劳动密集型农产品,国际竞争力都日益丧失。在边境保护之墙不高、国内支持总量不足的约束条件下,必须寻求提高我国农业竞争力的有效途径。综合考虑我国发展阶段、农业资源禀赋、他国有益经验,未来提高我国农业竞争力应坚持两手抓:一是拼成本、拼价格;二是拼品质、拼特色。

1.拼成本、拼价格

瞄准导致我国农产品生产成本快速提高的主要因素,有针对性地采取摊薄措施。一是以规模效益摊薄成本。在农户或农场经营规模层面,调整完善土地承包办法,通过互换并地尽量实现"一户一块田",降低承包地块过度分散导致的作业效率损失;深化承包地"三权分置"改革,对承包权适度赋权,鼓励有条件的地方实行确股不确地的土地股份合作制,以降低土地流转交易成本。在服务规模层面,鼓励农户或农场把部分对专用设备、专业技术依赖程度较高的作业环节委托给社会化服务组织,提高这些作业

环节的规模效益;鼓励农机专业户、农民合作社、农业龙头企业、农资生产和经销商等从事农业生产性服务业,提供托管、半托管服务。在区域规模层面,促进农业生产向优势产区集中布局,共享大型基础设施的外溢效应、产业技术体系的创新成果、区域公用品牌的市场影响力。二是以科技进步摊薄生产成本。长期以来,受增产导向影响,我国农业科技进步以提高产量为核心,对农业生产的物质消耗水平关注不够。今后应以竞争力为导向,调整农业科研项目的布局,在继续提高土地产出率的同时,更加注重破除制约资源利用率、劳动生产率的技术瓶颈。三是以基础设施投资摊薄生产成本。遵循"绿箱"措施标准,加强农田水利建设,扩大有效灌溉面积,提高水资源利用率和土地产出率;加强高标准农田建设,提高耕地地力等级,减少田埂、沟渠等无效土地占比。

2. 拼品质、拼特色

尽管在控制乃至降低农业生产成本方面还有潜力,但人多地少的资源禀赋决定了我国农业在成本方面难以竞争过新大陆国家,甚至难以竞争过中亚、东南亚部分国家。提高我国农业竞争力,最终要靠品质和特色。一是以更严格的标准倒逼农业提高品质。应把"以高价格覆盖高成本、以高品质支撑高价格"作为我国农业发展的终极模式,让消费者愿意为国产农产品付更高价格,以消费者信任溢价维持我国高成本农业的发展空间。对我国农业适应更严格标准的韧性应有足够估计,加大力度促进农业标准化生产。探索全产业链提高品质的有效途径,发挥龙头企业对产业链上的农户、农场、合作社的标准化生产的牵引作用。探索区块链应用于农产品质量追溯体系的可行途径,提高追溯体系的运行效率和可靠性。培育和保护农产品品牌,使生产者可以收获品牌溢价,增强其提高品质的内在动力。二是以特色产品守住国内市场空间。在均质化程度高、可贸易性强的农产品之外,还有大量具有地域特色的农产品,这应成为未来提高我国农业竞争力的拳头产品。与粮食生产功能区、重要农产品生产保护区相比,特色农产品优势区更应受到重视和扶持。三是以释放多种功能增强农业综合竞争力。农业不仅具有提供物质产品的功能,而且具有休闲观光、生态涵养、文化传承等多种功能。这些功能附着在特定地域,不可移动,可贸易性弱,是增强我国农业综合竞争力的潜力所在。应通过三产融合发展、生态效益补偿等途径把这些功能逐步释放出来,让农业在收获物质产品的同时,收获多种功能的价值。

(三)按照"黄蓝相济、以绿为主"的思路重塑农业支持保护制度

以 2004 年为转折点,我国农业剩余劳动力转移迈过刘易斯第一拐点、农业劳动力机会成本跳跃式上升,与此同时,我国开始对农业实行支持保护政策,陆续出台粮食最低收购价、重要农产品临时收储、种粮农民直补、农作物良种补贴、农机具购置补贴、农资综合补贴等政策,并取消农业税。在增产导向压力和成本抬升推力的共同作用下,上述农业支持保护政策的力度持续加大,我国迅速成为农业补贴大国。这套政策确实促进了农业增产,但也催生了价格倒挂拐点提前到来、托市收购库存增加、"黄箱"政策触顶甚至"暴箱"等新问题。为解决这些新问题,2014 年开始,国家陆续出台东北地区大豆和新疆棉花目标价格补贴试点、取消油菜籽和食糖临时收储、玉米生产者补贴、价格(收入)保险、"保险＋期货"、增强稻谷和小麦最低收购价政策弹性等调整措施,以及将种粮农民直接补贴、农作物良种补贴、农资综合补贴合并为耕地地力保护补贴[①]。总体而言,这些探索是碎片化的,对如何处理好"保产能"与"保收入"的关系缺乏整体考虑,在 WTO 合规性方面也存在隐患。应综合考虑对国计民生的敏感性、国际竞争能力、WTO 农业改革走向等因素,重构我国未来的农业支持保护制度[②]。

[①] 2015 年将这三项补贴合并时称作"农业支持保护补贴",2018 年后改称"耕地地力保护补贴"。

[②] 2019 年 11 月 26 日,中央全面深化改革委员会第十一次会议审议了《关于完善农业支持保护制度的意见》。但此文件迄今未见公开发布。

1. 对边境保护进行结构性调整

我国入世谈判中争取到的边境保护总体不高,未来不仅不可能总体加严,而且鉴于 WTO 农业改革走向、我国发展中国家地位等方面存在的变数,现有的边境保护面临削减的压力。如果未来不得不进行削减,应统筹考虑主要粮食品种敏感性的时代变化、粮食进口与畜产品进口之间的替代关系,确定优先削减的品种。

2. 对扭曲生产和贸易的国内支持措施进行结构性调整

在尽量坚守入世谈判中争取到的"黄箱"政策空间的前提下,可以现有支持措施为起点,进行三方面调整。一是低水平、宽范围实施特定产品"黄箱"措施。2016 年向 WTO 申报的特定产品"黄箱"措施涉及的农产品,我国仅为 10 种,美国达到 85 种,欧盟也达到 30 种。可借鉴美国、欧盟经验,对更多产品实施特定产品"黄箱"措施,但必须使每个产品接受的"黄箱"措施力度保持在 8.5% 的上限之内[①]。二是选择部分产品实施"黄转蓝"。截至 2018 年底,我国向 WTO 申报的"蓝箱"措施只有 2017—2019 年实施的新疆棉花目标价格补贴、2016—2018 年实施的东北地区玉米生产者补贴。在中央对省区层面,这两项措施具有"蓝箱"措施特征;但对省区以下直至生产者的具体操作办法是否符合"蓝箱"措施标准是存在争议的。下一步应严格按照"蓝箱"措施的标准,完善省区以下棉花目标价格和玉米生产者补贴的具体操作办法。此外,还可选择部分"保收入"比"保产能"更迫切的产品实施"蓝箱"措施。三是用足非特定产品"黄箱"政策空间。目前我国向 WTO 申报的非特定产品"黄箱"措施只有农机具购置补贴一项,剩余空间很大,可在继续加大农机具购置补贴力度的同时,扩大农机作业补贴范

---

① 我国的 10 种产品中,微量许可的为 7 种,超过 8.5% 的上限值而计入现行 AMS 的为 3 种。美国的 85 种产品中,微量许可的为 72 种,超过 5% 的上限值而计入现行 AMS 的为 13 种。欧盟的 30 种产品中,微量许可的为 15 种,超过 5% 的上限值而计入现行 AMS 的为 15 种。美国和欧盟因为有基期 AMS,其现行 AMS 未超过基期 AMS,因而并未违规。我国没有基期 AMS,任何超过微量许可上限值的措施都不符合入世承诺,需要进行调整。

围和水平。可考虑重启农资购置补贴、实施农业社会化服务作业补贴,以降低农业生产经营者的费用支出。

3. 对"绿箱"措施进行结构性调整

按向 WTO 的通报,2016 年我国"绿箱"措施总量为 13131.52 亿元,占农业总产值的 13.07%;美国为 1194.92 亿美元,占其农业总产值的 33.6%;日本为 19045 亿日元,占其农业总产值的 20%;欧盟为 617 亿欧元,占其农业总产值的 17%。由此可见,我国"绿箱"措施运用得还很不够,只要国家财力许可,今后我国尽可增加这方面投入。同时,应注意调整优化我国"绿箱"措施的结构。将我国向 WTO 通报的 2016 年"绿箱"措施与 WTO《农业协定》附件 2 规定的 12 类"绿箱"措施对照,我国在"收入保险和收入安全网计划中的政府资金参与""通过生产者退休计划提供的结构调整援助""通过投资援助提供的结构调整援助"等 3 类措施中没有任何投入。将我国"绿箱"措施结构与美国、日本、欧盟对照,我国在粮食安全公共储备等方面的支出明显较多,而在营销和促销服务、国内粮食援助等方面的支出明显偏少。从这两个参照系来看,未来我国加大"绿箱"措施力度的着力点应当是:加强农业科研和推广、开展高标准农田建设、加强农田水利建设、加强病虫害防治、促进土地承包权退出和经营权流转、生产结构调整[①]、推广农业收入保险等。

(四)按照"多元、均衡、可控"的思路扩大农产品进口

从 2011 年开始,我国取代美国成为世界最大农产品进口国。目前,我国大豆、食用植物油、棉花、食糖等农产品进口量均位居世界第一。面向未来,我国需要科学确定主要农产品自给水平,合理安排农业产业发展优先序,在提高国内农业生产质量、效率和竞争力的基础上,多元、均衡、可控地

---

① 指要求不得生产某一产品但不要求必须生产某另一产品的结构调整政策。

释放农产品进口需求。多元,就是要促进进口来源地和进口渠道多元化,避免市场和渠道过分集中;均衡,就是要逐步地、缓慢地增加进口,稳定出口国预期,避免短期内进口量暴涨或进口量断崖式下降;可控,就是要处理好进口增加与国内农业发展、出口国生产潜力释放的关系,充分考虑到农业对我国为数众多小农的重要性、出口国增加产量和出口量的艰巨性,避免对国内农业生产者和国际农产品市场带来大的冲击。

1.进一步明确进口品种优先序

应继续根据不同产品比较优势的差异,优先进口缺乏比较优势的土地密集型大宗农产品。在遵循比较优势原则的基础上,确定未来农产品进口优先序时还应考虑三个因素。一是不同产品自给率的敏感性。根据"谷物基本自给、口粮绝对安全"的原则,大米和小麦自给率的敏感性最高,未来将继续保持100%的产能自给率;其他产品可以更多地利用国际市场和全球农业资源。二是产品可贸易性。耐储存、均质化程度高的农产品,应为优先进口产品。对蔬菜、水果、畜产品等生鲜产品,易受疫情影响的产品,则应保持较高的自给率。三是产业利益。大豆和植物油都是我国缺乏比较优势、需要进口的产品,进口大豆不仅相当于进口了植物油,还相当于进口了蛋白饲料,也有利于发展大豆压榨产业。从长远看,进口玉米、大麦、高粱等饲料作物,为畜牧业提供低成本饲料,增强畜牧业竞争力,是符合我国利益的战略选择。

2.进一步明确进口来源国的优先序

我国农产品进口来源结构总体上是由市场决定、遵循商业原则的,但我国目前的农产品进口来源地集中度确实较高(叶兴庆,2017b)。考虑到我国的市场体量之大,应着力促进进口来源地分散化,把增产潜力大、单产稳定性高、政治风险低的国家,作为增加进口的优先来源地(周曙东等,2015)。总体来看,未来几年,随着"一带一路"建设的推进,玉米进口来源地逐步呈现多元化，除美国等传统进口国外，乌克兰、俄罗斯、保加利亚、越南等周边国家进口量存在逐步增加的可能性。从中亚地区如哈萨克斯坦等国家进口小麦的数量有望进一步增长。另外，巴西、美国、阿根廷将仍然是我国大豆进口的主要来源国。新西兰、澳大利亚、美国、德国、法国等仍然是我国主要的乳品进口来源国。加拿大仍然是我国第一大油菜籽进口国。美国、加拿大仍然是中国生猪产品的主要进口来源国。需要注意的是，为提高进口的稳定性、可靠性，需要促进进口来源多元化、降低对单一国家的依存度；为发挥农产品进口在双边经贸关系中"锚"的作用、提高农产品进口在经贸摩擦中的反制威慑力，需要提高我国在主要贸易对象国农产品出口市场中的份额。这两者是有矛盾的，需要从战略的高度把握好平衡。

（五）按照"务实、低调、依规"的思路扩大境外农业投资

保障重要农产品进口的稳定性、可靠性，需要提高对国外农业资源和农产品市场的掌控能力[①]。为此，需要从战略上进行总体布局，按照"务实、低调、依规"的思路，加强和改进境外农业投资，拓展我国农业参与全球化的广度和深度。务实，就是要遵循商业可持续原则，投资要有足够的回报，避免只算政治账、不算经济账；低调，就是要踏踏实实开展对外农业投资，多做少说，避免炒作和被炒作；依规，就是要遵守投资目的国的法律和文化习俗、注重保护生态环境、履行社会责任，避免法律和社会风险。

1. 注重对产业链关键环节的投资

我国农业"走出去"，已不可能像部分国家早期那样去海外大规模"种

---

① 日本的经验值得我们学习。日本全国农业合作社联合会（简称 JA 全农）为在美国建立安全稳定的粮食和大豆供应基地，供 JA 全农在日本国内的饲料加工厂生产复合饲料，1979 年在美国路易斯安那州新奥尔良成立子公司 Zen Noh Grain Corp.（ZGC）。ZGC 依托其附属公司 CGB 股份公司（Consolidated Grain and Barge）提供玉米、饲料和大豆出口货源。CGB 已拥有 100 多家粮库，主要分布在密西西比河、俄亥俄河、阿肯色河和伊利诺斯河沿岸。2020 年初，CGB 与邦吉北美公司（Bunge North America, Inc.）达成协议，将收购邦吉在美国沿密西西比河运行的 35 家粮库。

地",而是应注重加大对重点领域和关键环节的投资。应借鉴国际知名大粮商的经验,从全产业链布局出发,在种子、农化、收购、加工、仓储、码头等环节合理布点,形成对全产业链的掌控能力(程郁等,2019)。应加强战略性物流通道建设,探索以合资、合作等形式投资"一带一路"沿线国家仓储、港口、船运等物流体系,以整合现有农产品物流资源为主轴,建设一批骨干农产品物流节点,实现骨干农产品物流节点与国际铁路、水路、公路运输的有效衔接。应加强投资平台建设,鼓励有国内园区开发建设经验的农垦企业等在境外投资建设生产基地,对现有的境外农业合作资源进行适度整合,逐步建立由农场、农机具制造出口、仓储、物流、农产品加工及交易市场等组成的现代化境外农业产业体系。

2. 注重发挥企业的主体作用

鼓励涉农大型企业集团"走出去",发挥其在投资管理、农业技术、市场渠道等方面的优势。鼓励农垦企业在东道国投资建设农业基础设施和农业园区,鼓励中粮集团等粮食流通企业在东道国建设仓储物流设施,鼓励中远集团等大型运输企业在东道国建设港口设施,共同打造从生产、收购、仓储、运输到贸易加工的全球农产品供应链,切实解决我国在主要出口国缺乏农产品出口渠道控制能力的问题。鼓励企业集群投资,引导龙头企业和产业基金组建合作开发联盟,以贸易合作区、农产品加工园区等为平台,以产业链为纽带,组织国内各类企业赴投资国开展投资,带动上下游企业入园集聚发展。

3. 完善支撑服务体系

针对境外农业投资面临的突出问题,逐一采取解决措施。在激励机制方面,应加快制定国际农业合作支持政策目录,对参与农业合作开发投资的企业,优先给予财政和税收政策支持;对国有企业战略性的、投资回收期较长的境外农业投资项目,在考核政策上必须给予区别对待。在金融服务方面,应对具有战略意义的项目给予专项金融支持,特别是在出现重要并购机会时,应通过主权基金入股、长期无息或低息贷款等方式给予企业大规模资金支持;提升国内银行跨境农业金融服务能力,鼓励支持其在重点投资地区进行业务布局,为涉农企业提供符合农业特点的金融服务;完善境外农业投资保险服务,鼓励各类保险公司扩大保险覆盖面、提高保险额度,降低境外农业投资面临的各种风险。在投资便利化方面,推动解决好人员签证期限过短、劳务人员限制、入境生产资料关税过高、产品返销时征税过高等问题;对部分国家针对我国农业企业特别是国有企业投资的安全审查问题,应及时予以关注和协调。在服务支撑方面,应加强信息支持与服务,定期发布主要东道国的农业投资国别评估报告,为农业企业境外投资和运营提供指导,建立统一的境外投资农业企业数据库,跟踪了解企业运营情况,支持行业协会、产业基金等在东道国建立信息窗口;应搭建行业服务平台,组建境外农业企业商会或协会,发挥其在规范企业行为、应对贸易纠纷等方面的作用;应注重人才培养,加快培养熟悉东道国农业投资法规和语言文化、具有跨国经营理念和经验的复合型人才。

四、提高开放条件下的国家粮食安全治理能力

我国人口规模和市场体量大的基本国情、对饥饿记忆深刻的国民心态,决定了提高农业对外开放水平在认识层面会出现一些担忧。突出的是:第一,担忧小规模农户能否承受得住开放带来的冲击。从静态看,大国小农的确是我国农业的基本现实,生计型农业确实无法与进口农产品竞争。但从动态看,小农在分化,部分将转型为家庭农场,部分将离农退村进城。即便在封闭条件下,也会存在小农现代化转型难题。我们只能通过多元选择以减轻转型阵痛,而不应拖延和逃避转型。第二,担忧国际市场的供给能力。从静态看,由于我国体量大,具有典型的大国效应,大多数农产

品的中国市场体量确实远超现有国际贸易量，即便买空全球市场也无法满足中国市场需求[①]。但从动态看，只要有足够规模、足够稳定的需求刺激，大多数农产品的全球生产和贸易增长潜力可以得到逐步释放，我国大豆进口需求长期持续增长拉动了全球大豆生产和出口贸易长期持续增长就是典型案例[②]。第三，担忧"卡脖子"。从静态看，目前我国部分产品进口的来源地、贸易商、贸易通道等的集中度确实过高，有较大的断供风险。但从动态看，主要进口产品存在替代来源国，通过促进进口多元化可以大幅降低断供的风险。舒缓上述担忧，除了要转变认识外，最为根本的还是要提高开放条件下的国家粮食安全治理能力，妥善管控各类风险。

（一）把提高国家治理能力作为提高粮食安全保障能力的基础

放眼全球，各国实现粮食安全有三种模式，即自给安全（self-sufficiency security）、自立安全（self-reliance security）和合作安全（cooperative security）。粮食自给安全，就是依靠国内的耕地资源、水资源和农业技术，生产出足够的粮食，以满足本国不断增长的粮食需要；粮食自立安全，就是发展经济，提高粮食购买力，通过自由贸易实现粮食安全；粮食合作安全，就是把自给安全和自立安全结合起来，建立国家间的粮食合作安全模式（吴思，2015）。在自给安全模式下，并不一定意味着该国的居民都能获得充足的粮食，一些粮食净出口国的居民也存在营养不良问题，例如印度、巴西。而随着全球市场越来越开放，一些缺少粮食的国家运用国际合作的策略，很好地保障了国家粮食安全，例如新加坡[③]、日本、韩国。

[①]　例如，2018 年我国大米消费量约 13500 万吨，全球贸易量约 4600 万吨；玉米消费量约 27000 万吨，全球贸易量约 16600 万吨；猪肉消费量约 5500 万吨，全球贸易量 800 多万吨。

[②]　我国自 1996 年起出现大豆持续净进口，净进口量从 1996 年的 92 万吨扩大到 2019 年的 8840 万吨。我国净进口量的持续、均衡增长，拉动了主要出口国的生产和贸易增长，既满足了我国市场不断扩大的需求，又没有造成全球其他净进口国买不到大豆的局面。

[③]　根据英国《经济学人》杂志发布的《2018 年全球粮食安全指数报告》，在纳入排名的 113 个国家和地区中，新加坡的粮食安全指数名列第一，尽管新加坡 90％以上的粮食需要进口且进口国家达 180 个。

事实表明,如果经济发展滞后,收入差距过大,国家调节能力太低,即使粮食自给率很高甚至净出口,也并不能保障国家粮食安全;只要国家政治、经济、军事实力足够强大,即使粮食自给率降低,粮食安全也能得到保障。在开放条件下,我国应把提高经济发展水平、改善收入分配、增强国家治理能力作为保障粮食安全的基础;把自给安全、自立安全两个策略结合起来,走合作安全之路。

(二)培育具有国际竞争力的大粮商和农业企业集团

企业是建设稳定可靠农产品贸易体系、实施农业"走出去"战略的主体。从世界各国经验来看,大型农业企业在保障本国农产品国际贸易权益、保障和提升供应链等方面,发挥了极为重要的作用。我国应鼓励有条件的企业,加强企业间合作,探索农业对外合作新途径,形成对外合作整体优势,通过海外并购、资本运作等形式,实现做大做强,参与到世界农业资源配置的产业链条中,重点在产业链关键环节加大投入、加速布局,建设若干在国际上有影响力的大粮商和农业企业集团。

(三)以全球农产品贸易监测体系建设为依托,提升重点农产品贸易的监测预警和贸易政策管理水平

充分信息是科学决策的基础和前提。应以全球农产品贸易监测体系建设为依托,加强对重点产品、重点区域、重点国家的生产、消费、价格、储备等方面数据信息的搜集和积累,加快建设覆盖全产业链的农业信息采集平台,建立以市场为核心的大宗农产品市场信息搜集、研判和发布机制,及时发布国内外大宗农产品供求、贸易和价格信息,为农业生产决策和政策制定者提供面向全球市场的形势变化预警、科学决策支撑等农业大数据辅助决策服务。应支持各类智库加强对全球农产品供求状况及贸易政策应对方面的研究,提升农业贸易政策制定及决策的科学化水平。

(四)抓紧培育全球化的农产品交易市场

我国是全球大宗农产品的主要买家,但还不是价格的主导者;是全球大宗农产品市场的主要参与者,但还不是规则的制定者。我国迫切需要在全球大宗农产品交易规则制定和价格形成中发挥主导作用。为此,需要推动我国大宗农产品交易市场融入世界平台,吸引全球买家、卖家和投资者参与(石光,2019:86-103)。在成为国际大宗农产品定价中心过程中,我国还有很多事情要做。应把大宗农产品交易市场的培育发展上升到国家战略的地位,支持发展国际化的农产品交易所。应支持现有农产品交易所积极探索通过稳健可靠的方式引进境外企业参与交易,用离岸账户的方式为境外客户服务、为国内客户的国际贸易服务,待市场有一定规模后再顺应市场需求增加其他服务,最终形成具有世界影响力的中国价格,推进国际贸易人民币结算。

(五)积极参与全球和区域粮食安全治理

在全球层面,应积极参与 WTO 框架下的农业改革,在粮食安全公共储备、出口限制等议题上发挥引领作用,争取达成有利于维护我国农业发展利益的谈判成果;积极参与联合国粮农组织、国际农发基金会、世界粮食计划署等联合国涉农机构的改革,推动这些组织提高效率、焕发活力,在帮助发展中国家提高粮食生产能力和粮食安全保障水平方面发挥建设性作用;参与和推动联合国粮安委倡议建立的全球和区域粮食储备体系、禁止粮食禁运等行动计划,以及《G20 粮食安全和营养框架》《G20 粮食安全与可持续粮食系统行动计划》,主动承担国际责任,促进全球粮食安全形势改善,增强全球粮食安全政策的一致性和协调性。在区域层面,参与和推动亚太经合组织(APEC)粮食安全政策伙伴关系机制、东盟与中日韩"10+3"大米紧急储备等机制,加强与南美国家、"一带一路"沿线国家的农业合作,加强农业发展战略和粮食安全政策的沟通交流,增进农业贸易和粮食安全互信,共同维护全球粮食市场稳定。

第三章　从增产导向到竞争力导向

我国农业正处于艰难的转型阶段。这不仅包括从粗放、透支到集约、永续的资源利用方式转型,从"家家包地、户户种田"到经营权流转、适度规模的经营方式转型,而且包括从增产导向到竞争力导向的农业支持政策转型。根据工业化与城镇化发展程度的提高、国内外市场价格对比关系的变化,借鉴发达经济体农业支持政策转型的经验教训,加快构建竞争力导向的农业支持政策体系,提高农业的综合效益和竞争力,是推进农业供给侧结构性改革的重要内容,也是实现我国农业现代化的必然要求。

一、增产导向农业支持政策体系的形成及主要特征

(一)增产导向政策既是现实需要,也有操作空间

改革开放以来,除少数几个时期因农产品卖难出现过把结构调整作为农业政策的主要目标外,其他多数时期我国农业政策的主要目标是促进增产、保障供给(叶兴庆,2016)。尽管在制定农业政策时要考虑多种因素,但"吃饱肚子是第一位的"(韩俊,2016)。特别是 2004 年以来,我国再次连续多

年把促进粮食等大宗农产品增产放在农业发展的优先位置,逐步建立起一套增产导向的农业支持政策体系。这么做,既是现实需要,也有操作空间。

从现实需要看,寄希望于通过促进粮食等大宗农产品增产以应对通胀压力。2003年第四季度以来,全国粮食价格出现过三轮快速上涨,每次都带动食品价格和居民消费价格相应上涨(见图3-1),进而推动出台新的粮食增产措施。2003年第四季度,从南方地区开始,大米价格出现迅猛上涨,并推动全国粮食价格普遍上涨。为应对此轮粮食价格上涨,2003年10月和2004年3月,国务院连续召开全国农业和粮食工作会议、全国农业和粮食生产工作会议①,要求各地抓好粮食生产和市场供应工作。2007年下半年至2008年上半年,受国际市场大宗农产品价格暴涨的传导,国内农产品价格出现快速上涨。在此背景下,2008年3月,国务院召开全国农业和

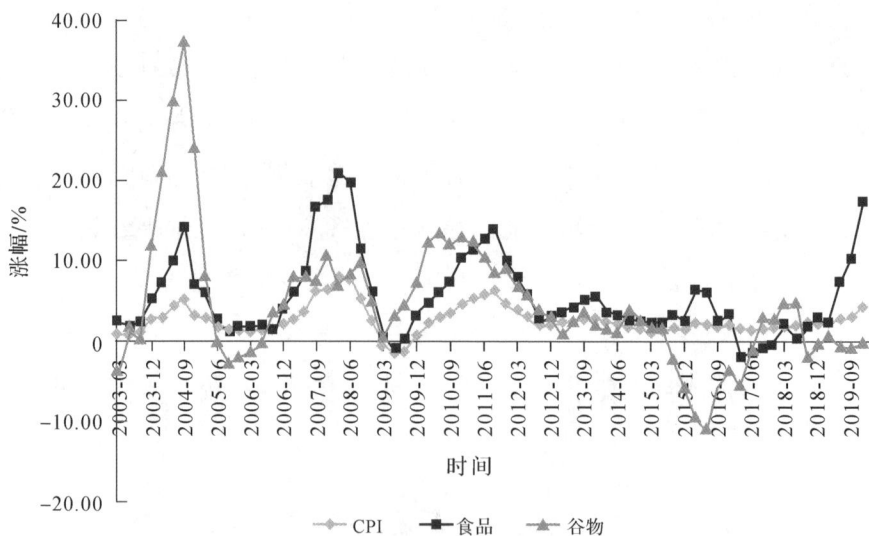

注:"2003-03"表示2003年第一季度,依此类推。

图 3-1　全国CPI、食品价格和谷物价格季度同比涨幅

---

① 因这两次会议均要求各省(区、市)政府主要负责人参加,习惯上将这两次会议称为"粮食省长会议"。

粮食生产电视电话会议,宣布一系列支持农业和粮食生产的政策。2010年下半年至2011年上半年,受自然灾害、游资炒作等因素影响,食品价格全面上涨推动居民消费价格指数快速上涨。为应对这一局面,2011年2月,国务院召开全国粮食生产电视电话会议,出台了抗旱浇麦补贴、抗旱机具购置补贴、小麦返青拔节弱苗施肥补贴等政策。在这三个时间节点,决策层均希望通过发展粮食和农业生产,以管理好通胀预期、稳定消费价格总水平,促进经济平稳较快发展和社会和谐稳定。

从操作空间看,财政收入快速增长使国家有底气加大农业支持保护力度,国内农产品价格低于国际市场使国家可以把提价作为刺激农业增产的政策工具。2002年召开的党的十六大明确提出实施统筹城乡发展战略,随后几年中央作出"多予少取放活""工业反哺农业,城市支持农村""以城带乡、以工补农"等重大决策,这为采取措施促进农业增产提供了思想和认识基础。2003—2013年,全国一般公共预算收入从21715亿元增长到129210亿元,年均增长19.5%,这为加大农业投入提供了财力基础。2013年以前,我国大宗农产品价格普遍低于进口到岸税后价格,国家通过提高最低收购价和临时收储价以刺激粮食等大宗农产品生产,不至于造成价格倒挂和进口增加。

(二)增产导向政策体系的"四梁八柱"

需要与可能兼备,使增产导向的农业支持政策体系逐步建立起来。这套政策体系的"四梁八柱"包括以下方面。

1. 以增产为导向的粮食最低收购价政策

截至2003年底,经过多年市场化改革,除粮食、烟草、蚕茧等少数品种外,我国其他多数农产品已放弃国家定价和国家收购政策。2004年,国务院发布《关于进一步深化粮食流通体制改革的意见》(国发〔2004〕17号),决定全面放开粮食收购市场,充分发挥市场机制在配置粮食资源中的基础性作用,实现粮食购销市场化和市场主体多元化。作为此次改革的核心内容,粮食价格形成机制实现了市场化,即"一般情况下,粮食收购价格由市场供求形成"。与此同时,这次改革也为国家定价和国家收购预留了一定空间,即"当粮食供求发生重大变化时,为保证市场供应、保护农民利益,必要时可由国务院决定对短缺的重点粮食品种,在粮食主产区实行最低收购价格"。粮食最低收购价政策具有"四特"的特点:特定的情形,只在粮食供求发生重大变化时才实行,一般情形下不实行;特定的品种,只有短缺的重点粮食品种才实行,一般粮食品种不实行;特定的地区,只有粮食主产区才实行,一般地区不实行;特定的时段,只在预案规定的时期内实行,其他时间不实行。遵照这一指导思想,2004 年只出台了稻谷最低收购价政策,2006 年才出台小麦最低收购价政策。此后尽管地方有要求,但中央再也没有扩大最低收购价政策的品种范围。尽管如此,稻谷和小麦最低收购价政策逐步偏离了严重供大于求时才进行托市的初衷,演变为刺激农民增加生产的政策工具,最低收购价水平经历了多次提高。特别是 2008—2014 年,稻谷最低收购价连续 7 年提高,累计提价幅度达到早籼稻 93%、中晚籼稻 92%、粳稻 107%;2009—2014 年,小麦最低收购价连续 6 年提高,累计提价幅度达到白小麦 64%、红小麦和混合麦 71%。

2. 以增产为导向的临时收储政策

国家为解决部分重要农产品价格下跌和卖难问题,在主产区针对玉米、大豆、油菜籽、棉花、食糖等临时实施托市政策。国家委托符合一定资质条件的农产品收储企业,按国家确定的收储价、收储量、质量标准收购农民当年所产的农产品。2007 年、2008 年和 2009 年,国家先后对东北主产区的玉米、大豆,以及湖北、安徽等省的油菜籽实行临时收储政策。2011—2013 年,国家连续 3 年对全国棉花主产区的棉花实行了临时收储政策,临储收购量接近当年棉花产量。从 2011/2012 年到 2012/2013 年,国家连续两个榨季对全国糖料主产区的食糖实行了临时收储政策。临储政策与最低收购价政策,共同点在于都属于中央事权、由中央财政承担费用;不同之处在于,最低收购价在播种前公布、临储价在即将收获时公布,最低收购价收购不限量、临储收购量自上而下分配。总体而言,临储政策的"含金量"不如最低收购价政策。临储政策本质上是中央与地方、农口部门博弈的结果。从 2004 年粮食流通体制改革的宗旨和中央的意图看,本不想扩大粮食最低收购价政策的实施范围。但地方从当地利益出发,强烈要求中央将当地主产品种纳入国家托市收购计划,作为中央事权,由中央财政承担费用。在利益博弈过程中,地方、农口部门一度处于道德制高点,作为让步,中央不得不出台类似最低收购价政策但实际含金量略逊一筹的临储政策。尽管含金量略逊一筹,但也逐步偏离了"临时"的初衷,演变为刺激相关农产品生产的政策工具。2009—2012 年,大豆临时收储价连续 4 年提高,累计提价 24%。2010—2013 年,玉米临时收储价连续 4 年提高,累计提价 49%。2010—2013 年,油菜籽临时收储价连续 4 年提高,累计提价 38%。

3. 以增产为导向的农业补贴政策

2004 年以来,我国先后实行了一系列直接针对农户的农业补贴政策,包括种粮农民直接补贴、良种补贴、农机具购置补贴、农资综合补贴、保费补贴等。种粮农民直接补贴政策从 2004 年开始试点,是由国家财政把原来补贴在粮食流通环节的粮食风险基金拿出一部分,按一定的补贴标准和粮食种植面积等,对种粮农民直接给予补贴,简称"种粮农民直补",以调动农民种粮积极性,鼓励农民多种粮。良种补贴政策,是国家为了加快优良品种推广步伐,鼓励农民使用优良品种,对农民种植大豆、水稻、小麦、玉米、油菜、棉花、花生、土豆、青稞等作物和养殖牛、猪、羊等牲畜使用良种予以补贴。起初主要实行农作物良种补贴政策,2005 年开始实行奶牛冷冻精液良种补贴政策,2007 年开始实行生猪良种和能繁母猪补贴政策,2009年开始实行肉牛和绵羊良种补贴政策,2010 年推进全国畜禽品种改良。农机具购置补贴政策从 2004 年开始试点实行,是国家为鼓励和支持农民购买使用先进适用的农业机械，加快推进农业机械化进程，提高农业综合生产能力，对农民、农场职工和直接从事农业生产、农副产品加工的农机服务组织购置农机具给予一定的财政补贴政策。农资综合补贴政策从 2006年开始试点实行，是实行成品油价格形成机制改革、征收石油特别收益金后，国家为了更好地保护农民利益，适当弥补种粮农民因柴油、化肥等农业生产资料涨价对农民种粮收益的影响，由中央财政安排资金对种粮农民直接给予的补贴，补贴资金按照动态调整制度，每年根据化肥、柴油等农资价格变动，遵循"价补统筹、动态调整、只增不减"的原则确定。农业保险费补贴政策自 2007年开始实施，在补贴办法上，对于种植业保险，中央财政对中西部地区补贴 40%，对东部地区补贴 35%，对新疆生产建设兵团、中央直属垦区、中储粮北方公司、中国农业发展集团公司补贴 65%，省级财政至少补贴 25%。截至目前，中央财政提供农业保险保费补贴的品种有玉米、水稻、小麦、棉花、马铃薯、油料作物、糖料作物等 15个。

4. 以增产为导向的农业投资政策

在 2003年第四季度至 2004年上半年粮价上涨的背景下，有关方面着手规划未来我国粮食增产目标。经过近 4年的酝酿，2008年国家发改委发布了《国家粮食安全中长期规划纲要（2008—2020 年）》。该纲要明确提出，主产区要进一步提高粮食生产能力，为全国提供主要商品粮源；主销区要稳定现有粮食自给率；产销平衡区要继续确保本地区粮食产需基本平衡，有条件的地方应逐步恢复和提高粮食生产能力。核心产区、后备产区等粮食增产潜力较大的地区要抓紧研究增加本地区粮食生产的规划和措施。各类支持农业和粮油生产的投入，突出向粮食主产区、产粮大县、油料生产大县和基本农田保护重点地区倾斜。2009年，国务院办公厅印发《全国新增 1000亿斤粮食生产能力规划（2009—2020 年）》。该规划提出，要围绕粮食增产目标，统筹规划粮食主产区、主销区和产销平衡区的粮食生产能力建设，统一规划重点片区建设内容，同步实施各类建设项目；进一步调整财政支出、固定资产投资和信贷投放结构,不断加大各级财政支持粮食综合生产能力建设的力度,现有涉农投资也要向粮食产能建设项目倾斜。

5. 以增产为导向的地方政府激励政策

虽然农业生产决策权掌握在农民手中,但地方政府在基础设施建设、农业技术推广乃至生产动员方面仍掌握着一定的资源和影响力。中央政府通过财政奖励促使地方政府"重农抓粮",也是一种增产措施。2005 年,中央财政出台了产粮大县奖励政策。为鼓励地方多产粮、多调粮,中央财政依据粮食商品量、产量、播种面积各占 50%、25%、25% 的权重,结合地区财力因素,将奖励资金直接"测算到县、拨付到县"。对粮食产量或商品量分别位于全国前 100 位的超级大县,中央财政予以重点奖励;超级产粮大县实行粮食生产"谁滑坡、谁退出,谁增产、谁进入"的动态调整制度①。自 2008 年起,在产粮大县奖励政策框架内,增加了产油大县奖励,由省级人民政府按照"突出重点品种、奖励重点县(市)"的原则确定奖励条件。此外,从 2007 年开始,实行生猪大县奖励政策,以调动地方发展生猪产业的积极性;奖励资金按照"引导生产、多调多奖、直拨到县、专项使用"的原则,依据生猪调出量、出栏量和存栏量权重分别为 50%、25%、25% 进行测算。

除此之外,开展粮棉油糖高产创建活动,停止开展新的退耕还林,在缺水地区鼓励打井抗旱、不惜超采地下水以确保粮食丰收,实行投入品补贴政策、鼓励农民多投入多产出,在新品种培育和审定中把产量性状指标放在突出位置,都是增产导向农业支持政策体系的组成部分。这套政策体系具有如下特征:第一,价格上涨是出台增产政策的直接诱因。在我国居民消费价格指数中,食品价格权重较高,粮食和食品价格的大幅上涨构成居

---

① 在湖南部分地方开展重金属污染治理试点时,一些地方担心粮食产量下降后影响其享受粮食大县财政奖励。在北方部分地区调整玉米种植结构,将玉米改种大豆、将籽粒玉米改为青储玉米的过程中,一些地方要求将大豆、青储玉米折算成粮食产量,以免影响其享受粮食大县财政奖励。财政奖励对粮食产量的激励效应,于此可见一斑。

民消费价格指数上涨的主要贡献因素。应对通胀压力,很自然地要把加强农业、促进增产放在优先位置。2003 年第四季度至 2004 年底、2007 年第四季度至 2008 年第三季度、2010 年第一季度至 2011 年第一季度,连续三轮粮食和食品价格上涨,推动农业增产政策排浪式地出台。第二,路径依赖不断强化。在这轮持续十多年的农业增产周期中,每一个以增产为导向的政策工具出台后,其力度都会不断加大。特别是为了发出明确的增产信号,最低收购价、临时收储价、各种补贴额度习惯性地提高,以至于价格倒挂拐点出现后的 2013 年、2014 年,稻谷和小麦的最低收购价还在连续提高。不断提高托市收购价格水平,以至于高于市场长期均衡价格,不断释放鼓励农民增产的信号,势必导致供大于求、库存积压。以控制价格上涨为初衷的政策,最后异化为推动价格上涨的力量。第三,用力不均导致结构扭曲。不同产品支持政策力度的非对称性,扭曲了激励信号,从而扭曲了种植结构。这在东北地区表现得尤为突出。2008—2013 年,玉米和大豆临时收储价分别累计提高 49% 和 24%,导致玉米种植挤压大豆种植;同期,粳稻最低收购价累计提高 83%,导致部分旱地改为水田。粮食大县奖励政策也具有以高产作物替代低产作物的激励效果。

二、农业支持政策转型的时间节点已经来临

增产导向的农业支持政策促进了我国粮食等大宗农产品生产发展,也促进了农民收入持续增加。2004—2015 年的 12 年间,我国农林牧渔业总产值年均增长 4.6%,粮食产量年均增长 3.1%,农民人均纯收入年均增长 8.8%,均高于此前 25 年的平均增速。问题在于,这套政策体系起作用的现实基础发生了变化,我国农业面临的主要矛盾也发生了变化。

(一)"三量齐增"使增产导向政策失去现实必要性

实施增产导向政策的历史背景,是主要农产品产不足需、价格上涨。

随着农业生产发展和供给状况改善,这一政策背景逐渐发生改变。以玉米为例,实行临时收储政策后,生产量从 2007 年的 15230 万吨增加到 2015年的 22463 万吨,增长了 47%;同期,玉米及其主要替代品的进口量从101.7 万吨增长到 3126 万吨,增长了近 30 倍。生产量和进口量的增长,超过同期消费量的增长,最终导致库存量增长。生产量、进口量、库存量"三量齐增"的尴尬局面,从 2012 年以后变得越来越明显(陈锡文,2016b)。2012—2015 年,玉米临储收购量连续 4 年大幅度增长(见表 3-1)。入库多、出库少,导致临储库存总量不断增加。截至 2016 年 6 月 16 日,国家临储库存中 2012—2015 年生产的玉米分别为 432.5 万吨、3930.8 万吨、8329万吨和 12543 万吨,库存合计高达 25235.3 万吨,超过 2015 年全国玉米产量(冯利臣,2016)。面对"三量齐增",增产导向政策逐步丧失其现实针对性和必要性。棉花、食糖、油菜籽等产品也存在类似情形。

表 3-1　三量齐增:以玉米为例

单位:万吨

年份	玉米生产量	玉米及其替代品进口量					玉米临储入库量
		玉米	大麦	高粱	DDGS	合计	
2007	15230	10.1	91.3	0.3	0	101.7	630
2008	16591	4.3	107.6	1.3	1	114.2	3573
2009	16397	90.4	173.8	1.7	65.5	331.4	61
2010	17725	123.1	236.7	8.3	316.3	684.4	0
2011	19278	125.8	177.6	0	197	500.4	127
2012	20561	370.1	252.8	8.7	252	883.6	3083
2013	21849	553.5	233.5	107.8	400.2	1295	6919
2014	21565	300.4	541.3	577.6	541.3	1960.6	8373
2015	22463	300.7	1073.2	1070	682.1	3126	12543

资料来源:产量数据来自《中国农村统计年鉴(2016)》,进口量数据来自《中国农产品贸易发展报告(2016)》,临储入库量数据来自冯利臣(2016)。产量、进口量为自然年度数,临储入库量为粮食年度数,即 2007 年实际为 2007/2008 年,其他依此类推。

（二）"天花板效应"使增产导向政策失去操作空间

提高最低收购价和临时收储价，是增产导向政策的支柱，也是见效最为明显的政策工具。但在主要农产品价格倒挂①的情形下，即国内市场价超过进口到岸税后价、进口农产品具有价格竞争力的情形下，继续提高国家收储价意味着国家收储的农产品只能进入仓库、进口农产品大量挤占国内市场。2011 年 4 月和 10 月，食糖和棉花先后迎来价格倒挂的拐点；2013 年 6 月和 7 月，小麦和大米、玉米先后迎来价格倒挂的拐点（见表 3-2）。在国内外市场深度融合的大背景下，拐点到来之后，进口价格成为国内价格上涨的"天花板"：继续提价导致价差扩大，价差扩大导致进口增加，进口增加导致国家收储增加和库存严重积压，库存积压导致亏损增加、财政负担加重，财政负担加重导致反对提价、实行市场化改革的呼声加大。2014 年开始实行大豆和棉花目标价格补贴试点、改革食糖和油菜籽托市办法，2016 年开始实行玉米"市场定价、价补分离"改革，正是这套逻辑的必然产物。

表 3-2　主要农产品国内外价格倒挂拐点出现的时间

品种	拐点时间	备　注
食糖	2011 年 4 月	国内价格为广西食糖批发市场食糖现货批发价，进口价格为配额内 15％关税的巴西食糖到岸税后价
棉花	2011 年 10 月	国内价格为中国棉花价格指数（CC Index）3128B 级棉花销售价格，进口价格为滑准税下进口棉价格指数（FC Index）M 级到岸税后价
小麦	2013 年 6 月	国内价格为广州黄埔港优质麦到港价，进口价格为配额内 1％关税的美国墨西哥湾硬红冬麦（蛋白质含量 12％）到岸税后价
大米	2013 年 7 月	国内价格为全国晚籼米（标一）批发均价，进口价格为配额内 1％关税的泰国曼谷大米（25％含碎率）到岸税后价

① "倒挂"之说的潜台词是，国内农产品价格低于国际市场价格是合理的、常态的现象，不足为奇。这与我国工业化与城镇化水平长期低于世界平均水平、农产品价格长期低于国际市场价格时代形成的思维定式有很大关系。

续　表

品种	拐点时间	备　注
玉米	2013 年 7 月	国内价格为东北 2 等黄玉米广州黄埔港平仓价,进口价格为配额内 1%关税的美国墨西哥湾 2 级黄玉米(蛋白质含量 12%)广州黄埔港到岸税后价

资料来源:根据原农业部市场预警专家委员会《农产品供需形势分析月报》整理。

对于"天花板效应",有两个问题需要深入辨析和理性判断。

1. 价格倒挂是否可能出现反转?

有观点认为,我国农产品之所以出现价格倒挂,主要是受农业之外的周期性和短期因素影响。例如,国际市场石油价格下降,导致国外玉米、油菜籽、棕榈油、甘蔗等农产品的能源化利用需求下降;国际海运市场萧条,导致农产品海运费大幅度下降;人民币升值,导致进口农产品相对便宜(陈锡文,2016a)。在这些因素的作用下,农产品进口价格出现下降。与此同时,受托市收购价格提高的支撑,国内市场价格保持稳定上涨。一降一升,加速了价格倒挂拐点的到来。这些因素存在较大不确定性,今后可能发生反向变化[①],价格倒挂现象会随之消失。我们认为,近年来出现的主要农产品价格倒挂,的确与农业之外的周期性和短期因素有关,但更深层次的原因,是随着我国工业化与城镇化程度的提高,资源禀赋决定的农业生产成本上涨。2001—2018 年,我国稻谷、小麦和玉米三大谷物平均,亩均成本年均上涨 6.4%,其中,人工和土地成本分别年均上涨 6.9%和 9.1%,人工和土地成本占比分别从 37%、12%上升到 38%、21%。受人工和土地成本上涨推动,我国主要土地密集型农产品单位产品总成本已先后超过美国(见图 3-2)。2018 年,我国主要土地密集型农产品单位产品总成本比美国

[①]　例如,人民币对美元年均汇价从 2004 年的 8.28 持续升值至 2014 年的 6.14,累计升值 26%;但 2015 年贬值 1.4%,至 6.23;2016 年进一步贬值 6.2%,至 6.64。2015 年和 2016 年的贬值,相应提高了进口农产品价格,增强了国产农产品竞争力。

高48％至145％,其中,单位产品人工成本比美国高400％至1810％,单位
产品土地成本比美国高60％至190％(见表3-3)。我国工业化与城镇化进
程尚未完成,人工和土地成本仍处于上升通道。受此影响,由成本倒挂决
定的价格倒挂,将是一种常态。

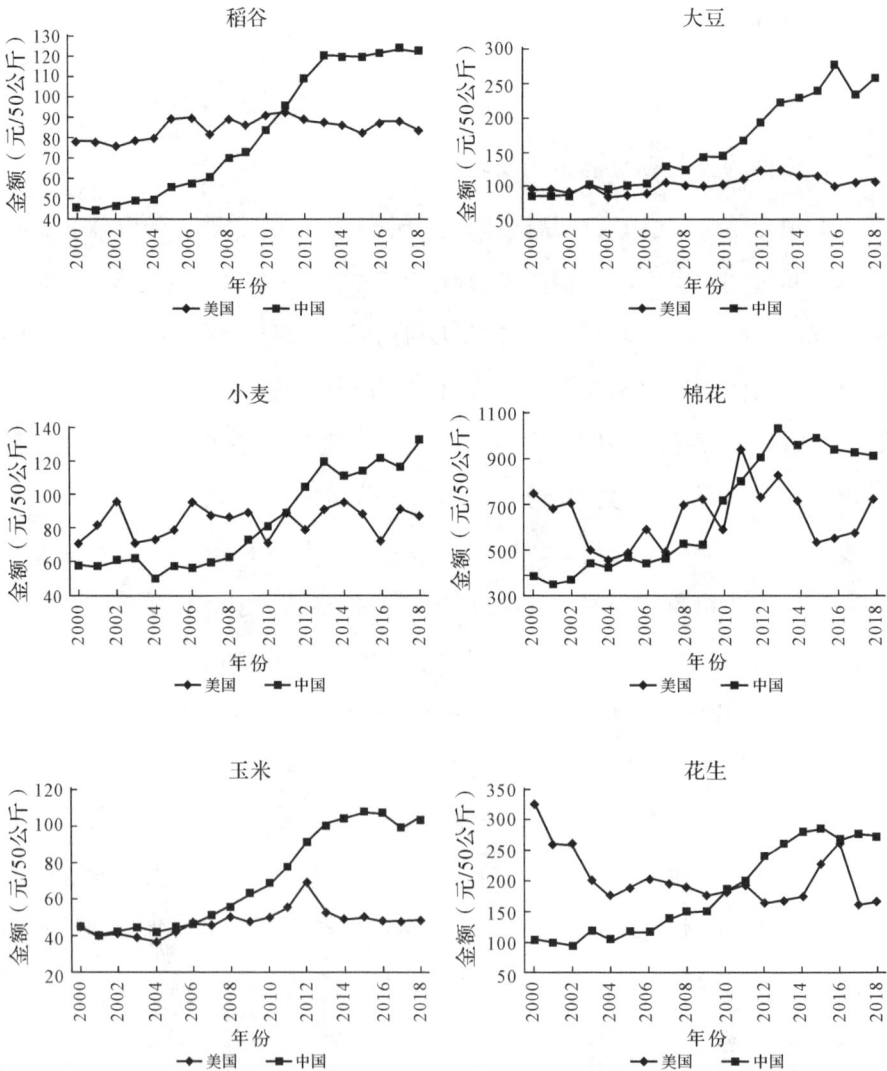

图3-2 中美主要农产品单位产品成本比较

表 3-3　中美主要农产品单位产品成本比较

品种	中国单位产品生产成本超过美国的拐点年份	2018 年中国单位产品成本为美国的倍数		
		总成本	人工成本	土地成本
稻谷	2011	1.48	5.0	1.8
小麦	2010	1.58	7.3	1.6
玉米	2001	2.22	19.1	2.1
大豆	2004	2.45	14.0	2.9
棉花	2012	1.50	8.2	1.8
花生	2010	1.69	10.1	2.8

资料来源:历年《全国农产品成本收益资料汇编》。

2. 稻谷和小麦最低收购价还有多大提升空间?

目前同时实行关税配额管理和国家托市收购的品种只剩下稻谷和小麦。按配额内 1‰关税税率计算,大米和小麦进口到岸税后价格低于国内同品质产品的市场价格,已处于价格倒挂状态。按配额外 65% 的关税税率计算,这两个产品尚未出现价格倒挂,仍有提价的空间。问题在于,这个空间还能使用多久?我国小麦主要进口来源地澳大利亚、美国和加拿大土地资源丰富、劳动生产率高、农业生产成本变化不大,而我国尽管土地经营规模在逐步扩大,但农业生产成本仍处于上升通道,由资源禀赋差异决定的小麦生产成本差异将继续扩大。我国大米主要进口来源地越南、泰国、巴基斯坦虽然也具有人多地少的资源禀赋,农业生产成本也处于上升通道,但工业化与城镇化程度比我国低,只要我国的工业化与城镇化速度继续比它们快,农业生产的人工和土地成本提升速度就将比它们快,我国稻谷生产成本的上涨速度就会快于它们。随着生产成本差异的扩大,价格倒挂的幅度也将扩大,直至超过配额外关税税率,最终将使稻谷和小麦翻越 65% 的关税高墙而进入我国。这个时间节点终归要到来。我们应尽可能把这个时间节点到来的日期往后推迟,为促进农业转型升级和竞争力提高争取时间。这意味着，即便稻谷和小麦最低收购价还有提价空间，也不应快速用完。更为关键的是，稻谷和小麦最低收购价的提价空间，还要取决于 WTO 规则允许的水平。

(三)贸易争端频发给我国增产导向政策带来挑战

2001 年加入 WTO 时，为给我国农业未来发展留出空间，我国就农业支持保护政策①与各成员达成协议。最为核心的是两条②：可以采取适度的扭曲生产或贸易的支持措施，非特定产品"黄箱"补贴力度不超过农业总产值的 8.5％，特定产品"黄箱"补贴力度不超过该产品产值的 8.5％；可以对小麦、大米、玉米、棉花、食糖等产品实行关税配额管理，配额内实行低关税、配额外实行高关税，对一定比例的配额实行国营贸易。随着 2004 年以后增产导向政策力度的逐年加大，良种补贴、农机具购置补贴、农资综合补贴等支付性补贴金额越来越大，粮食最低收购价和重要农产品临时收储价越来越高，"黄箱"补贴的剩余空间不断收窄。2013 年价格倒挂后，小麦、大米、玉米进口配额理论上存在被用完的可能性，但已连续多年实际并未用完，有些拿不到配额的市场主体甚至以配额外高税率进口相关产品。③

这种局面的出现，引起一些利益相关方的不满。2016 年 9 月 13 日，美国就中国对小麦、大米、玉米等农产品采取的相关支持政策提起 WTO 争端解决机制下的磋商请求，指称中国政府对上述农产品实施的国内支持政策与中国加入 WTO 相关承诺不符，并违反《农业协定》等相关 WTO 规则。2016 年 12 月 15 日，美国又就中国对小麦、大米、玉米等 3 种农产品实

---

① 以前我国扶持农业的政策一般称作"农业投入政策"，在筹划加入 WTO 的过程中，为了与 WTO 相关口径衔接，开始使用"农业支持保护政策"的概念。见方言(2016)。
② WTO《农业协定》所指的"农业支持保护"，包括国内支持、市场准入(进口配额)、出口补贴、动植物检疫等措施，统称为 WTO《农业协定》四大支柱。
③ 据《粮油市场报》报道，2016 年底，由于南方销区小麦市场价格处于高位，而美国小麦价格走低，国内外价差扩大，小麦配额外进口出现利润，有贸易商表示已经和即将到港的配额外小麦进口量在 20 万～30 万吨，预计后期配额外小麦进口量将继续增加。见齐驰名(2016)。

施的关税配额管理措施提起 WTO 争端解决机制下的磋商请求,指称中国
政府对上述农产品的关税配额管理措施不符合中国加入 WTO 承诺和
《1994 年关税及贸易总协定》的有关规定。我国可以根据相关承诺和规则
据理力争,以保障国内农业产业安全和农民生计,但很难继续通过加大"黄
箱"措施力度和收紧市场准入以促进增产。应对贸易争端的过程,一定程
度上也是我国农业政策从增产导向向竞争力导向转型的过程。

(四)发达国家农业支持政策结构性改革给我国增产导向政策带来压力

2004 年以来我国实行的一些增产导向的农业政策,如价格支持、投入
品补贴等,在发达国家也曾实行过。但 1994 年结束的关贸总协定乌拉圭
回合谈判,首次把农产品纳入贸易自由化轨道,各成员作出了削减农业补
贴和农产品关税的承诺。在 2001 年启动的 WTO 多哈回合谈判中,农业
补贴和农产品关税削减再次成为关键议题。受此影响,20 世纪 90 年代中
期以来,发达国家普遍对此前实行了多年的农业支持保护政策进行结构性
改革。总的趋势是逐步削减扭曲生产和贸易的市场价格支持,转向与市场
价格和当期生产脱钩的其他支持,新的支持政策更加强调农民收入、风险
管理、环境外部性和创新问题。

根据 OECD 发布的各国农业政策监测与评估报告,发达国家农业支
持保护政策的结构性改革具有以下特征:一是逐步削减农业支持总体水
平。以农业支持相当于国内生产总值百分比和农业生产者支持相当于农
业产值百分比来衡量,发达国家和地区的农业支持总水平在逐步下降(见
表 3-4)。二是大幅度削减生产者支持,特别是市场价格支持力度。生产者
支持相当于农业产值的比重普遍在下降,新西兰甚至已经下降到仅占
0.7%。在农业生产者支持中,市场价格支持曾占举足轻重的地位。市场
支持价格长期高于市场均衡价格,造成严重的生产过剩,加重了纳税人负

担；国内农产品价格高于国际市场价格，加重了消费者负担。乌拉圭回合谈判结束后，发达国家普遍削减了市场价格支持力度。不仅欧盟、美国如此，日本、韩国也有所削减，澳大利亚甚至取消了所有市场价格支持（见表3-5）。三是注重加强一般公共服务。包括农业科技创新和推广、检验检疫和控制、基础设施建设和维护、公共储备等在内的一般公共服务，越来越成为发达国家支持农业的重要方式。2013/2015年平均，新西兰和澳大利亚一般公共服务占农业总支持的比重分别高达77％和58％（见表3-6）。四是注重提升农业可持续发展能力。在新的农业支持政策中，以资源节约和环境保护为导向的政策所占地位明显提高。进入21世纪后，欧盟农业政策目标从生产支持转向了对食品安全、农业竞争力和可持续发展以及农村社会发展的支持。欧盟大部分生产者支持已与当期生产脱钩，超过30％的政策支持以环境保护为目标。五是注重支持政策的平缓转型。对农业支持保护政策进行结构性改革，更多地引入市场机制，既会触动农民的既得利益，又将使农民更加直接地面对市场风险。为缓解农业支持保护政策调整对农民收入的冲击，发达国家加大了农业风险管理政策力度。美国在《2008年农业法案》中调低了最低保护价（即无追索权贷款的贷款率），同时引入了营销贷款、目标价格差额补贴、生产灵活性固定补贴、反周期补贴[①]，还加强了农业信贷和保险服务，以期为农业生产建立多重风险防线。在《2014年农业法案》中新设立了价格损失保险计划和农业风险保障计划，以替代直接支付、反周期补贴和平均作物收入选择补贴，这意味着更加积极地利用市场化服务来提升政策支持的效率和降低对市场运行的干扰（程郁、叶兴庆，2016）。

---

① 反周期补贴是目标价格差额补贴的变形，目标价格由原来的根据预测价格确定改为以物化成本为基础，以提高对农户收益的保障程度，补贴从按当期实际产量改为按历史基期面积的85％和历史单产计发，从而实现与当期生产脱钩，政策属性也由"黄箱"变成"蓝箱"。

表 3-4　发达国家和地区的农业支持总体水平

单位:%

	农业支持总量相当于 国内生产总值百分比			农业生产者支持相当于 农业产值百分比		
	1986/1988 年	1995/1997 年	2013/2015 年	1986/1988 年	1995/1997 年	2013/2015 年
欧盟	2.6	1.5	0.7	39.2	33.8	19.0
美国	1.0	0.6	0.5	21.2	11.9	8.8
澳大利亚	0.7	0.4	0.1	10.1	5.8	1.6
新西兰	1.6	0.3	0.3	10.2	0.8	0.7
日本	2.3	1.6	1.1	64.0	58.1	48.2
韩国	8.8	4.9	1.8	69.7	67.1	49.7

资料来源:根据 OECD(2016)数据整理。

表 3-5　发达国家和地区的农业生产者支持构成

单位:%

		1986/1988 年	1995/1997 年	2013/2015 年
欧盟	市场价格支持	84.99	57.40	23.56
	基于投入品的支付	5.16	6.88	13.65
	与当期生产挂钩的支付	3.65	31.64	14.60
	与当期生产脱钩的支付	0	0.03	43.50
	基于非产品标准的支付	0.49	1.05	2.49
美国	市场价格支持	33.97	44.25	24.20
	基于投入品的支付	19.98	25.92	23.37
	与当期生产挂钩的支付	34.61	7.12	22.42
	与当期生产脱钩的支付	0.96	14.93	10.01
	基于非产品标准的支付	1.68	7.18	5.55
澳大利亚	市场价格支持	71.56	49.23	0
	基于投入品的支付	16.02	36.25	59.16
	与当期生产挂钩的支付	0	1.12	11.21
	与当期生产脱钩的支付	12.36	13.40	24.31
	基于非产品标准的支付	0	0	0

续　表

		1986/1988 年	1995/1997 年	2013/2015 年
新西兰	市场价格支持	13.03	54.43	80.00
	基于投入品的支付	40.52	44.30	19.35
	与当期生产挂钩的支付	5.42	1.27	0
	与当期生产脱钩的支付	0	0	0
	基于非产品标准的支付	0	0	0
日本	市场价格支持	89.71	90.58	79.16
	基于投入品的支付	4.11	4.78	3.32
	与当期生产挂钩的支付	0	0	0.93
	与当期生产脱钩的支付	3.14	1.91	7.88
	基于非产品标准的支付	0	0	0
韩国	市场价格支持	99.02	94.41	92.38
	基于投入品的支付	0.73	4.52	2.57
	与当期生产挂钩的支付	0.25	1.07	1.57
	与当期生产脱钩的支付	0	0	3.48
	基于非产品标准的支付	0	0	0

资料来源:根据 OECD(2016)数据整理。

表 3-6　发达国家和地区的一般公共服务占农业总支持比例

单位:%

	1986/1988 年	1995/1997 年	2013/2015 年
欧盟	8.2	8.1	12.2
美国	6.4	8.9	10.4
澳大利亚	6.2	23.6	58.1
新西兰	26.9	69.7	77.1
日本	14.9	24.7	16.5
韩国	7.9	12.7	11.9

资料来源:根据 OECD(2016)数据整理。

　　发达国家农业支持政策结构性改革给我们的最大启示是,资源禀赋不利、工业化程度提高再也难以成为维持或加高扭曲生产或贸易的农业支持政策的依据。在我国农业政策哲学中,流行着"对农业实行支持保护是发达国家普遍做法""工业化发展到一定阶段后势必要加大农业支持保护"等观点。2004年以来我国实行的部分农业支持保护政策深受这些观点的影响。的确,在乌拉圭回合谈判之前,农业长期游离于多边贸易规则约束之外,发达国家对农业的支持保护完全取决于其国内政治和社会因素[①],各自的农业支持保护政策都很任性,美国如此,欧盟如此,日本、韩国更为突出。但乌拉圭回合谈判结束之后,特别是WTO《农业协定》达成之后,无论资源禀赋如何、工业化处于何种阶段,各国的农业支持保护政策开始受到约束。近20年来,资源禀赋优越、农业主导产业竞争力强的澳大利亚和新西兰,农业支持政策对生产和贸易的扭曲程度最低,市场化程度最高;资源禀赋较好、农业具有较强竞争力的美国和欧盟,在削减扭曲生产和贸易的农业支持政策方面迈出较大步伐(刘超等,2017);资源禀赋不利、农业缺乏竞争力的韩国和日本,也在逐步削减对生产和贸易有扭曲作用的农业支持政策(安琪等,2017)。在受多边贸易规则约束之前,我国工业化程度还很低,国内价格支持水平甚至为负值,而此时的日本、韩国已对农业实行高度支持保护。尽管在加入WTO时我国争取到了一定水平的"黄箱"政策空间、市场准入措施,为应对未来农业比较优势下降、进口压力加大预留了一定的支持政策空间,但这种空间毕竟有限。从发达国家20年来农业支持政策演变的总体趋势看,我国今后应更多地在一般公共服务、资源环境保护等方面加大农业支持政策力度,更多地发挥市场机制的作用,以提高

---

　　① 哈罗得·詹姆斯(2017)认为,面对全球化带来的冲击,欧洲农民利用民粹主义政治作为还击。维护农产品价格、超国家保护主义构成了欧洲经济共同体一体化的政治基础,也是欧盟的基石。时至今日,欧盟预算中绝大部分用于共同农业政策、补贴制度以及其他支撑农业目标的措施。实际上,日本、韩国在工业化与城镇化进程中,随着农业比较优势衰退、进口压力加大,农民同样利用民粹主义政治迫使政府加大对农业的支持保护力度。

农业可持续发展能力和市场竞争能力。

三、竞争力导向农业支持政策体系的基本框架

　　面对农产品价格倒挂、进口压力加大、WTO 规则实质性约束几近触发等带来的挑战,近年来中央政策层面已开始把提升农业竞争力作为追求目标。2015 年中央 1 号文件指出,"做强农业,必须尽快从主要追求产量和依赖资源消耗的粗放经营转到数量质量效益并重、注重提高竞争力、注重农业科技创新、注重可持续的集约发展上来"。2016 年中央 1 号文件要求,"持续夯实现代农业基础,提高农业质量效益和竞争力"。2017 年中央 1 号文件强调,"加强科技创新引领,加快结构调整步伐,加大农村改革力度,提高农业综合效益和竞争力"。特别是习近平总书记 2016 年 3 月 8 日在参加十二届全国人大四次会议湖南代表团审议时强调,"推进农业供给侧结构性改革,提高农业综合效益和竞争力,是当前和今后一个时期我国农业政策改革和完善的主要方向"。

　　我们认为,提高我国农业竞争力应从两个层面发力[①]:一是硬碰硬地拼成本、拼价格。通过消除市场扭曲,把托市品种的国内市场价格降到长期均衡价;通过扩大经营规模、提高劳动生产率,降低人工成本;通过完善"三权分置"办法,降低土地成本;通过科技进步、农田水利建设、土地整治,提高土地产出率和资源利用率。这方面的潜力值得去挖掘,但终归要受人均耕地面积等传统资源禀赋的制约。二是实施差异化战略,拼特色、拼增值,用质量优势对冲成本上升劣势。通过提升品质、树立品牌,提高消费信任溢价;通过休闲观光、生态涵养、文化传承,提高功能溢价;通过产业融

---

　　① 周其仁(2017)认为,"这个世界上的竞争就两句话,你要么成本比人家厉害,要么手里有独到的"。全世文、于晓华(2016)也认为,提高农业国际竞争力有两条途径:一是根据差异化战略生产高附加值的优质农产品;二是生产价格相对较低的标准农产品。

合、多次增值,提高产业链整体竞争力。这方面的潜力需要逐步释放,而且受人均耕地面积等传统资源禀赋的制约相对较小,是小规模农业增强竞争力的根本出路。沿着这两个层面构建竞争力导向农业政策体系,其"四梁八柱"包括以下方面。

(一)消除市场扭曲,提高价格竞争力

我国主要农产品价格倒挂的拐点之所以提早到来,与最低收购价和临时收储价持续提高顶托国内市场价持续上涨有很大关系。构建竞争力导向农业支持政策体系,首先要尽快从最低收购价和临时收储政策造成的市场扭曲中走出来,重新激发市场机制的活力。应以降低价格扭曲程度、校正资源错配为方向,以坚持市场化改革取向与保护农民利益并重为原则,以符合WTO规则为遵循,分品种施策、渐进式推进(见表3-7)。

表 3-7 我国现有农产品价格支持政策改革模式比较

政策模式	适用品种	操作办法	行政成本	政策功能	政策属性
最低收购价	稻谷 小麦	国家按"成本＋基本收益"原则制定最低收购价,播种前公布,市场价低于此价格时国家指定机构入市收购	低	保收入 保产量 保市场	黄箱
目标价格补贴	棉花	国家按"成本＋基本收益"原则制定目标价格和采集市场价格,将价差按当年交售量或面积补给生产者	高	保收入 保产量	黄箱
		国家按"成本＋基本收益"原则制定目标价格和采集市场价格,将价差按基期交售量或面积补给生产者	低	保收入 调结构	蓝箱
市场化收购＋生产者补贴	玉米 大豆	国家确定补贴标准,按当年面积发放	高	保收入 保产量	黄箱
		国家确定补贴标准,按基期面积发放	低	保收入 调结构	蓝箱

续 表

政策模式	适用品种	操作办法	行政成本	政策功能	政策属性
目标价格(收益)保险	部分产品	按政府与保险公司共同确定的目标价格或收益投保,以当年价格或收益为标的,政府补贴保费	低	保收入保产量	黄箱
		按政府与保险公司共同确定的目标价格或收益投保,政府不补贴保费	低	保收入保产量	绿箱

资料来源:程郁、叶兴庆(2016)。

已经实行市场定价、价补分离的农产品,政策调整的重点在于完善生产者补贴的挂钩办法。棉花实行目标价格差价补贴、玉米和大豆实行"市场化收购+生产者补贴"改革后,国内市场价格明显下降、相对于进口产品的竞争力明显提高,产业链上下游之间的关系得到理顺、加工业实现良性发展,这是改革成功之处。但是,生产者补贴与当期面积(大豆和玉米)或产量(棉花)挂钩的操作办法,不仅行政成本高,而且不利于发挥市场价格信号对农业生产结构调整的引导作用,补贴力度还要受"黄箱"上限值的约束。应把握好维护生产者既得利益、保护现有产能、促进农业结构调整、实现国内外价格并轨和WTO合规性等多重目标的平衡,在诸多目标不兼容时应有所取舍,追求主要目标,放弃次要目标。我们认为,在恢复市场定价的同时对生产者实行补贴,出发点在于防止生产者收入出现断崖式下降,为他们按市场需求自主决定种植结构提供一个过渡期,不能赋予生产者补贴"保产量"的功能。也就是说,价补分离后的生产者补贴,其功能应定位于"保收入、调结构"。相应地,棉花目标价格差价补贴、玉米和大豆生产者补贴,应调整为按基期交售量或面积补给生产者,实现与当期生产脱钩,由"黄箱"转为"蓝箱"。

继续保留最低收购价政策模式的农产品,政策调整的重点在于重新确定最低收购价的定价原则和最低价收购量。稻谷和小麦是基本口粮,有必要在尽可能长的时期内保留最低收购价政策模式。但要防止定价过高造成非常态措施常态化,避免出现"三量齐增"。同时,要为未来留足政策空间,延缓价格倒挂的扩展速度,把按价差乘托市收购量计算的补贴力度控制在产品产值的8.5%以内,尽可能延长配额外65%关税的有效防护期。为此,应调整"成本＋基本收益"的定价原则,最低收购价只能覆盖成本;改进成本核算方法,避免高估人工成本和土地成本。最低价收购量,事前根据"黄箱"空间确定,避免把主产区全部产量计入市场支持范围。

(二)扩大经营规模,提高基础竞争力

我国农业竞争力下降,直接表现是价格倒挂、贸易逆差扩大,背后原因是成本倒挂。而成本倒挂的根本原因,是在人多地少的资源禀赋下,当工业化与城镇化发展到一定程度后,农业用工工资水平低、农业生产消耗的物质费用少的比较优势,不足以对冲经营规模小、劳动生产率低的比较劣势。尽管农业生产特别是土地密集型大宗农产品生产高度依赖土地和水资源条件,我国人多地少水缺的资源禀赋决定了农业生产成本上涨从而农产品价格倒挂具有客观必然性,但通过扩大经营规模降低农业生产成本的潜力仍然较大[①]。尽管资源禀赋决定了我国农业经营规模特别是土地经营规模不可能达到新大陆国家甚至欧洲国家的数量级,但对促进土地流转集中、发挥适度规模经营在现代农业建设中的引领作用的必要性、紧迫性、可行性要有足够认识。这是应对城乡人口结构变化和农业兼业化、农民老龄化、农村空心化的必然要求,也是控制农产品人工成本过快上涨、增强我国农业基础竞争力的根本出路。

扩大农业经营规模,应由易到难,循序渐进。一是促进农户承包地集

---

① 日本的情况表明,随着农地经营规模扩大,农业生产成本随之下降。1975年,农地经营规模在3公顷以上的平均生产成本与经营规模在0.3公顷以下的平均生产成本的比值为0.9,而到1985年这一比值降为0.58。见速水佑次郎和神门善久(2003:255)。

中连片。刚开始实行家庭联产承包责任制时,大多数地方将承包地按远近、好坏、水旱进行"肥瘦搭配",造成农户承包地高度分散。在开展第二轮承包时,大多数地方并没有解决好这个问题。据统计,尽管目前全国户均耕地承包面积仅 7.5 亩,但户均达到 5.7 块[①]。这不仅造成耕作不便,而且过多的田埂造成土地资源浪费。应总结推广湖北省沙洋县的"按户连片耕种"、安徽省怀远县的"一户一块田"经验,通过完善承包关系解决承包地块细碎化问题。有条件的地方,也可实行"确权确股不确地""确权确利不确地",由村组集体统一经营或统一发包给新型经营主体。二是提倡地租隐性化的土地流转方式。靠租赁实现土地规模经营,不仅使地租成本显性化,而且令租地经营者不得不支付越来越高的地租费用。地租率过高是我国农业制度成本高的突出表现,这个问题应引起高度关注,控制乃至降低地租已迫在眉睫。与转包、出租相比,通过股份合作、托管等方式实现的规模经营,流转双方不必就土地租金讨价还价,尽管存在土地机会成本问题,但可避免人为抬高地租;不必事先支付租金,有利于降低农业生产经营的资金压力。应更多地通过这样的方式实现土地规模经营。三是发展家庭农场和现代农业公司。完善"三权分置"办法,在依法保护集体所有权和农户承包权的前提下,平等保护经营主体依流转合同取得的土地经营权,保障其有稳定的经营预期,令其放心地对土地进行长期投资。把握好维护承包户既得利益与促进农业规模经营的平衡,不宜过分强调承包权的权能。"大地主、小佃农"固然不利于农业生产力的发展,"小地主、大佃农"同样不利于现代农业建设。应拓宽承包权市场化退出的通道,可考虑设立农村土地收储机构,收购全家外出农户的承包地、宅基地,经过整治、重划后成规模地出租或出让,资金来自政策性银行的长期贷款或发行土地整治债券。

在我国这种资源禀赋下,挖掘规模效应的另一条途径,是发展农业作

[①] 在西南丘陵山区,这个问题尤其严重。重庆市潼南县有 138.6 万亩耕地、194987 户农户,承包地被分割为 200 多万块,平均每户有 10 多块地,最多的有 20 多块地。见邓俐(2014)。

业外包市场。比如,发展农机专业户、农机合作社,为其他普通农户乃至家庭农场、土地股份合作社等新型经营主体提供耕、种、收、烘干等作业服务,可以大幅度提高农机装备的利用率;发展农作物病虫害专业化、机械化统防统治,可以提高防治效果、实现农药减量。但要注意的是,虽然推进服务规模化有必要、有潜力,却不能替代土地的流转集中和经营规模的扩大,不能成为拖延土地流转集中的理由(何秀荣,2016)。

(三)加强一般服务,提高政策竞争力

在削减价格支持、让市场机制发挥更大作用的国际潮流下,发达国家增强农业竞争力的普遍做法,是加强对农业的一般服务支持[①]。一般服务中的大部分措施,有降低农业生产者成本开支的溢出效应。例如,政府出资改良土壤、兴修水利、创新科技、培训技术,可以使农业生产者在同等支出下获得更大产出或以更少支出获得同等产出,从而相应降低单位产品成本[②]。这个领域的竞争,实质上是农业政策和国家财力的竞争。

我国在这个领域的竞争潜力还很大[③],应采取措施逐步释放出来。一是支持农田基本建设。按规划继续推进高标准农田建设,将晒场、烘干等配套设施纳入建设范围。在我国不少地区,特别是丘陵山区,地形破碎,地块普遍不大,不利于农田灌溉和机械化作业。近年来,广西壮族自治区龙州县等地探索出的"小块并大块"土地整治模式,促进了当地农业规模经营的发展。在全国高标准基本农田建设中,应把扩大单幅地块面积、减少地块数量作为重要目标。二是支持农业节水。与雨养农业不同,灌溉对我国

---

① "一般服务支持"是 OECD 的农业政策分类,其大部分内容属于 WTO 口径的"绿箱"政策,如基础设施建设和维护、科技研发和培训、市场推广等。2013 年 12 月达成的 WTO《巴厘协定》中新增的"农业综合服务"为"绿箱"政策,主要包括:土地条件改善、涵养水土和资源管理、旱涝防控、农业劳动力计划、资产权利保险、农民定居计划。见朱晶、晋乐(2016)。

② 朱晶、晋乐(2016)利用我国数据的研究表明,基础设施能够降低粮食生产成本,提高产品国际竞争力。农田水利设施、道路建设主要节约劳动与物质资料投入,电力设施主要节约资本投入。

③ 除"一般服务支持"外,按 WTO 口径,我国非特定产品"黄箱"政策空间还很大,逐步将农机具购置等投入品补贴的剩余空间利用起来,也是降低农业生产成本、提高农业竞争力的重要途径。

大部分地区农业至关重要。在继续增加有效灌溉面积的同时,应把节水放在突出位置。这不仅是节约水资源,也是节约成本支出。坚持工程、技术、制度措施一起抓,集中建成一批高效节水灌溉工程,大力普及喷灌、滴灌等节水灌溉技术,通过水价和水权制度改革促进节水。三是支持农业科技研发与推广。我国农业科技进步贡献率比发达国家低 20 个百分点。虽然农业科技投资回报率高,但外部性强。在我国农业科技研发和推广中,既要发挥企业的主体作用,也要发挥政府的支持和引导作用。应围绕提高农业竞争力,调整农业科技创新方向和重点,突出优质专用品种和节本降耗、循环利用技术。四是支持农业机械化。在技术层面,支持研发适宜丘陵山区、设施农业、畜禽水产养殖的农机装备,支持适宜机械化生产的新品种选育。在应用层面,加大属于非特定产品"黄箱"范畴的农机具购置补贴力度,将粮食烘干等产地初加工设备纳入补贴范围,扶持发展农机合作社。

(四)促进利益联结,提高产业链竞争力

我国农业与国外农业的竞争,不仅仅是我国农户与国外农场之间的竞争,很大程度上是包括农户或农场在内的产业链之间的竞争。国外农产品往往通过大型跨国企业,有组织地进入我国市场。这些大型跨国企业背后,有一个完整的、具有竞争力的产业链。产业链的竞争力,来自大型跨国企业对市场信息的掌控能力和对市场风险的管理能力,来自大型跨国企业为农场主提供从种子选育到农产品销售的一揽子服务,从而降低农场生产成本的能力,来自以大型跨国企业为支撑的行业协会在品牌培育、市场推广、政策游说等方面的能力,甚至来自合作社对原料农产品加工增值和对农场主二次返利的能力。

近年来,在我国农业产业化经营的发展过程中,一些地方在延长农业产业链、重构农业价值链方面进行了积极探索,积累了一些经验。但总体而言,农业产业链条短、农产品加工业与农业产值比偏低、农民参与和分享

的机制不顺畅,仍是我国多数地区农业的软肋。应在总结借鉴国外农业产业链和我国部分地区农业产业化经验的基础上[①],采取措施全面提升我国农业产业链竞争力。一是优化农业区域布局,奠定产业链竞争的前提。提高产业链竞争力,需要以建设规模化生产基地、发挥产业规模效益为前提。应尽快在全国范围内划定粮食生产功能区、重要农产品生产保护区和特色农产品优势区,按区域配置支持农业发展的公共资源,按产品建立生产、储藏、加工一体化的产业技术体系。二是培育农业龙头企业,构建产业链竞争的核心。在农业产业链中,需要发挥龙头企业对农户的服务作用、对市场的开拓作用、对新技术的研发作用。产业链竞争力强弱,很大程度上取决于龙头企业能否发挥这些作用。在"生产基地＋中央厨房＋餐饮门店""生产基地＋加工企业＋商超销售"等产业链模式中,龙头企业均处于核心位置。应鼓励和引导工商资本进入农业,发展适合企业化经营的现代种养业和农产品加工业,通过产业链带动基地和农户。三是完善利益连接机制,巩固产业链竞争的基础。按照有利于农民分享增值收益的方向,完善农业产业链与农民的利益联结机制,支持农业产业化龙头企业建设稳定的原料生产基地、为农户提供贷款担保和资助订单农户参加农业保险,支持合作社发展农产品加工流通和直供直销,引导农户自愿以土地经营权等入股龙头企业和合作社。

(五)保障质量安全,提高品质竞争力

在国际农产品市场上,价格并不是决定贸易行为的唯一因素,常常存在不同国家间的价差足以覆盖贸易成本但贸易量并不大的现象。其中的一个重要原因,是进口国的消费者愿意付更高的价格购买本国农产品,这

---

① 近年来,山东省一些地方在以前的农业产业化经营的基础上,探索"三产融合"新模式,通过"全环节升级"和"全链条升值",进一步增强了农业竞争力;安徽省一些地方发展现代农业产业化联合体,通过"农业企业＋合作社＋家庭农场"的运行模式,形成从农资、耕作到购销,用服务和利益联结起来的产业链,提高了农业竞争力。见中央农办调研组(2016、2017)。

种支付意愿建立在对本国农产品品质更为信任的基础上。可以将这种现象称作"偏好溢价"或"信任溢价"。从表 3-8 可以看出，日本部分食用农产品仍保持较高自给率。根据 OECD（2016）的监测数据，2013—2015 年平均，日本农产品国内生产者价格是边境价格的 1.79 倍，国内农业总产出价值是出口价值的 1.94 倍；国内消费者平均额外净支出 4.9 万亿日元，其中70％转移给了农业生产者，30％转移给了其他环节。剔除国内价格支持和关税因素，日本农产品国内生产者价格仍可以大大高于边境价格，个中奥妙正在于日本消费者对国内农产品特别是蔬菜、乳品、肉类、鱼类的信任度更高，愿意支付"信任溢价"[①]。随着收入水平的提高和健康意识的增强，消费者对"信任溢价"的承受能力也会逐步提高。即便在美国和欧盟，部分消费者也愿意为有机农产品、农夫集市上出售的地产地消农产品付更高价格。

表 3-8　日本食用农产品自给率

单位：%

年份	大米	小麦	玉米	大麦	大豆	原糖	肉	乳品	植物油
1960	101.9	38.6	7.1	107.5	27.6	0.4	93.4	89.1	100.7
1970	106.2	9.1	0.6	34	3.8	3	89.3	89.4	98.9
1980	87	9.6	0	14.9	4	11.4	80.4	81.8	84.4
1990	100.1	15.2	0	13.2	4.6	11.9	69.5	77.5	79.9
2000	96.9	10.9	0	8.1	4.7	9.6	52.5	68.4	77.1
2010	94.9	8.9	0	7.7	6.1	11.4	55.7	67.1	5.9

赢得消费者信任，让其愿意以更高价格消费国内农产品，是提高我国

①　日本国产食品价格远高于进口食品价格，但选择国产食品的日本人依然占多数。据2010年7月日本经济产业省发布的2010年度网络购物市场调查结果，75％的日本人倾向于购买国产食品。日本人对国产食品的评价是：69％的人认为价格高，63％的人认为安全，55％的人认为好吃。对进口食品的评价是：68％的人认为便宜，只有1.5％的人认为安全、3.2％的人认为好吃。日本人对国产食品如此信任的主要原因，是日本在农业生产阶段积极推进良好农业规范（GAP），提高消费者对农产品生产过程的信任度。见杨东群（2014）。

农业竞争力的必由之路。提高这种"信任溢价"任重道远[①]，应朝着这个方向努力。一是发挥标准的倒逼作用。只有高标准，才有高品质。长期以来，我国农产品质量标准低于国外水平，内销农产品质量标准低于出口农产品，形成"两个市场、两个标准"的诡异局面。应尽快做到"两个市场、一个标准"，乃至像欧盟一样内销标准高于出口标准。对我国农业生产适应高标准的能力要有足够估计[②]。应坚持质量兴农，突出优质、安全、绿色导向，加快实施农业标准化战略，促进农产品质量与食品安全标准同主要农产品出口国水平接轨，乃至高于出口国水平。同时，要严格执行标准，加强产地环境保护和源头治理。二是发挥品牌和认证的增信作用。提高信息对称程度，是增强消费者信任的重要途径。品牌和认证可以降低消费者的信息搜寻成本，提升消费者认知度。鉴于农产品品牌具有较强的外部性，应推进区域农产品公用品牌建设，以优势企业和行业协会为依托打造区域特色品牌。加快提升国内绿色、有机农产品认证的权威性和影响力。三是发挥新主体、新业态的引领作用。支持新型农业经营主体率先实行农业良好生产规范、生产记录台账制度，申请"三品一标"认证。利用大数据、互联网增强消费者信任，建立全程可追溯、互联共享的追溯监管综合服务平台。

（六）拓展农业内涵，提高功能竞争力

农业不仅具有生产物质产品的传统功能，而且具有休闲观光、生态涵养、文化传承等多种功能。农业提供的物质产品，多数均质化程度较高、便

---

① 受"三聚氰胺事件"的影响，消费者对国产奶粉的信任度急剧下降。尽管近年来国产奶粉的质量安全水平有了大幅度提高，但国内消费者仍愿意以更高价格购买进口奶粉。主要原因已不在品质差异，而在于信任度差异。2017 年 3 月 5 日，农业部部长韩长赋在人民大会堂"部长通道"上对媒体说，我国奶业已发生脱胎换骨的变化，相信有一天外国人到中国旅游时也会买中国奶粉。

② 日本 2003 年出台、2006 年开始实施的"肯定列表制度"（Positive List System，全称"食品中残留农业化学品肯定列表制度"），是日本为加强对食品中农业化学品（包括农药、兽药和饲料添加剂）残留管理而制定的一项新制度。"肯定列表制度"对食品中农业化学品残留限量的要求更加全面、系统、严格。2006 年日本实施"肯定列表制度"后，起初对我国蔬菜出口日本带来严重影响，但我国农业生产环节快速作出反应，严格执行日本质量标准，后来反而增加了对日蔬菜出口。

于储藏和运输①,国家间可移动、可贸易,决定竞争力大小的因素主要是价格和品质。而农业提供的休闲观光、生态涵养、文化传承等功能,均质化程度低,不能在空间上移动,不能跨境贸易,决定竞争力大小的因素主要是地域、文化和民族特色。在产品功能的基础上附着休闲观光、生态涵养、文化传承等功能,把产品的竞争拓展为多种功能的竞争,是人多地少国家工业化与城镇化发展到一定阶段后,增强农业竞争力的必由之路。

我国通过发挥多种功能增强农业竞争力的拐点已经来临。随着收入水平的提高,已经有部分城乡居民具备了为休闲观光、生态产品付费的能力。随着健康意识的增强,生态产品的相对稀缺性和相对价值上升,已经有部分城乡居民愿意为生态产品及生态优良地区生产的农产品支付更高价格。随着家用汽车的普及、道路条件的改善、互联网信息的畅通和城乡基本公共服务均等化的推进,城镇居民到农村消费农业的休闲观光、生态涵养等功能的条件逐步便利化。应因势利导,进一步培育和开发农业的多种功能,促进绿水青山变金山银山。一是积极探索务实管用的新业态。四川省广安市探索出的"园区变景区、产品变礼品、农房变客房"模式表明,农业的休闲观光功能需要通过合适的业态才能得到释放。应鼓励各地以特色产业为基础,建设农业＋文化＋旅游"三位一体"、生产＋生活＋生态"三生同步"、一产＋二产＋三产"三产融合"的特色村镇与田园综合体。应鼓励农村集体经济组织创办乡村旅游合作社,或与社会资本联办乡村旅游企业。新业态需要新主体,应支持进城农民工返乡,鼓励高校毕业生、企业主、农业科技人员等各类人才回乡下乡,创办农旅结合的经济实体。二是切实解决好配套设施用地。发展休闲观光农业,除了需要促进农用地流转集中、保障新型经营主体农业生产用地外,还需要保障住宿、餐饮、停车等配套设施用地。各地在分配年度新增建设用地计划指标时,应将一定比例用于

---

① 随着冷链物流的发展,即便是生鲜食品也可以长距离运输。

支持休闲观光农业等农村新产业、新业态的发展。推进农村宅基地制度改革,探索以出租、合作等方式盘活利用空闲农房及宅基地;允许通过村庄整治、宅基地整理等节约的建设用地采取入股、联营等方式,重点支持乡村休闲、旅游、养老等产业和农村三产融合发展。三是建立健全农业生态效益补偿机制。水田就是湿地,庄稼地就是绿地。在城市周边划定永久基本农田,既是保护耕地的需要,也是改善城市生态环境的需要。应借鉴上海、苏州等地经验,实行基本农田生态补偿[①],使农民在获得农业物质产品收益的同时获得农业生态产品收益。

四、实施竞争力导向农业支持政策应处理好三个关系

从增产导向到竞争力导向,是我国农业支持政策的一次重大转型。这次转型发端于 2014 年,主要标志是棉花和大豆实行目标价格补贴改革试点、油菜籽和食糖不再实行托市收购。随后,玉米收储制度和"三项补贴"制度进行了重大改革,稻谷和小麦最低收购价政策进行了微调,三产融合、"三变"改革、"三权分置"等新思路和新举措陆续推出。可以预期,为增强农业竞争力,我国农业支持政策还将继续转型。这次转型范围广、触动深,在推进过程中应处理好以下关系。

(一)处理好快与慢的关系

面对农业存在的突出问题,的确应该增强危机感、紧迫感,尽快采取措施加以解决。但农业支持政策的主要受体是广大农户,而农户对政策调整的适应能力有限,这要求农业政策调整采取渐进式策略。从美国近 20 年

---

① 成都、广州等地实行基本农田保护补贴,对承担基本农田保护任务的农户和单位每年每亩发放一定金额的补贴。这种补贴,实质上是对这些基本农田失去非农产业发展机会的一种补偿,即发展权补偿,而非对这些基本农田提供的生态效益进行补偿。

的农业政策转型来看,其经历过把扭曲生产的市场价格支持调整为与当期生产脱钩的收入保障,再调整为市场化程度更高的风险管理的过程,以使农业支持政策转型更加顺畅。欧盟近20年的农业支持政策转型也是逐步过渡的,而非一步到位(于晓华等,2017)。与美国、欧盟相比,我国农户经济实力更小、更脆弱,农业支持政策调整更应该循序渐进,避免造成农民收入断崖式下降。从政策工具看,应该先从实际效果差、受 WTO 规则约束大的政策改起,再逐步推向其他政策工具。从品种看,应该先从价格倒挂程度高、库存压力大的品种改起,再逐步推向其他品种。从区域看,应该先从农民收入水平较高、结构调整空间较大的地区改起,再逐步推向其他地区。

(二)处理好主与辅的关系

农业的首要任务是为社会提供物质产品。提高农业竞争力,要把降低农产品生产成本、提高农产品生产效率作为主要任务。这始终应当是农业支持政策的重点。但受人多地少资源禀赋的影响,拼成本、拼价格式竞争终究不是我国农业优势所在,拼品质、拼功能式竞争才能一展我国农业所长。关键在于把两者有机结合起来。休闲观光、生态涵养、文化传承等是农业的辅助功能,功能溢价的基础是农业物质产品。既要看到发挥辅助功能的重要性,又不能以牺牲提供物质产品功能为代价。要严守耕地保护红线,在优化和巩固农业物质产品生产能力的基础上,培育和释放非物质产品供给能力,实现主功能与辅功能的叠加。

(三)处理好内与外的关系

在构建开放型经济新体制和价格倒挂常态化的时代背景下,无论口粮、谷物还是其他农产品,自给率均取决于三个因素:边境防火墙、产品可贸易性和消费者选择。我国农产品贸易的边境防火墙很矮,农产品平均关税为 15%,仅为世界平均水平的 1/4,实行关税配额管理的农产品配额外最高关税也只有 65%[①];在今后多边或双边贸易谈判中,农产品贸易的边境防火墙还会承受进一步下降的压力[②]。我国缺乏比较优势的农产品,恰恰是可贸易性强的谷物、棉花等大宗产品。蔬菜、水果、肉蛋奶等农产品尚可寄希望于消费者愿意花更高的价格购买国产农产品,粮食、棉花等大宗农产品就很难如此了。因此,提高我国农业竞争力,需要有国际视野,推行比较优势战略,不能关起门来调结构、转方式。要摒弃各种农产品都要"自给"的传统观念,对由市场竞争决定的部分农产品自给率的下降要有足够的容忍度。要围绕"自立",统筹利用国内外两个市场、两种资源,科学确定主要农产品自给水平[③],合理安排农业产业发展优先序。要围绕"自主",优化重要农产品进口的全球布局,推进进口来源多元化,积极开展境外农业合作开发,建立规模化海外生产加工储运基地,培育有国际竞争力的农业跨国公司。

---

① 日本大米配额外关税从量计征为 341 日元/公斤、从价计征为 778%,韩国大米配额外进口关税化后为 513%。

② 近年来,根据双边自贸协定,我国对东盟、澳大利亚、新西兰等自贸区国家给予国别配额关税的优惠,从东盟进口的部分大米品种配额外关税已由 65%降至 20%,对新西兰、澳大利亚的羊毛给予国别配额、国别配额内享受零关税,关税配额管理制度的边境防护作用进一步降低。

③ 保障国家粮食安全是增产导向农业支持政策体系的核心目标。对我国这样一个人口体量大、饥饿记忆深的国家而言,即便在新的竞争力导向农业支持政策体系中,也需要继续坚守国家粮食安全的目标。但需要树立新的粮食安全观。2013 年中央经济工作会议提出的新国家粮食安全观,首次把"适度进口"作为保障国家粮食安全的支柱之一,并把传统的"粮食"收缩为"谷物"。2016 年国务院印发的《全国农业现代化规划(2016—2020 年)》,放弃了玉米 100%自给率指标,虽然仍要求 2020 年稻谷和小麦自给率为 100%,但对自给率作出了新的释义,即国内生产能力满足需求的程度。

第四章　从粗放式发展转向可持续发展

改革开放以来,我国粮食产量年均增长 1.9%、农业增加值年均增长 4.4%[①],跑赢了同期全国人口增长速度,也跑赢了同期世界粮食和农业增长速度。以我国农业资源禀赋之差和农业体量之大,能实现这样长期快速的增长殊为不易。在这一增长进程中,既有制度创新、技术进步、基础设施改善等因素的贡献,也有投入增加、资源环境透支、政策托市等因素的支撑。随着内外部条件的变化,这些贡献和支撑因素在逐步消长变化。我国农业发展已到了重大转折关口,在未来的现代化进程中,迫切需要巩固和提升积极的贡献因素,消除和替换不健康、不可持续的支撑因素,尽快形成新的发展方式,接续新的增长动力。

一、转变农业发展方式的历史进程

观察过去 40 多年我国农业发展方式的转变进程,可以从两个角度切入:从农业结构调整来看,尽管"以粮为纲"的政策早已退出历史舞台,市场

---

① 粮食产量为 1978—2019 年年均增长速度,农业增加值为 1978—2018 年按不变价格计算的年均增长速度。

导向的适应性乃至战略性结构调整多次成为农业政策目标，但增加产量、保障供给是贯穿始终的农业政策主基调；从农业效率改进来看，尽管土地产出率、劳动生产率在逐步提高，全要素生产率也有较好表现，但拼资源、拼环境、拼投入的粗放增长方式没有实质性转变。

（一）农业结构调整

回顾40多年发展历程，我国粮食等大宗农产品多数时期处于供不应求状况，增加产量、保障供给是农业政策的首要目标。但在供给相对宽裕、农产品卖难和价格下跌时期，转变农业发展方式特别是调整农业结构也曾多次被提上议事日程。这样的情况出现过4次。

第1次是1985—1986年，粮棉首次出现卖难，农业生产结构开始经历部分产品过剩背景下的调整。1984年，我国农业在连续几年丰收的情况下再次获得大丰收，粮食和棉花由长期以来的供不应求首次变为供过于求，农民面临卖难，国家苦于库存积压。主管农业的万里副总理在1984年底召开的全国农村工作会议上提出，"对'卖粮难''卖棉难'的问题，从中央到地方都必须解放思想，出主意想办法来解决"，"应该提出一个口号，'大家都来学做结构变革的巧妇'，抓紧粮多棉多的有利时机，加快农村产业结构的变革"（中共中央文献研究室等，1992：311、314）。

第2次是1991—1992年，农业全面丰收导致农产品价格连年下降，农业结构调整步伐加大，高效农业开始崛起。1990年粮食产量接近45000万吨，1991年棉花产量超500万吨，其他农产品全面增长，农业综合生产能力跃上了一个新的台阶。面对这一轮的农产品卖难问题，主流观点认为，我国农业开始进入一个新阶段，为从根本上缓解农产品卖难、增加农民收入，必须发展高产优质高效农业，从单纯追求产量转向产量与质量并重。1992年6月，主管农业的田纪云副总理在全国发展高产优质高效农业经验交流会上作了一个重要讲话，集中体现了上述观点（田纪云，1992）。

第 3 次是 1999—2003 年,面对农产品再一次全面卖难,农业结构战略性调整迈出步伐。由于 1993 年大多数地区过早地放开粮食和棉花收购价格,当年底至 1994 年,全国农产品价格大幅上涨,对全国物价的上涨起了很大的推动作用。为改变这种局面,中央采取措施加强农业(朱镕基,2011:65-79)。1995—1998 年农业连续 4 年丰收,粮食上了一个新台阶,其他农产品全面增长,整个农业形成新一轮增长高峰。然而需求的增长是平稳的,社会无法消化短期内大幅度增加的农产品供给,结果出现农产品全面卖难。面对新一轮卖难,决策层在认识层面乃至工作部署上经历过"三部曲"的深化过程①:1999 年中发 3 号文件《中共中央、国务院关于做好 1999 年农业和农村工作的意见》指出,我国农业和农村经济正在发生新的阶段性变化,主要农产品由长期短缺变成总量大体平衡、丰年有余,农业的发展不仅受到资源的制约,还越来越受到需求的约束;2000 年中发 3 号文件《中共中央、国务院关于做好二〇〇〇年农业和农村工作的意见》指出,农业和农村经济发展的新阶段,实际上就是对农业和农村经济结构进行战略性调整的阶段②;2001 年中发 2 号文件《中共中央、国务院关于做好 2001 年农业和农村工作的意见》指出,把千方百计增加农民收入作为做好新阶段农业和农村工作、推进农业和农村经济结构调整的基本目标。吸取前两次农业结构调整的教训,这次决策层提出要推进农业和农村经济结构战略性调整,适应市场需求的变化,充分运用科学技术,发展优质、高产、高效农业,提高农业的整体素质和效益③。这个期间,农业和农村经济结构战略性调整的一项重大举措,是实行退耕还林还草、退田还湖。1998 年党的十五届三中全会审议通过的《决定》(《中共中央关于农业和农村工作若干重

---

① "三部曲"是时任中央农村工作领导小组办公室主任段应碧同志的概括,意指先后作出我国农业农村发展发生新的阶段性变化、新阶段必须对农业和农村经济结构进行战略性调整、战略性调整的基本目标是增加农民收入等三个重大判断。

② 关于"农业和农村经济结构战略性调整"的内涵,《中共中央、国务院关于做好二〇〇〇年农业和农村工作的意见》作出了详细阐述。

③ 见《人民日报》1999 年 9 月 6 日第 2 版。

大问题的决定》,下同)明确要求,"禁止毁林毁草开荒和围湖造田","对过度开垦、围垦的土地,要有计划有步骤地还林、还草、还湖","控制工业、生活及农业不合理使用化肥农药农膜对土地和水资源造成的污染"。全国年度退耕还林面积从1999年的38.15万公顷,急剧增加到2003年的308.59万公顷(刘璨、武斌、鹿永华,2009)。

第4次是2014年至现在,面对库存压力加大、资源环境约束趋紧、农产品价格倒挂的现实,转变农业发展方式成为农业政策的主基调。2014年底召开的中央经济工作会议明确提出,要坚定不移加快转变农业发展方式,尽快转到"数量、质量、效益"并重、注重提高竞争力、注重农业技术创新、注重可持续的集约发展思路上来,走产出高效、产品安全、资源节约、环境友好的现代农业发展道路。2014—2020年的历年中央1号文件,均对转变农业发展方式作出部署,要求实施农业环境突出问题治理总体规划和农业可持续发展规划,实施新一轮退耕还林还草工程,实施重金属污染耕地修复、地下水超采区综合治理、退耕还湿试点;推进农业结构调整,开展粮改饲和种养结合模式试点,促进农村一、二、三产业融合发展;科学确定主要农产品自给水平,合理安排农业产业发展优先序,制定实施重要农产品国际贸易战略。

总结这4次农业结构调整,可以得出以下结论:一是农产品卖难、库存增加、价格下降是推动农业结构调整的原动力。这4次农业结构调整都以前期农业特别是粮食连年丰收为背景(见图4-1)。由于农产品需求弹性低,短期迅速增长的农业供给,难以被同期缓慢增长的消费需求消化,导致农产品卖难、库存增加、价格下降(见图4-2)。为解决这个问题,不得不在调整农业生产结构上找出路。从前3次看,结构调整期也是前期积压产品的消化期,一旦完成"去库存",市场价格上涨,结构调整也就告停。目前正在进行的第4次农业结构调整,是否会重蹈前3次的覆辙,还有待观察。二是结构调整的周期更长、幅度更大。前2次结构调整周期较短,全国粮食产量年度减产最大值分别为 2820 万吨和 1095 万吨；第 3 次结构调整为期 5 年多，全国粮食产量年度减产最大值达 4620 万吨；第 4 次结构调整已进行了 6 年，下一步走势如何还存在很大不确定性。三是结构调整的空间更小、选项更少。在前 3 次结构调整期间，国内农产品价格低于国际市场，可以通过出口加快消化库存农产品；在第 4 次结构调整期间，由于价格倒挂，不仅难以通过出口消化过剩农产品，而且进口量不断增加，使库存矛盾进一步加剧。在前 2 次结构调整期间，可以通过发展经济作物和养殖业缓解结构性过剩矛盾；在第 3 次特别是第 4 次结构调整期间，并不存在明显的供不应求的农产品等待发展。四是结构调整的内涵更深、要求更高。第 1 次结构调整主要是调减粮棉种植，增加其他农产品生产。第 2 次结构调整明确提出要处理好数量与质量的关系，发展高产、优质、高效农业。第 3 次结构调整明确提出要从"适应性调整"转向"战略性调整"（张宝文，2003），而且把退耕还林、退田还湖作为重要举措，减轻资源环境负荷成为政策目标之一，开始意识到要处理好生产与生态的关系。目前正在进行的

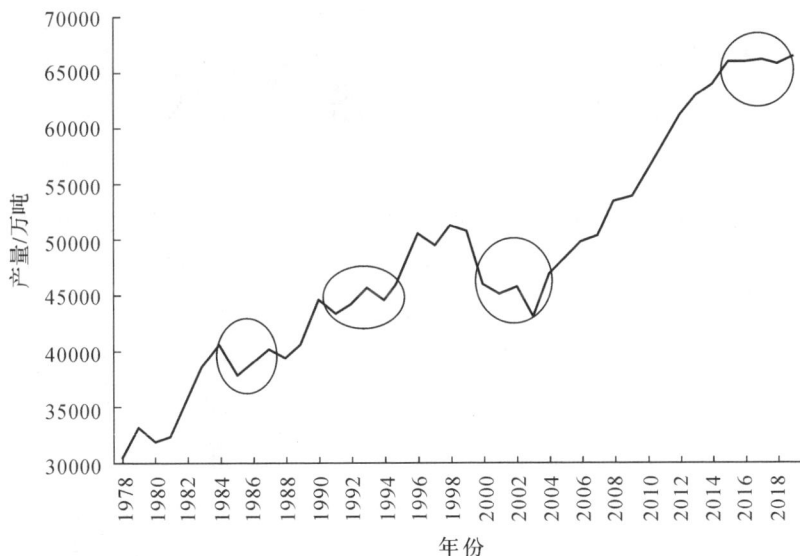

图 4-1　全国粮食产量波动与 4 次农业结构调整

第 4 次结构调整，对生产与生态、国内与国外、农业与非农业、保护与放活的关系有了更深刻的阐发，农业供给侧结构性改革逐步推进。

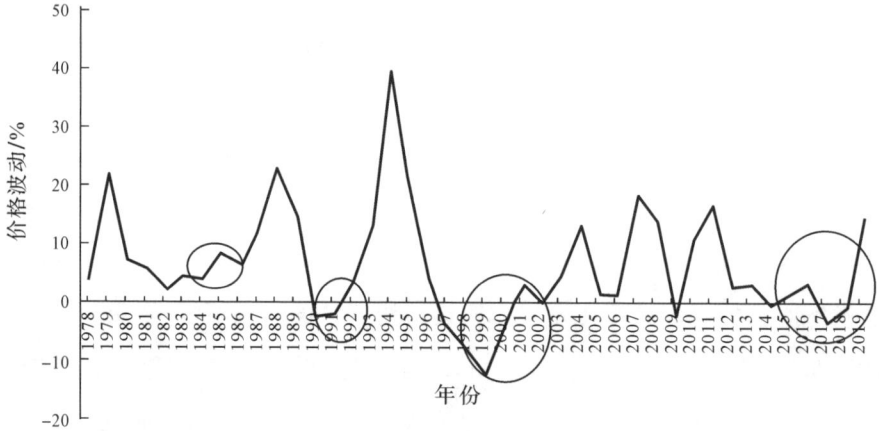

图 4-2　全国农产品生产者价格波动与 4 次农业结构调整

（二）农业效率改进

与农业结构相比，农业效率能更准确地反映农业发展方式的本质。40 多年来，我国农业效率在逐步提高。从土地、劳动力等单要素生产率来看，进步是明显的，特别是劳动生产率的年均增长率在提高。从全要素生产率来看，与其他国家相比年均增长率并不低，但对农业增长的贡献度有待提高。

1.单要素生产率的变化

提高土地生产率对人多地少国家的农业特别是种植业的发展至关重要。利用国家统计局公布的历年主要农产品单位面积产量数据，进行指数化，结果如图 4-3 所示。1978—2019 年，全国粮食、棉花、油料单产的年均增长率分别达到 2.0%、3.4% 和 2.9%；2019 年与 1978 年相比，粮食单产提高 1 倍多、棉花单产提高近 3 倍、油料单产提高 2 倍多。促进单产提高的主要因素有三个方面。一是制度变迁。家庭联产承包责任制改革调动了农民积极性,1978—1984 年的全国粮食、棉花、油料单产出现了一轮快速提高;1992 年市场取向改革和 2001 年加入 WTO 的改革开放红利也体现在主要农作物单产变化上(见表4-1)。二是品种改良。我国种业科研和种子产业取得了长足发展。农业生产用种已由过去主要靠农民自留种,转变为采用商品化的良种。目前,我国主要农作物良种率达到 96%,一般作物 5 年左右更换一次种子。据研究,在单产提高的贡献因素中,良种占40%。三是投入强度。1978—2018 年,全国耕地灌溉面积从 4496.5 万公顷扩大到 6809.8 万公顷,化肥施用量从 884 万吨增加到 5653 万吨。1991—2018 年,全国农药使用量从 76.5 万吨增加到 150.36 万吨,农用薄膜使用量从 64.2 万吨增加到 246.5 万吨。投入强度的增加,既提高了土地产出率,也带来严重的环境问题。

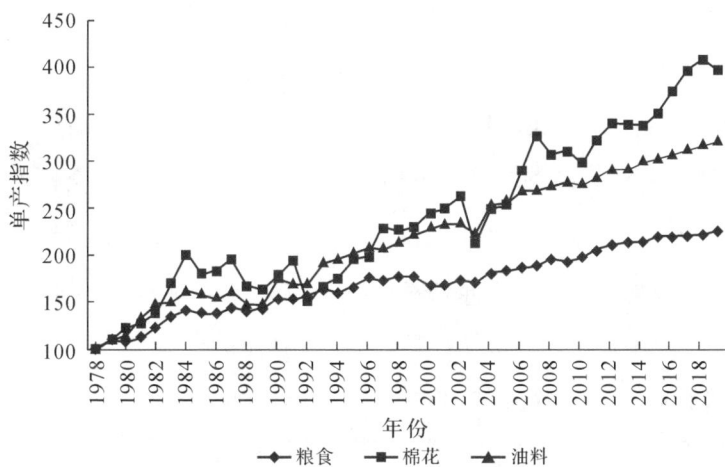

图 4-3　大宗农产品单产指数(1978 年＝100)

表 4-1　大宗农产品单产年均增长率

单位:%

年份	粮食	棉花	油料
1978—2019	2.01	3.41	2.90
1978—1984	6.11	12.53	8.56
1985—1991	1.03	−0.01	0.5
1992—2001	0.97	2.46	3.26
2002—2014	1.64	2.62	1.81

　　劳动生产率低是我国农业的软肋,但从 40 多年来的发展看,我国农业劳动生产率的进步是明显的。可以从两个维度衡量农业劳动生产率。一是全员劳动生产率。它以第一产业增加值与第一产业从业人数的比值表示。为消除价格变化的影响,可以根据国家统计局公布的 1978 年第一产业增加值、以 1978 年为基期按不变价格计算的历年第一产业增加值指数,推算出历年按 1978 年价格计算的第一产业增加值。第一产业从业人数采用国家统计局公布数据。1980—2018 年,全国农业全员劳动生产率年均增长 5.5%(见表 4-2)。二是单位用工量的实际产出。根据全国农产品成本收益调查资料,可以计算出历年每个工日生产的农产品数量。1980—2018 年,小麦和玉米每个工日的产量年均增长率分别达到 7.2% 和 6.2%(见图 4-4)。由于就业不充分,国家统计局公布的第一产业从业人员数有可能夸大农业劳动力数量①。以第二个维度衡量的农业劳动生产率变化可能更接近真实情况。但无论按哪个维度衡量,不同时期农业劳动生产率的变化起伏较大:1980—1984 年,家庭联产承包责任制的实行显著提高了农业劳动生产率;1992 年以后的市场取向改革和 2001 年后加入 WTO 的

---

　　①　据中国社会科学院课题组估算,中国在 2004 年迈过刘易斯第一拐点时,官方统计的农业劳动力比重为 46.9%,估算数仅为 27.8%;2012 年农业劳动力比重估算数仅为 19.8%,远低于官方统计的 33.6%(中国社科院经济学部"中国经济形势分析与预测"课题组,2013)。

开放红利,也显著促进了农业劳动生产率的提高。

表 4-2　农业劳动生产率年均增长率

单位:%

年份	第一产业	小麦	玉米
1980—2014	5.3	7.2	6.2
1980—1984	8.3	19.1	16
1985—1991	0.14	3.81	4.68
1992—2001	4.52	5.11	2.34
2002—2018	7.71	7.2	6.99

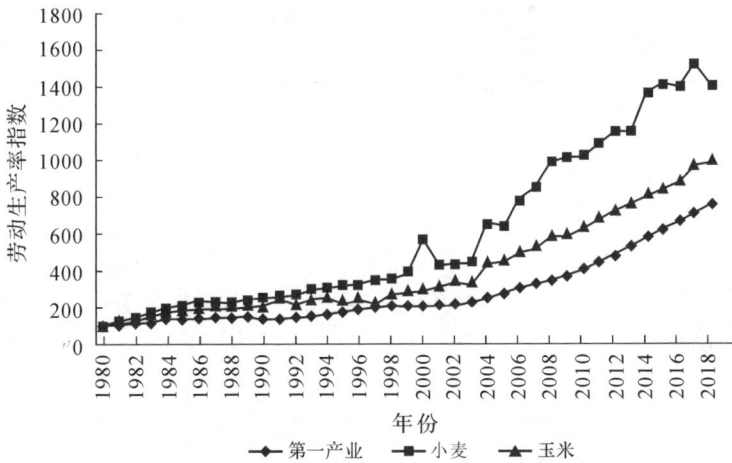

图 4-4　农业劳动生产率指数(1980 年=100)

比较土地生产率和劳动生产率的变化趋势,可以发现一个重要特征:2002—2018 年,土地生产率的年均增长率明显低于过去多年的年均增长率,而劳动生产率的年均增长率超过了过去多年的年均增长率。这表明,2002 年以后,土地生产率的提高速度在放缓,而劳动生产率的提高速度在加快。

2. 全要素生产率的变化

与单要素生产率相比，全要素生产率能更综合、准确地反映生产活动的效率水平。研究表明，1965—2000 年，发达国家的农业产出年均增长率虽然只有 1.2%，但由于农业劳动力年均增速为 $-2.2\%\sim-1.6\%$，其综合投入的年均增长率为 $-0.6\%\sim-0.3\%$，农业全要素生产率年均增长率达到 $1.5\%\sim1.8\%$，农业增长主要靠技术进步的推动。虽然发展中国家农业产出的年均增长率高于发达国家，但综合投入的年均增长率更高，全要素生产率的增长率并不高，低收入国家农业全要素生产率甚至在下降，农业增长处于主要依靠投入驱动的局面（见表 4-3）。

表 4-3 农业全要素生产率年均增长率的国际比较

单位：%

	发达国家（1965—2000 年）	发展中国家（1965—2000 年）		
		合计	中等收入	低收入
实际农业产出年均增长率	1.2	2.2	2.0~2.1	2.3~2.4
农业劳动力年均增速	$-2.2\sim-1.6$	0.7~1.5	$-0.1\sim0.1$	1.8~3.4
劳动生产率年均增速	2.8~3.4	0.7~1.5	1.9~2.2	$-1.1\sim0.5$
综合投入年均增速	$-0.6\sim-0.3$	2.1~2.2	1.3	3.1~3.5
全要素生产率年均增速	1.5~1.8	$-0.1\sim0.1$	0.7~0.8	$-1.1\sim-0.8$

资料来源：赵文、程杰（2011）。

从中国情况看，由于对投入、产出基础数据处理方法不同，计算出的农业全要素生产率年均增长率差异较大。乐观的估算认为，我国 1978—1997 年农业全要素生产率年均增长率为 $3.4\%\sim5.3\%$；剔除改革开放初期制度变革的一次性贡献，1985—1997 的农业全要素生产率年均增长率仍高达 $2.2\%\sim4.8\%$，远高于发达国家和发展中国家水平。这似乎表明，我国农业全要素生产率对产出增长的贡献已经超过了投入，我国农业早就进入了主要依靠技术进步驱动的发展阶段。

实际上我国农业增长效率并没有这么理想。赵文、程杰(2011)对基础数据进行修正后估算的结果显示:1978—1984年,由于家庭联产承包责任制的贡献,我国农业产出和全要素生产率大幅度增加;1985—2001年,虽然我国农业产出年均增长率较高,但农业综合投入年均增长率也较高,属于高投入、高增长的粗放型发展;2002—2009年,农业产出的年均增长率略有下降,但由于第一产业就业人数快速减少导致农业综合投入增长速度明显放缓,农业全要素生产率年均增长率比前一个时期有所提高,农业全要素生产率对农业产出的贡献超过了综合投入对产出的贡献(见表4-4)。

表 4-4　中国农业全要素生产率年均增长率

单位:%

	1978—2009年	1978—1984年	1985—2001年	2002—2009年
实际农业产出年均增长率	4.2~4.3	7.1~7.6	3.7~3.8	3.1~3.2
农业劳动力年均增长率	−0.1	1.8	0.4	−2.0
劳动生产率年均增长率	4.3~4.4	5.2~5.7	3.3~3.4	5.3
综合投入年均增长率	1.7~2.2	0.1~3.1	2.5~2.6	0.9~2.1
全要素生产率年均增长率	2.0~2.6	3.9~7.5	1.2~1.3	1.1~2.3

资料来源:赵文、程杰(2011)。

需要指出的是,2002年以来的农业全要素生产率提高主要是由劳动力再配置效益(即农业劳动力总量快速减少)贡献的,随着可转移农业剩余劳动力的减少,农业全要素生产率的这一源泉将会逐步枯竭。如何继续把农业全要素生产率的年均增长率维持在一个较高水平,使之超过综合投入对农业产出增长的贡献,是下一阶段我国农业转变发展方式的核心议题。为此,必须尽快完成从部门间资源再配置型全要素生产率(TFP1)向部门内技术进步型全要素生产率(TFP2)的转换[①]。新的全要素生产率(TFP2)

[①] 国务院发展研究中心课题组对全要素生产率的这种转型作过深入分析,见何建武(2015)。

源泉包括:促进土地流转集中,发展适度规模经营,挖掘规模效率;发挥比较优势,调整优化农业生产的产品结构和区域布局,减少资源错配导致的效率损失;加强农民技术培训,研发和推广新品种,提高水、肥、药等投入品的利用效率。

二、转变农业发展方式需要破解的突出问题

经过 40 多年的转型发展,我国农业在结构优化和效率提高方面都有进步。但这种进步是很有限的,深层次的矛盾和问题在不断积累。随着工业化与城镇化的深入发展、全社会生态文明意识的觉醒、国内外农产品市场融合程度的加深,我国农业发展方式中不健康、不可持续、缺乏竞争力的问题日益突出(叶兴庆,2014、2015b)。

(一)产能透支

与传统工业部门存在严重产能过剩现象不同,我国农业面临的突出问题是产能严重透支[①]。目前达到的农业产能中,相当部分是以牺牲生态环境为代价换取的,是在"吃子孙饭"、透支未来。这种以牺牲生态环境为代价换取的产能,是一种不健康、不可持续的产能,也可以说是一种"有毒产能"。

1.以过量使用化肥、农药等现代投入品为代价换取的产能

我国人多地少的资源禀赋决定了我国农业必须实行集约经营,而集约农业客观上需要使用较多外部投入品。但我国以鼓励农业增产为导向的

---

① 近年来我国部分农产品特别是棉花、食糖、玉米库存积压较为严重,但这主要是进口替代造成的,国内产量仍小于国内消费量。这与传统工业部门产能绝对过剩不同。2015 年中央经济工作会议提出,供给侧结构性改革的重要任务是"去产能、去库存、去杠杆、降成本、补短板";而 2015 年中央农村工作会议指出,农业供给侧结构性改革的重点任务是"去库存、降成本、补短板",并没有把"去产能"作为重点。

投入品价格政策、投入品制造部门的低技术水平、农民缺乏科学合理使用知识，共同导致我国农业投入品过量使用、有效利用率低。1978—2018年，我国农业生产资料价格年均提高 5%，而农产品生产者价格年均提高 5.7%，投入品与产出品比价关系的这种变化刺激农业生产者使用更多投入品。1978—2018 年，我国化肥施用量增加了近 6 倍。目前我国化肥平均施用量达到 400 公斤/公顷，是世界公认安全警戒上限 225 公斤/公顷的 1.8 倍，是欧美国家平均施用量的 4 倍以上。我国单位面积农药使用量是世界平均水平的 2.5 倍。据测算，2015 年我国三大粮食作物化肥利用率为 35.2%，尽管比 2013 年提高了 2.2 个百分点，但与发达国家相比存在明显差距。目前，美国粮食作物氮肥利用率为 50%，欧洲主要国家为 65%，比我国高 15～30 个百分点（冯华，2015）。2015 年我国三大粮食作物农药利用率为 36.6%，比 2013 年提高 1.6 个百分点，与国外也有较大差距（宁启文，2015）。

2. 以严重超采地下水为代价换取的产能

水利是农业的命脉。农田水利建设对我国农业的发展至关重要。1978—2018 年，全国耕地灌溉面积扩大了 51%。由于灌溉方式落后，我国农田灌溉水有效利用系数 2018 年仅为 0.55，而发达国家为 0.7～0.8。在低效用水的情境下扩大灌溉面积，势必加剧农业对水资源的消耗。我国人均水资源量仅为世界平均水平的 1/4，部分粮食主产区人均水资源占有量低于全国平均水平，河北、山东、河南、江苏等主产区农业水资源实际利用量已超过水资源的可持续利用量。特别是华北地区，地表水资源严重不足，长期靠超采地下水支撑农业生产发展，导致"寅吃卯粮""透支子孙用水"。华北地区已出现世界罕见漏斗区，面积超过 4 万平方公里，因连年超量开采地下水导致地层下降，形成以保定、衡水、沧州等为中心的多个漏斗群，衍生出一系列次生灾害和环境地质问题。

3. 以侵占湿地为代价换取的产能

据不完全统计,20世纪50年代以来,全国湿地开垦面积达1000万公顷。全国沿海滩涂面积已削减过半,全国56%以上的红树林丧失,"千湖之省"湖北省的湖泊锐减了2/3。特别是作为我国最大的平原沼泽分布区的黑龙江三江平原,原有沼泽已失去近八成。据统计,1975年,三江平原自然沼泽面积为244万公顷,占平原面积的48%;1985年,沼泽面积下降到150万公顷,占平原面积的29%;到1990年,沼泽面积仅剩113万公顷,仅占平原面积的22%。该区域随着自然湿地面积逐渐减少,湿地生态功能明显下降,生物多样性降低,出现生态环境恶化现象,如风蚀加重、土壤局部沙化与盐渍化、水土流失加重、旱灾次数增多等。

4. 以水土严重流失为代价换取的产能

20世纪50年代至90年代,为扩大耕地面积、增加粮食产量,我国不少地方进行了长时期、大面积的毁林毁草造地。1998年我国遭遇大范围洪水后,于1999年启动退耕还林工程试点,2002年该工程在全国范围实施。截至2013年底,全国累计退耕还林1.39亿亩。据第二次全国土地详细调查[①],全国有25度以上坡耕地8244万亩,其中79.9%分布在西部地区、13.8%分布在中部地区。

5. 以利用污染土壤、影响食品质量安全为代价换取的产能

土壤、大气和水并列为人类环境的三大要素,而几乎所有的污染都会进入土壤。我国土壤污染状况已经影响到耕地质量、食品安全甚至人的身体健康,其中最严重的是重金属污染。据全国首次土壤污染状况调查,我国土壤污染点位超标率为16.1%,其中耕地、林地、草地和未利用地土壤污染点位超标率分别为19.4%、10.0%、10.4%和11.4%;耕地中,中度和

---

① 以2009年12月31日为数据汇总时间截点。

重度污染分别占 1.8％和 1.1％,据此推算,全国中重度污染耕地达 5000
万亩。这些受污染的耕地,主要分布在工业化程度比较高的长三角、珠三
角、东北老工业基地等地区。这些地区正是我国农业高产地区。

让目前仍在利用的农业"有毒产能"逐步退出,不仅需要国家投入大量
补助资金,而且需要提高农业"健康产能",并力争使"健康产能"的增长跑
赢"有毒产能"的退出,从而使农业总产能得以逐步提高。

(二)成本上涨

我国人多地少水缺的资源禀赋,决定了我国农业生产成本要高于主要
农业贸易伙伴国。但我国特殊的城乡二元体制和土地制度,使我国农业生
产成本即便与资源禀赋类似、发展阶段相近的国家相比,也没有竞争优势。
城乡二元体制不利于农业剩余劳动力随工业化与城镇化程度的提高而下
降,使农业剩余劳动力转移的刘易斯第一拐点提早到来,既促使工业和城
镇部门工资水平过早出现持续性上涨,也令农业部门劳动成本过早出现持
续性上涨。土地集体所有、成员承包、经营者使用的制度安排,不仅使土地
成本显性化,而且令租地经营者不得不支付越来越高的地租费用。

从纵向比较看,我国农业生产成本上涨速度明显快于农业产值增长速
度,农业利润空间日趋收窄。1990—2018 年,我国 3 种粮食(稻谷、小麦、
玉米)平均,按现价计算的亩产值年均增长 5.96％,但亩成本年均增长达
到 7.54％,亩利润由正转负,产值的增长被成本的增长吃掉(见图 4-5)。
在成本增长中,人工成本和土地成本增长是主要推动因素。1990—2018
年,我国 3 种粮食平均亩成本年均增长 7.5％,其中物质与服务费用年均
增长 6.2％,人工成本年均增长 7.9％,土地成本年均增长 12.0％;在亩均
总成本中,物质与服务费用占比从 58.3％下降到 41.1％,但人工成本占比
从 35.1％上升到 38.38％,土地成本占比从 6.6％上升到 20.1％(见
图 4-6)。

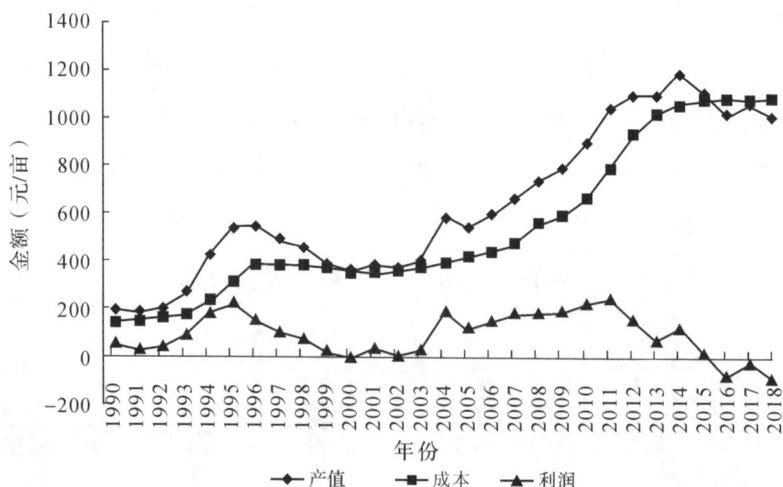

图 4-5　全国 3 种粮食平均产值、成本及利润

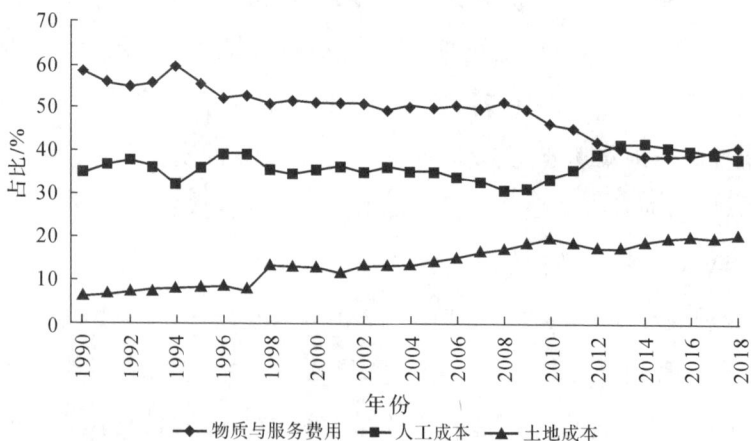

图 4-6　全国 3 种粮食平均亩成本构成

从横向比较看,我国农业生产成本已全面超过国外水平,竞争优势消失殆尽。与美国相比,我国主要农产品特别是土地密集型农产品的生产成本已全面丧失竞争优势。2014 年,我国稻谷、小麦、玉米、大豆、花生和棉花亩成本,比美国高 4.69%~216.29%。由于单产差异,单位产品的成本

差异幅度有较大变化,单产低于美国的稻谷、玉米、大豆、花生,单位产品成本差异幅度高于单位面积成本差异幅度;单产高于美国的小麦、棉花,单位产品成本差异幅度小于单位面积成本差异幅度(见表4-5)。深入分析发现,我国主要农产品成本之所以明显高于美国,在于我国人工成本和土地成本太高。由于经营规模小、机械化程度和劳动生产率低,2014年我国稻谷、小麦、玉米、大豆、花生和棉花的人工成本分别为美国的6.46倍、18.23倍、16.81倍、10.12倍、6.82倍和31.15倍(见图4-7)。由于我国土地所有权不能买卖,获得承包权且转向非农就业的农户对未来生活前景和地权保护缺乏信心,对他们而言流转土地经营权是一种高风险行为,需要足够高的地租才能令他们流转土地经营权,加之一些地方对规模经营者实行土地流转补贴,使其能够承受较高地租,我国农地租金明显高于一般国家。2014年我国稻谷、小麦、玉米、大豆、花生和棉花单位面积土地成本分别为美国的1.01倍、2.76倍、1.26倍、1.55倍、2.35倍和3.04倍(见图4-8)。

表 4-5　2014 年中美主要农产品成本比较

品种	亩成本			每 50 公斤成本		
	中国（元）	美国（元）	中国高于美国幅度	中国（元）	美国（元）	中国高于美国幅度
稻谷	1078.27	1030.08	4.68%	127.27	86.15	47.73%
小麦	965.13	318.71	202.82%	110.53	96.32	14.75%
玉米	1063.89	696.84	52.67%	103.86	48.98	112.05%
大豆	667.34	481.07	38.72%	228.21	112.24	103.32%
花生	1343.39	1006.62	33.46%	284.14	174.24	63.07%
棉花	2278.56	720.41	216.29%	953.7	703.06	35.65%

我国工业化与城镇化进程尚未完成,农产品生产成本仍处在快速上升通道。如何通过土地适度规模经营和农业机械化以提高劳动生产率、通过土地制度改革以控制地租上涨、通过科技进步以节本增效,是提高我国农

业竞争力的关键,也是转变农业发展方式的核心。

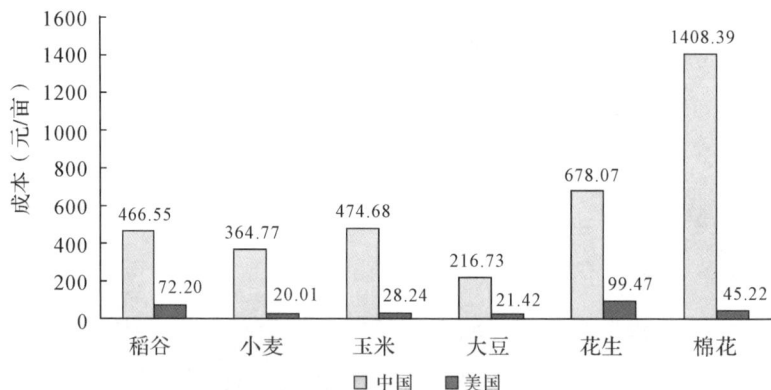

图 4-7　2014 年中美主要农产品人工成本比较

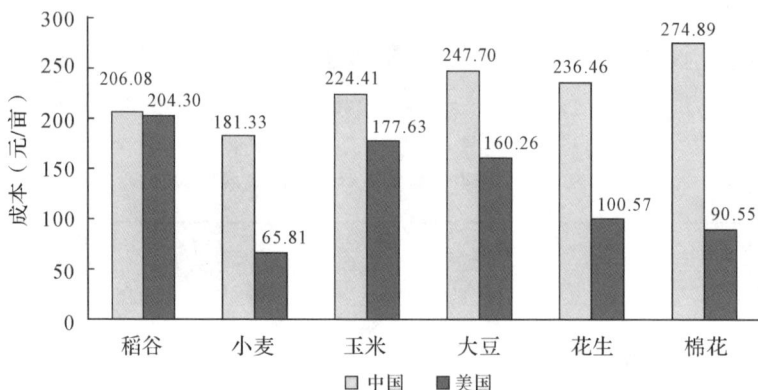

图 4-8　2014 年中美主要农产品土地成本比较

(三)价格倒挂

2004 年新一轮粮改以来,我国先后对稻谷和小麦实行最低收购价政策,对大豆、玉米、油菜籽、棉花、食糖实行临时收储政策,国家收购价水平经历了多次提高。特别是 2008—2014 年,稻谷最低收购价连续 7 年提高,累计提价幅度达到早籼稻 93%、中晚籼稻 92%、粳稻 107%;小麦最低收购价连续 6 年提高,累计提价幅度达到白小麦 64％、红小麦和混合麦 71％。重要农产品临时收储价也有不同程度提高。在国内价格低于国际价格的情境下,最低收购价和临时收储价的持续提高,释放了鼓励增产的信号。但随着 2013 年以来国内外价格的反向变化,主要农产品国内价格逐步超过进口到岸税后价,顶破了国际价格的"天花板"。我国加入 WTO 时作出承诺,对大豆、植物油等多数产品只征收单一关税;同时,也争取到了对部分农产品实行关税配额管理的政策,即根据基期(1996—1998 年)生产、贸易等情况确定一定进口配额,配额内实行低关税,配额外实行高关税。因而,根据关税的不同有两层国际价格"天花板":第一层"天花板"是根据配额内低关税计算的进口到岸税后价;第二层"天花板"是根据单一关税和配额外高关税计算的进口到岸税后价。从目前已经达到的倒挂程度和未来价差走势看,可以分为三种类型。

1. 已经持续性顶破第一层"天花板",与第二层"天花板"尚有一定距离

主要包括大米和小麦。大米和小麦分别于 2013 年 7 月和 6 月开始出现持续性价格倒挂,配额内 1％关税到岸税后价持续高于国内市场价。从未来走势看,我国大米和小麦单产提高潜力有限,扩大经营规模难度大,劳动生产率提高缓慢,在人工成本和土地成本的推动下生产成本将长期持续上升,国内价格有长期持续上涨的内在推力。

2. 已经持续性顶破第一层"天花板",部分时点也已顶破第二层"天花板"

与第一层"天花板"比较,玉米于 2013 年 7 月开始出现持续性价格倒挂,美国墨西哥湾 2 级黄玉米(蛋白质含量 12％)运到广州黄埔港配额内 1％关税到岸税后价,持续性高于东北 2 等黄玉米运到广州黄埔港的平仓价。据原农业部农业贸易促进中心监测,玉米已于 2014 年 7 月和 9 月、2015 年 4—6 月短期出现过配额外 65％关税进口到岸税后价低于国内市场价的情形。从未来走势看,国内玉米在提高单产、扩大经营规模、提高劳动生产率等方面有较大潜力,但人工成本和土地成本仍将继续上涨;受国际市场石油价格疲软影响,玉米的能源化利用需求不振,国际海运费难以提高,玉米国际市场价格将长期走低。展望未来,玉米国内价格顶破第二层"天花板"极有可能成为持续性现象。

3.已持续性顶破第二层"天花板"

主要包括大豆、棉花和食糖。加入 WTO 以来,由于大豆仅实行 3% 的单一关税,国内大豆片面追求含油率、未能发挥蛋白质含量高和非转基因的差异化竞争优势,国内价格与进口到岸税后价几乎完全重合,国内市场几乎完全受国际市场左右;但从 2012 年 10 月开始,大豆的国内外价格出现持续性倒挂,青岛港进口大豆按 3% 单一关税计算的到岸税后价持续性高于山东国产大豆入厂价。棉花于 2011 年 10 月开始出现持续性价格倒挂,进口棉花到岸税后价格(滑准税下)持续性高于国内棉花价格,直到 2015 年 1 月,国内外价格倒挂现象基本消失,如果考虑质量等因素,国内外价格已完全并轨。据原农业部市场与经济信息司监测,按配额外 50% 关税计算的巴西食糖到岸税后价已于 2015 年 2 月以来连续低于国内市场价。从未来走势看,我国食糖原料生产成本极高,提高甘蔗生产效率、降低成本的潜力不大;巴西货币贬值,能源化利用需求疲软,蔗糖出口潜力和竞争力很高。食糖国内价格持续性顶破第二层"天花板"的格局已经形成。

最低收购价和临时收储价的提高,是 2004 年以来农业增产的重要推动力。在价格倒挂的情境下,今后继续按高于进口到岸税后价的政府托市价收购农产品,势必造成"高产量、高收购、高进口、高库存、高亏损"。"市场定价、价补分离"是托市收购政策走出困境的必由之路。但托市收购政策淡出所造成的动力真空,迫切需要新的力量来填补。

三、推动农业发展方式加快转变关键在于解好"不等式"

改革开放以来我国农业发展方式的逐步变化,既与工业化、城镇化、市场化、国际化的拉动有关,也与认识的深化和政策的推动有关。从"九五"计划[①]到"十三五"规划,国家多次要求加快转变经济增长方式、对经济结构进行战略性调整,也多次要求加快转变农业发展方式、推进农业结构战略性调整,发展高产、优质、高效、生态、安全农业。问题在于,这种转变取得的成效与人们的期望值相差较大。

既然转变农业发展方式早就进入议事日程,为什么实际进展不尽人意,以至于现在面临日益严重的产能透支、成本上升、价格倒挂等难题? 在经济发展进入新常态、迫切需要加大结构性改革力度的新背景下,如何推动农业发展方式真正转起来? 我们认为,关键在于找准撬动农业发展方式转变的支点,寻找转变农业发展方式"不等式"之解。

(一)转变农业发展方式的"不等式"

我国转变经济增长方式之所以收效甚微,有专家认为是因为在传统体制下国有企业靠粗放增长方式可以生存下去,从而缺乏转变方式的内在动力(吴敬琏,2015)。我们认为,从农业的情况看,不能仅从体制的角度看问题。农业发展方式是否向理想的方向转变,主要取决于两种力量的对比。一种力量是新发展方式的净收益($NY-YC$),另一种力量是旧发展方式的净收益($OY-OC$),当($NY-YC$)=($OY-OC$)时转方式达到临界点,当($NY-YC$)≥($OY-OC$)时转方式进入进行时。

[①]　1995 年党的十四届五中全会通过的《中共中央关于制定国民经济和社会发展"九五"计划和 2010 年远景目标的建议》提出了"两个根本性转变"的要求,即经济体制从传统的计划经济体制向社会主义市场经济体制转变,经济增长方式从粗放型向集约型转变。根据这一要求,转变农业发展方式也成为农业政策的重要目标。

其中：

NY＝新发展方式的收益，NC＝新发展方式的成本；

OY＝旧发展方式的收益，OC＝旧发展方式的成本。

要使$(NY-YC)\geqslant(OY-OC)$，就要采取措施做大$(NY-NC)$、做小$(OY-OC)$。

做大$(NY-NC)$，可以从做大 NY、做小 NC 入手。做大 NY 的主要措施有：完善农产品市场价格形成机制，消除信息不对称状况，让消费者愿意对按绿色生产方式生产的农产品付更高价格；完善农业补贴和农产品托市政策，将补贴和价格支持政策与农业生产方式挂钩，如向新型经营主体倾斜；对资源节约型和环境友好型农业生产经营活动进行生态效益补偿，将农业生产经营的正外部效益内部化。做小 NC 的主要措施有：对资源节约型和环境友好型生产技术进行补贴，如对节水灌溉、水肥一体化、测土配方施肥、农机具购置和使用等进行补贴；按有利于节本降耗的标准研发和推广新技术、新装备。

做小$(OY-OC)$，可以从做小 OY、做大 OC 入手。做小 OY 的主要措施有：减少对旧发展方式的农业补贴和价格支持；让消费者减少购买按旧发展方式生产的农产品。做大 OC 的主要措施有：加大处罚力度，将农业生产经营活动的负外部效应，如超采地下水、过量施用化肥和农药等对生态环境的破坏，计入生产经营者的成本；提高资源要素的价格，如提高农业水价，恢复征收化肥增值税，使其充分体现资源稀缺程度和生态环境成本[①]。

（二）"不等式"的解释力：以农业机械化为例

构建"不等式"的意义，在于揭示如何做大$(NY-NC)$、做小$(OY-$

---

① 2016 年 1 月发布的《国务院办公厅关于推进农业水价综合改革的意见》(国办发〔2016〕2 号)明确指出，"农业水价形成机制不健全，价格水平总体偏低，不能有效反映水资源稀缺程度和生态环境成本"。这意味着，今后农业水价不仅要反映供水工程的建设和运营成本，还要反映水资源稀缺程度和生态环境成本。

OC),促使从旧发展方式向新发展方式转变的临界点顺利到来。在我国农业发展方式转变的历史进程中,农业机械化的故事能很好地诠释临界点的重要性和($NY-NC$)与($OY-OC$)角力的过程。

在过去很长一个时期,我国都在追求农业现代化,而且把农业机械化作为农业现代化的重要内容。1937 年,毛泽东在《矛盾论》中指出,"在社会主义社会中工人阶级和农民阶级的矛盾,用农业集体化和农业机械化的方法去解决"。1950 年,中南海举办新式农具展览会。1958 年,毛泽东提出以"土、肥、水、种、密、保、管、工"为主要内容的"农业八字宪法",把农业机械化列为发展农业的重点措施之一。1958 年 11 月 10 日,毛泽东在对《郑州会议关于人民公社若干问题的决议》的修改和信件中提出了农业工厂化的设想,指出"要使人民公社具有雄厚的生产资料,就必须实现公社工业化,农业工厂化(即机械化和电气化)"。1959 年 4 月 29 日,毛泽东在《党内通讯》中提出"农业的根本出路在于机械化"。1962 年,中共八届十中全会上,毛泽东提出:"我们党在农业问题的根本路线是,第一步实现农业集体化,第二步在集体化的基础上实现农业机械化和电气化。"1966 年,国家提出"1980 年基本上实现农业机械化"的奋斗目标,并对实现这一目标作了规划和部署。1966 年 7 月、1971 年 8 月、1978 年 1 月先后召开 3 次全国农业机械化工作会议,采取一系列行政手段,动员全党全国人民为1980 年基本实现农业机械化而奋斗。当时制定的 1980 年基本实现农业机械化的目标是:农、林、牧、副、渔主要作业的机械化水平达到 70%以上。实际情况是,直到 2000 年,我国农作物耕、种、收综合机械化水平仅为32.3%,多数地方仍以人畜力为主。2004 年以后,我国农业机械化进入快速发展阶段。2018 年与 2003 年相比,全国农机总动力增加了 65.6%,农作物耕、种、收综合机械化水平提高了 36.6 个百分点,15 年间的发展进度超过了此前 50 多年的进展程度(见图 4-9)。

对于农业机械化而言,2004 年之所以成为($NY-NC$)≥($OY-OC$)的

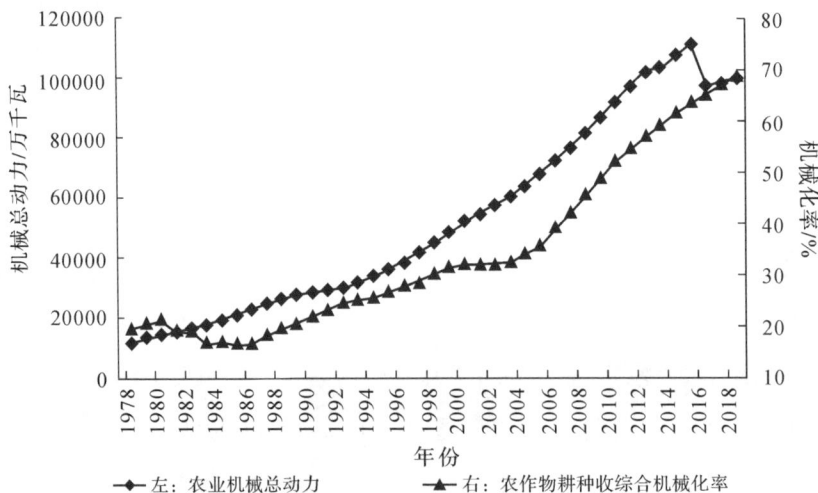

图 4-9　全国农业机械化发展水平

临界点,并且此后(NY－NC)持续大于(OY－OC),有三个原因。第一,
2004 年左右我国开始迈过农业剩余劳动力转移的刘易斯第一拐点,农业
中的"机器换人"在经济上开始合算。2004 年以前,我国农业剩余劳动力
较多,农民工工资长期处于较低水平,农忙季节外出务工农民返乡抢收抢
种是普遍现象。2004 年以后,沿海地区开始出现"民工荒",农民工工资步
入上升通道。扣除价格水平的影响,2004—2014 年,全国农民工实际工资
增长 2.74 倍,年均增长率为 10.6%(李伟,2016)。受此影响,外出务工农
民返乡抢收抢种的机会成本开始超过使用农业机械的费用,宁愿为农机作
业付费而不愿返乡劳作。第二,中央财政于 2004 年开始实行农机具购置
补贴政策,补贴资金逐年增加,从 2004 年的 0.7 亿元增加到 2018 年的 186
亿元。这降低了农机经营户为普通农户提供农机作业服务的成本。第三,
农机服务方式的创新,提高了农机具的使用率。农机专业合作社、以小麦
机收为代表的农机跨区作业的发展,使我国在小规模农业的情形下能够有
效提高农机具的使用率,从而降低农机具的使用成本。

　　以上三点给我们的启示是:工业化与城镇化发展到一定阶段,是农业中"机器换人"临界点到来的先决条件。在工业化与城镇化程度较低的发展阶段,以行政力量推进农业机械化是难以成功的;临界点到来后,实行补贴政策和经营创新,有利于加快以新发展方式(农机作业)替代旧发展方式(手工劳动)的步伐[1]。

(三)求解农业转方式主要领域的"不等式"

转变农业发展方式,就是要着力转变农业经营方式、生产方式、资源利用方式和管理方式,推动农业发展由数量增长为主转到数量、质量、效益并重上来,由主要依靠物质要素投入转到依靠科技创新和提高劳动者素质上来,由依赖资源消耗的粗放经营转到可持续发展上来(于文静、王宇,2015)。在这个系统工程中,应当抓住关键领域,逐一求解"不等式"。

1. 推动小规模农业向适度规模农业转变

大量研究表明,在就业和收入主要依靠农业的发展阶段,农户虽然经营规模小,但会精心务农,单位面积产出水平并不低。随着家庭主要劳动力转向非农产业就业、农业在家庭收入增长中的贡献度下降,越来越多的小规模兼业经营农户会选择粗放经营,甚至撂荒。但专业化、规模适度的家庭农场等新型经营主体,对新技术的使用更加积极,对单位面积产出量更加敏感。在相同条件下,适度规模经营比小规模兼业经营有更高的产出水平。中央已明确提出,"现阶段,对土地经营规模相当于当地户均承包地面积10~15倍、务农收入相当于当地二三产业务工收入的,应当给予重点扶持"[2]。

促进土地流转集中、发展多种形式的适度规模经营,不能以行政力量强制推动,要注重用经济手段引导农民自愿流转。也就是要做大($NY-$

---

① 为推进过剩产能化解,有专家建议应采取激励性措施调动地方和企业从过剩产能中退出的积极性。见宣晓伟、许伟(2015)。
② 见《关于引导农村土地经营权有序流转发展农业适度规模经营的意见》(中办发〔2014〕61号)。

NC)、做小($OY-OC$),使($NY-NC$)≥($OY-OC$)。做大($NY-NC$),首先要做大 NY,主要措施有:引导规模经营主体根据市场需求发展优质农产品生产,培育农产品品牌,通过优质优价获取更高生产经营收益;推进农业补贴制度改革,把由种粮直补、良种补贴和农资综合补贴合并而成的农业支持保护补贴向规模经营主体,特别是粮食规模经营主体倾斜。做大($NY-NC$),还要做小 NC,主要措施有:帮助规模经营主体应用先进适用技术,提高投入品使用效率,实现节本降耗;加大对规模经营主体从事农田水利、土地平整、田间道路、仓储物流等基础设施建设的扶持力度,摊薄建设成本;扶持规模经营主体提高机械化程度和劳动生产率,控制人工成本过快上涨;合理引导地租上涨速度,在增加承包权利人财产性收入与减轻租地经营者负担之间寻找利益均衡点,鼓励有条件的地方对土地流转进行补贴①。

做小($OY-OC$),也就是降低小规模兼业经营农户的净收益,虽然符合经济逻辑,有利于促使他们流转出土地,但不符合政治和社会逻辑,不利于维护小规模农户的利益,不能在这方面采取过于主动和激进的措施。例如,发展农民合作社、农业社会化服务,既有有利于解决小规模农户规模不经济的一面,也有降低小规模农户流转出土地的意愿、延缓土地集中和经营规模扩大的另一面。日本、韩国和我国台湾地区的发展实践充分表明,政府当前的高度支持保护、强大的农民合作组织,维护了小规模农户的利益,但也确实阻碍了土地流转集中,错过了工业化与城镇化进程中发展农地规模经营的最佳时机。从这些先行国家和地区的教训看,要做小($OY-OC$),就不应该支持发展农民合作社、农业社会化服务。显然,这种政策主张不符合目前我国大多数人的价值观。又如,对撂荒的农户采取惩罚措施

---

① 2015 年 12 月发布的《国务院办公厅关于推进农村一二三产业融合发展的指导意见》(国办发〔2015〕93 号)提出,"地方人民政府可探索制订发布本行政区域内农用地基准价格,为农户土地入股或流转提供参考依据"。其本意是要保护承包户的土地权益,在地租过低的地方这么做是必要的,但要注意防止人为抬高地租,避免助推规模经营"非粮化"甚至"非农化"。

有利于促进土地流转,但这可能为一些地方加重农民负担提供借口,因而现阶段也不宜实行。需要注意的是,对拥有土地承包权但不实际经营农业的承包户与继续经营自家承包地的小规模农户应该实行差异化政策,在改按承包关系发放的普惠性补贴为按经营规模发放的精准化补贴的过程中,可以取消对前者的补贴,但要兼顾继续经营自家承包地的小规模农户的利益。

2. 推动粗放型农业向集约型农业转变

从不同维度看,我国农业的集约化程度差异较大。土地生产率在全世界范围看并不低。从水资源和投入品利用效率来看,尽管近年来在逐步提高,但目前仍明显低于发达国家水平。2000—2018 年,全国农田灌溉水有效利用系数由 0.43 提高到 0.55,形成节水能力约 300 亿立方米;同期,尽管我国有效灌溉面积持续增加,但全国农田灌溉用水量基本稳定在 3400亿～3700 亿立方米。我国从 2005 年开始推广测土配方施肥,从 2015 年开始推行化肥和农药零增长行动。2019 年,水稻、玉米、小麦三大粮食作物化肥利用率达到 39.2%,比 2017 年提高 1.4 个百分点;农药利用率达到39.8%,比 2017 年提高 1 个百分点。根据《全国农业可持续发展规划(2015—2030 年)》和其他专项规划,2020 年和 2030 年我国在水、肥、药等要素使用效率方面要达到新的目标(见表 4-6)。实现这些目标,必须在 $(NY-NC) \geqslant (OY-OC)$ 的基础上,使 $(NY-NC)$ 的优势更加明显,对农业生产者的吸引力更大。

表 4-6　农业要素使用效率提高目标

农业要素	2013 年	2020 年	2030 年
农田灌溉水有效利用系数	0.52	0.55	0.6
节水灌溉面积占有效灌溉面积比重	42.7%	64%	75%
主要农作物肥料利用率	34%	40%	
主要农作物农药利用率	35%	40%	

在提高农业用水效率方面,使$(NY-NC)\geqslant(OY-OC)$持续成立,应把做小NC和做大OC作为主要切入点,也就是要重点从降低节水农业成本和让耗水农业付出更大代价两方面入手。做小NC的主要措施有:加大农田水利建设投入力度,提高对节水灌溉设备的财政补贴水平,降低农民购买和使用节水灌溉设备的成本;加强对节水灌溉设备、材料的研发,为农民提供经济实惠的节水灌溉装备;改进田间管理,发展旱作农业,通过农艺措施降低用水量从而降低用水成本。做大OC的主要措施有:提高水价和灌溉电价,水价要反映资源稀缺程度甚至生态环境成本,提高大水漫灌的综合成本;加强灌溉定额管理,逐步降低定额水平,对超定额用水者征收高额罚款。此外,可以在合理确定初始水权分配的基础上,完善用水计量办法,发展水权交易市场,以水权转让调动农民种植低耗水作物、采用节水灌溉措施的积极性[①]。

在提高化肥和农药有效利用率方面,使$(NY-NC)\geqslant(OY-OC)$持续成立,应从做大NY、做小NC和做小OY、做大OC四个方面综合施策。做大NY,就是要让按科学合理方法使用化肥和农药生产出的农产品卖出更好价钱,为此要注重培育农产品品牌,运用物联网等信息化手段消除生产者与消费者在农产品质量方面的信息不对称,增强消费者以更高价格购买按标准化技术生产出的农产品的意愿。做小NC,就是要加大测土配方施肥、水肥一体化等新技术的推广力度[②],对施用有机肥提供补贴;研发和推广应用高效、低毒、低残留农药品种,通过政府购买服务的方式为分散的农户提供专业化、机械化的农作物病虫害统防统治作业。做小OY,就是要让过量使用化肥和农药生产出的农产品卖不出好价钱。做大OC,就是要取消对化肥和农药生产的税收优惠政策,扭转以低价格鼓励农民多用化肥的

---

① 山西太原清徐县在这方面进行了积极探索,见林春霞等(2015)、叶兴庆(2015a)。
② 局部试点表明,改水肥分开施用为水肥同步供应,改1次追肥为4~5次随水追肥,改常规复合肥为高效水溶肥,可以少用水40%,少用肥20%。水、肥因用量减少而成本下降,因增产而增收,获得综合收益;但管道等硬件设施的投入会上升。见刘毅(2015)。

传统做法[①];对造成严重环境污染的,可探索征收环境税。

3. 推动环境掠夺型农业向环境友好型农业转变

对长期以来为增加产量而不惜牺牲生态环境的后果,人们逐步有了认识,甚至感受到了切肤之痛。1998 年长江流域发生特大洪水之后,为减少水土流失,国家决定实施大规模的退耕还林还草工程。2014 年中央 1 号文件明确要求,建立农业可持续发展长效机制,在保障当期供给的同时更加注重农业可持续发展,实现高产高效与资源生态永续利用协调兼顾;启动重金属污染耕地修复试点、华北地下水超采漏斗区综合治理试点、湿地生态效益补偿和退耕还湿试点,启动新一轮退耕还林还草。党的十八届五中全会《建议》(《中共中央关于制定国民经济和社会发展第十三个五年规划的建议》,下同)提出:"建设国家地下水监测系统,开展地下水超采区综合治理";"深入实施大气、水、土壤污染防治行动计划";"加大农业面源污染防治力度";"推进种养业废弃物资源化利用、无害化处置";"开展退耕还湿、退养还滩";"探索实行耕地轮作休耕制度试点"。

根据《全国农业可持续发展规划(2015—2030 年)》《农业环境突出问题治理总体规划(2014—2018)》《农业部关于打好农业面源污染防治攻坚战的实施意见》《新一轮退耕还林还草总体方案》和其他专项规划,国家在建设环境友好型农业方面提出了一系列新目标(见表 4-7)。无论是顺利使陡坡耕地和侵占湿地而形成的耕地退出农业生产,对重金属污染耕地和地下水超采地区进行治理,还是如期实现畜禽粪便、农作物秸秆、农膜(农药包装废弃物)基本资源化利用目标,都需要令 $(NY-NC) \geqslant (OY-OC)$ 持续成立。

---

① 1994 年以来,国家对国内生产流通和进口的部分化肥品种一直实行免征或者先征后返增值税等优惠政策。2015 年 8 月 10 日,财政部、海关总署、国家税务总局发出通知称,为优化农业生产投入结构、促进农业可持续发展,停止执行化肥增值税优惠政策,自 2015 年 9 月 1 日起,对纳税人销售和进口化肥统一按 13% 税率征收国内环节和进口环节增值税。

表 4-7　农业环境治理目标

治理项目	2013 年	2020 年	2030 年
养殖废弃物综合利用率	50％	75％	90％
农作物秸秆综合利用率	76％	85％	100％
农膜回收率	66％	80％	100％
耕地基础地力等级	5.1	5.6	6.1
退耕还林还草	2014—2020 年累计完成 4240 万亩		
退耕还湿	需要退出 5064 万亩		
重金属污染治理	需要治理 5250 万亩		
地下水超采治理	需要治理 5000 万亩		

在退耕还林还草、退耕还湿方面,由于退耕后没有生产经营活动,NC 等于零,NY 的唯一来源是国家给予的补贴。要做大($NY-NC$),就要提高国家补贴力度。做小($OY-OC$)的途径也不多,通过取消陡坡耕地、侵占湿地形成的耕地获得的各种补贴可以做小 OY。需要指出的是,仅靠对退耕给予补贴、取消应该退耕的耕地获得的各种补贴,不足以令($NY-NC$)≥($OY-OC$)持续成立。特别是国家给予的补贴是有期限的,一旦补贴到期,要让这些已经退出的边际土地不再复耕,必须扶持当地农民发展替代产业,解决其长远生计问题。

在重金属污染耕地和地下水超采地区治理方面,令($NY-NC$)≥($OY-OC$)持续成立需要多措并举。为做大 NY,要保障发展替代作物和休耕地区的农户收入不降低,加大对参与治理计划的农户的补贴,按照单产的减产量核算相应的补偿标准;将符合治理要求的农产品优先纳入托市收购范围。为做小 NC,要探索以政府购买服务的方式培育农业生产社会化服务组织,为重金属污染区农户提供统一喷洒石灰、施肥等治理服务,减轻农民搬运治理物资的负担,确保治理过程的安全性和施肥效果的最大化;把地下水超采区作为发展节水和旱作农业的重点地区,加大节水工程投资补助和节水灌溉设备购置补贴力度。为做小 OY，要逐步把超标粮食退出托市收购。为做大 OC，要在地下水超采区大幅度提高农业用水价格和灌溉电价，对违规开采地下水的要予以严厉处罚。

在种养业废弃物无害化处理和资源化利用方面，令$(NY-NC)\geqslant(OY-OC)$持续成立，同样需要多方施策。为做大 NY，要通过实施土壤有机质提升工程、有机肥补贴等措施，扩大有机肥市场需求，为畜禽粪便找到出路；把利用农作物秸秆生产的生物质燃料视作新型清洁燃料，纳入补贴范围[①]。为做小 NC，应对畜禽养殖小区、大中型养殖企业的粪污处理设施进行投资补贴；把秸秆收集、运输机具纳入农机购置补贴范围，对秸秆粉碎还田、机械深翻作业给予补贴。为做大 OC，应逐步提高养殖业排污标准，对超标排放的给予严厉处罚；加大秸秆焚烧处罚力度；提高农膜市场准入标准。

四、保障农业转方式顺畅进行需要解决深层次问题

农业发展方式的转变是一个渐进过程，是一系列因素综合作用的结果。使这个过程顺畅地进行下去，除了需要在关键领域创造新发展方式净收益大于旧发展方式净收益的基础性条件，让农业生产经营主体有动力选择新发展方式外，还需要在认识和制度层面下功夫。

（一）瞄准新方式，兼顾旧方式

转变农业发展方式特别是农业经营方式不可能一蹴而就。土地的流转集中、经营规模的扩大，会随着经济社会的发展而不断进行。从部分国家的实践看，即便工业化与城镇化基本完成，农业经营规模也会继续扩大

---

① 为什么一些地方采取了严厉的禁止措施，部分农民仍要焚烧秸秆？以下故事能给我们启示：某地干部给群众做工作时说："一亩补 20 元，你就别烧秸秆了。"农民回答："我给你 20 元，你帮我弄走。"这表明，秸秆资源化利用（粉碎还田、收集用作生物质燃料）的收益，抵不上为此所付出的人工等作业成本。对农民而言，焚烧是处理秸秆最经济的选择。要实现秸秆资源化利用，必须让农民有利可图。

（见表 4-8）。这既是市场配置资源的结果，也与农业政策的诱导有关。以美国为例，市场竞争使小规模农场大量破产，而补贴政策明显向大规模农场倾斜。1995—2012 年，美国直接支付补贴额高达 497 亿美元，其中前 1％的补贴受益者平均获得补贴 54.77 万美元，而后 80％的补贴受益者平均仅获得补贴 5119 美元（徐克、许世卫，2016）。受市场和政策力量的驱动，美国农场平均规模仍在扩大。也有部分国家，如日本和韩国，在工业化与城镇化快速推进阶段，为土地流转集中设置过多制度障碍，为小规模农户提供过度支持保护，以至于平均经营规模难以扩大甚至出现下降，农业竞争力大幅度减退。作为追赶者，我们要增强促进土地流转集中的紧迫感，"构建培育新型农业经营主体的政策体系"，"加快转变农业发展方式，发展多种形式适度规模经营，发挥其在现代农业建设中的引领作用"[①]。同时，也要有历史耐心，对为数众多的小规模农户，要通过发展农业社会化服务为他们提供生产经营便利。

表 4-8　部分国家农场规模变化情况

	日本	韩国	法国	德国	荷兰	巴西	美国
1960 年平均规模/公顷	1.2	2.1	18.8	12.1	8.8	74.9	122.6
2000 年平均规模/公顷	1.2	1.4	45	40.5	22.1	72.8	178.4
40 年增长倍数	0	−0.67	2.39	3.35	2.51	−0.97	1.46

资料来源：罗伊·普罗斯特曼、李平（2015）。

（二）坚守资源节约、环境友好的农业政策目标

40 多年来的实践表明，在农产品供大于求的情境下，对调结构、转方式容易达成共识。一旦供求关系逆转，农产品价格涨幅过快，增产就会成为农业政策的核心目标。本轮调结构、转方式的动因，同样是农产品供过

---

① 见《中共中央关于制定国民经济和社会发展第十三个五年规划的建议》。

于求及其带来的一系列问题。本轮调结构、转方式的大部分举措,如轮作休耕、化肥和农药减量,会减少当期农产品产量,加之我国工业化与城镇化发展已经到了令农产品价格倒挂常态化的水平,可以预计的是,随着本轮调结构、转方式的持续推进,农业生产特别是粮食产量会出现下降。为了避免调结构、转方式重蹈浅尝辄止的覆辙,当产量和自给率步入下降通道时,需要保持战略定力。尤其需要看到的是,保护生态、改善环境已经成为国际农业政策领域的核心议题,是发达国家农业政策的核心目标。与以前偏重价格支持、直接支付等政策工具不同,发达国家农业政策越来越偏重自然保护项目。从美国《2014年农业法案》来看,自然保护项目分为自愿参加和强制规定两部分。对自愿参加项目,政府通过给予生产者和土地所有者财政和技术上的援助以激励他们参加;对强制规定项目,通过和作物保险挂钩、影响生产者的保险补贴,鼓励并督促农业生产者在从事农业生产活动时尽可能减少对环境的破坏(徐克、许世卫,2016)。我们应该把握农业政策走向的大趋势,无论国内农产品供求形势如何,都应该把资源节约、环境友好作为追求目标。

(三)摆正观念:实现绿色发展不是退回到传统农业

在增产导向的发展模式下,农业长期持续增产付出了沉重的资源和环境代价,化肥、农药、添加剂等现代农业投入品的不规范使用埋下了重重隐患,农产品质量安全事故时有发生,农业如何"绿起来"成为一个需要高度关注、认真解决的问题。但我们所追求的绿色农业,本质上是以科学技术为支撑、以现代投入品为基础的集约农业。化肥、农药并非洪水猛兽,关键在于科学施肥、合理用药;饲料、添加剂并非产不出高品质畜产品,关键在于科学饲喂、遵守规范(叶兴庆,2015c)。需要注意的是,近年来对绿色农业存在不少认识误区,有些甚至流传甚广、影响颇大。例如,只要提到化肥、农药、饲料和添加剂,不少人就会心生反感;只要提到农产品质量安全,不少人就会想到发展有机农业、纯天然农业。在一些舆论宣传、广告推介中,往往把质量安全等同于不用化肥、农药,不喂饲料、添加剂。在这种社会氛围下,提出让农业"绿起来"、实现农业绿色化发展的新目标,一定要防止走极端,防止一味抵制和排斥现代科学技术成果在农业中的应用。让农业"绿起来",绝不是要退回到工业文明之前的传统农业。那时的农业当然是绿色、有机的,但靠那种农业怎么可能养活得了今天这么多人口?不用化肥和农药的种植业,不喂饲料和添加剂的养殖业可以少量存在,但难以成为现代农业的主流。对我国几千年农业发展史的研究表明,在使用人力和畜力、耕地不休耕和轮作、靠人畜粪肥维持地力的条件下,要实现氮这一主要营养元素的平衡,粮食亩产只能达到 100 公斤。这与现代农业能够达到的亩产 400 公斤相去甚远。

(四)既要重视利益的诱导,又要重视法律的威慑

促进农业发展方式转变,既要为农业生产者提供利益诱导,让其有积极性;又要建立健全相关法律法规,让其有敬畏心。2014 年中央经济工作会议明确提出转变农业发展方式后,相关政策性文件密集出台,在土地流转集中、种植结构调整、农产品质量安全、化肥农药减量、退耕还林还草、地下水超采和重金属污染耕地治理、水价综合改革、三次产业融合发展等方面出台了一系列措施。这些措施具有一个共同特点,就是注重"利诱",充分运用各种财政补贴手段。这无疑是十分必要的,其效果也将逐步显现出来。需要注意的是,应更加注重长效机制的构建,建立健全相关法律法规,为规范农业生产者行为提供"威慑"。特别是在保障农产品质量安全、治理农业环境突出问题方面,要更多地依靠法律武器[1]。

---

[1]　这方面一些地方已有良好开端。2016 年 2 月 1 日闭幕的湖北省十二届人大四次会议通过的《湖北省土壤污染防治条例》,是我国首部专门针对土壤污染防治的地方性法规,填补了我国在土壤环境保护方面的专门立法空白。

第五章　从超小规模经营转向
　　　　适度规模经营

实行家庭承包经营制度、农户重新成为独立的农业生产经营主体以来的 30 多年中,如何顺应工业化与城镇化发展、农业剩余劳动力转移的大趋势,创新农业经营体制,以提高耕地利用效率[①],一直是学界和政策研究领域关注的重点。在我国未来现代化进程中,如何顺应城乡经济社会的结构性变化,进一步创新农业经营体制,克服小农生产的弊端[②],以促进农业现代化和乡村振兴,需要从多个维度进行深入研究。我们认为,未来创新农业经营体制,应紧紧围绕提高农业劳动生产率和农业竞争力这个核心,着力捕获生产型、服务型和集聚型规模经济,促进小农生产向多种形式的适度规模经营转变。

---

　　① 鉴于我国农业经营规模小、劳动生产率低的矛盾在土地密集型农业中表现得尤为突出,本书主要探讨以耕地为主要劳动对象、以大田种植为主要生产活动的农业经营体制问题。

　　② 本书所称"小农生产",指以家庭为独立生产经营单位、以家庭成员为主要劳动力、以小规模土地为劳动对象的农业经营形态。与传统意义上的"小农"以自给自足为核心特征不同,目前我国"小农生产"的社会化、商品化程度有很大提高。但随着农户兼业化、农业副业化、农业劳动力老龄化的加深,"小农生产"的弊端逐步暴露,需要向多种形式的适度规模经营转型。

一、小农生产体制重新确立以来农业经营体制的演变脉络

经过 20 世纪 70 年代末 80 年代初的农业生产责任制改革,到 1984 年包干到户责任制占主导、农户成为独立的生产经营主体后,我国基本确立了土地集体所有制下的小农生产体制。1984 年,全国农村基本核算单位中实行包干到户的占 99.1%,实行包干到户的农户也达到全国农户总数的 96.5%,全国农民户均承包耕地 0.54 公顷,平均被分为 8.7 块,平均每块 0.06 公顷(国鲁来,2013)。以此为起点,无论在认识层面还是实践层面,我国农业经营体制都经历了不断演变的过程。梳理这一演变的脉络,把握演变的规律,既有利于深化对农村改革历程的认识,也有利于明确未来农业经营体制演进的方向。

(一)从对农业经营体制的认识和概括来看,经历了从"生产责任制"到"双层经营体制",再到"经营体系"的演变

起初,人们把从生产队集体所有、统一经营、集中劳动、按工分分配的经营体制中演化出来的各种具体经营形式称作集体经济组织内部的"生产责任制",是劳动组织、计酬方法的改进(叶兴庆,2013a)。1978 年 12 月,党的十一届三中全会原则通过的《中共中央关于加快农业发展若干问题的决定(草案)》提出,人民公社各级组织必须认真执行按劳分配原则,在计算劳动报酬时,可以按定额记工分,也可以在生产队统一核算和分配的前提下,包工到作业组,联产计酬、超产奖励,但不许包产到户、不许分田单干。1980 年 9 月,中央印发 75 号文件《关于进一步加强和完善农业生产责任制的几个问题——一九八〇年九月十四日至二十二日,各省、市、自治区党委第一书记座谈会纪要》,把党的十一届三中全会以来一些地方实行的"小段包工定额计酬""包工包产联产计酬""专业承包联产计酬"等集体经济管

理方式称作农业生产责任制,同时,允许在特定情形下包产到户。1982年中央1号文件《全国农村工作会议纪要》更是指出,"目前实行的各种责任制,包括小段包工定额计酬,专业承包联产计酬,联产到劳,包产到户、到组,包干到户、到组,等等,都是社会主义集体经济的生产责任制",对包产到户、包干到户的容忍度大大提高。

随着"分"的发展,如何发挥生产队等集体经济组织"统"的作用,把"统"和"分"的优势结合起来,引起各方关注①。1983年中央1号文件《当前农村经济政策的若干问题》指出,联产承包责任制采取了统一经营与分散经营相结合的原则;人民公社原来的基本核算单位(即生产队或生产大队),应当按照国家的计划指导安排某些生产项目,保证完成交售任务,管理集体的土地等基本生产资料和其他公共财产,为社员提供各种服务。1984年中央1号文件《中共中央关于一九八四年农村工作的通知》进一步指出,为了完善统一经营和分散经营相结合的体制,一般应设置以土地公有为基础的地区性合作经济组织。1986年中央1号文件《中共中央、国务院关于一九八六年农村工作的部署》指出,地区性合作经济组织应当进一步完善统一经营与分散经营相结合的双层经营体制;由于各地社会经济条件差异较大,统分结合的内容、形式、规模和程度也应有所不同。1990年中央18号文件《中共中央、国务院关于一九九一年农业和农村工作的通知》首次提出"以家庭联产承包为主的责任制""统分结合的双层经营体制",开始强调发展农业社会化服务,把乡村集体经济组织、其他各种服务性经济实体、国家经济技术部门并列为农业社会化服务的提供者,有意识地深化"统一经营"的内涵并扩大其外延。1991年党的十三届八中全会《决定》(《中共中央关于进一步加强农业和农村工作的决定》,下同)要求,把以家庭联产承包为主的责任制、统分结合的双层经营体制,作为我国乡

---

① 据一些当事人回忆,当时强调"统",实际上是为"分"争取政治上的生存空间。见林珊珊、杜强(2015)。

村集体经济组织的一项基本制度长期稳定下来,并不断充实完善。1993年修改《宪法》时,将第八条第一款相关内容修改为"农村中的家庭联产承包为主的责任制和生产、供销、信用、消费等各种形式的合作经济,是社会主义劳动群众集体所有制经济"。1998年,党的十五届三中全会《决定》指出,以公有制为主体、多种所有制经济共同发展的基本经济制度,以家庭承包经营为基础、统分结合的经营制度,以劳动所得为主和按生产要素分配相结合的分配制度,必须长期坚持。1999年修改《宪法》时,第八条第一款相关内容进一步修改为"农村集体经济组织实行家庭承包经营为基础、统分结合的双层经营体制。农村中的生产、供销、信用、消费等各种形式的合作经济,是社会主义劳动群众集体所有制经济"。此后,"以家庭承包经营为基础,统分结合的双层经营体制"成为我国农业经营体制的标准概括。

针对实践中"分"的分化和"统"的多元化,人们逐步强调构建新型农业经营体系。党的十七届三中全会《决定》(《中共中央关于推进农村改革发展若干重大问题的决定》,下同)指出,推进农业经营体制机制创新,加快农业经营方式转变;家庭经营要向采用先进科技和生产手段的方向转变,统一经营要向发展农户联合与合作,形成多元化、多层次、多形式经营服务体系的方向转变。党的十八大报告指出,坚持和完善农村基本经营制度,构建集约化、专业化、组织化、社会化相结合的新型农业经营体系。党的十八届三中全会《决定》要求,坚持家庭经营在农业中的基础性地位,推进家庭经营、集体经营、合作经营、企业经营等共同发展的农业经营方式创新。在2013年召开的中央农村工作会议上,习近平总书记强调,加快构建以农户家庭经营为基础、合作与联合为纽带、社会化服务为支撑的立体式复合型现代农业经营体系。党的十九大报告进一步强调,巩固和完善农村基本经营制度,构建现代农业产业体系、生产体系、经营体系,发展多种形式适度规模经营,培育新型农业经营主体,健全农业社会化服务体系,实现小农户和现代农业发展有机衔接。

从以上对农业经营体制的认识和概括的演变来看,家庭经营的基础性地位一直受到高度重视,小农生产存在的弊端、如何向适度规模经营转变等问题逐步引起关注;统一经营主体在不同时期差异较大,从早期的集体经济组织逐步转向现在的集体经济组织、合作社、专业大户、涉农企业等多元主体;鉴于统、分、统分联结机制各自的多元化,经营体系的概念逐步得到确立。

(二)从集体成员获得的土地权能来看,经历了从债权性的"生产经营自主权"到物权性的"土地承包经营权"的演变

实行家庭联产承包责任制后,集体成员得到的土地权利是按债权思路设计的(刘振伟,2017)。这是一种由集体经济组织内部的承包合同约定的"生产经营自主权",即自由劳动权和"交够国家的,留足集体的,剩下的都是自己的"的收益权。正如1987年中央5号文件《把农村改革引向深入》指出的,农村经济新体制的框架已经初步显现出来,一个重要标志是实行以家庭承包为主的联产承包制,扩大了生产者的经营自主权。这时,集体所有权的权能仍较饱满,集体成员获得的土地权能仍较狭窄。

1984年中央1号文件《中共中央关于一九八四年农村工作的通知》提出,鉴于部分社员无力耕种或转营他业要求不包或少包土地,鼓励土地逐步向种田能手集中,允许由社员自找对象协商转包,允许由转入户为转出户提供一定数量的平价口粮,并且提出了"土地使用权转移"的概念。与此前包工、包产、包干等各种生产责任制中农民获得的生产经营自主权相比,土地使用权是一种权能更加完整的权利,已包括转包权能。1998年党的十五届三中全会《决定》强调,赋予农民长期而有保障的土地使用权,土地使用权的合理流转要坚持自愿、有偿的原则依法进行。2001年中央18号文件《中共中央关于做好农户承包地使用权流转工作的通知》,既使用了"土地使用权""承包经营权"的概念,也使用了"承包地使用权"的概念。

以2003年《中华人民共和国农村土地承包法》(下文简称《农村土地承

包法》）的颁布实施为标志，集体成员获得的土地权利，被正式称作"承包经营权"，并正式获得国家法律赋权，依法享有承包地使用、收益和转包、出租、互换、转让或者其他方式流转土地承包经营权的权利。以 2007 年《中华人民共和国物权法》（下文简称《物权法》）的颁布施行为标志，集体成员获得的土地承包经营权正式成为具有占有、使用、收益权能的用益物权，实现了从债权到物权的跨越。此后，土地承包经营权的权能不断扩大。2008年党的十七届三中全会《决定》强调，"赋予农民更加充分而有保障的土地承包经营权，现有土地承包关系要保持稳定并长久不变"，这实际上是强化了承包户的占有权权能。2013 年党的十八届三中全会《决定》提出，"赋予农民对承包地占有、使用、收益、流转及承包经营权抵押、担保权能，允许农民以承包经营权入股发展农业产业化经营"，这实际上是新增了抵押、担保两项处分权能。2016 年，中共中央办公厅、国务院办公厅印发《关于完善农村土地所有权承包权经营权分置办法的意见》，对家庭承包经营制度框架下集体成员获得的土地承包经营权进行了分割，在流转情景下，从土地承包经营权中分离出土地经营权，而且土地经营权是一种相对独立的权利①。党的十九大报告提出，"保持土地承包关系稳定并长久不变，第二轮土地承包到期后再延长三十年"，进一步明确了承包户的占有权权能。

30 多年来，土地承包期限经历了第一轮 15 年、第二轮 30 年的延展，即将延展第三轮 30 年；农地权利结构经历了所有权与使用权的两权分离，所有权与承包经营权的两权分离，所有权、承包权、经营权的"三权分置"；集体所有权的权能不断收缩，集体成员获得的土地权能特别是处分权能不断扩大，目前已包括占有、使用、收益三大权能，以及除继承、赠与、买卖外的其他大部分处分权权能（见表 5-1）。

---

① 有些专家认为，经营权是从承包经营权中分离出来的，"三权分置"应是所有权、承包经营权、经营权的分置，不宜把土地承包经营权拆分为承包权和经营权。见刘守英等（2017）。

表 5-1　30 多年来土地承包经营权权能扩张过程

时间	文件	表　述	简　析
1982 年	中央 1 号文件	社员承包的土地,不准买卖,不准出租,不准转让,不准荒废,否则,集体有权收回;社员无力经营或转营他业时应退还集体	禁止流转
1984 年	中央 1 号文件	土地承包期一般应在十五年以上;自留地、承包地均不准买卖,不准出租;社员在承包期内,因无力耕种或转营他业而要求不包或少包土地的,可以将土地交给集体统一安排,也可以经集体同意,由社员自找对象协商转包;转包条件可以根据当地情况,由双方商定,在目前实行粮食统购统销制度的条件下,可以允许由转入户为转出户提供一定数量的平价口粮;为鼓励农民增加投资、培养地力,土地使用权转移时对农民的土地投资应给予合理补偿	占有、使用、收益权能基本具备,可以转包但不能出租
1993 年	中央 11 号文件	在原定的耕地承包期到期后,再延长三十年不变;提倡在承包期内实行"增人不增地、减人不减地"的办法;允许土地的使用权依法有偿转让	占有权能进一步强化,转让权能合法化
1998 年	党的十五届三中全会《中共中央关于农业和农村工作若干重大问题的决定》	赋予农民长期而有保障的土地使用权;要切实保障农户的土地承包权、生产自主权和经营收益权	占有、使用、收益权能进一步明晰
2001 年	中央 18 号文件	在承包期内,农户对承包的土地有自主的使用权、收益权和流转权;农户的土地收益包括承包土地直接经营的收益,也包括流转土地的收益	收益权能从经营收益扩大到流转收益
2003 年	《农村土地承包法》	承包方依法享有承包地使用、收益和土地承包经营权流转的权利,有权自主组织生产经营和处置产品;承包地被依法征用、占用的,有权依法获得相应的补偿;通过家庭承包取得的土地承包经营权可以依法采取转包、出租、互换、转让或者其他方式流转	收益权能扩大到征用、占用时的补偿权;处分权中包括转包、出租、互换、转让或者其他方式流转的权能

续　表

时间	文件	表　述	简　析
2008年	党的十七届三中全会《中共中央关于推进农村改革发展若干重大问题的决定》	赋予农民更加充分而有保障的土地承包经营权,现有土地承包关系要保持稳定并长久不变;按照依法自愿有偿原则,允许农民以转包、出租、互换、转让、股份合作等形式流转土地承包经营权	占有权能进一步强化;处分权中新增股份合作的权能
2013年	党的十八届三中全会《中共中央关于全面深化改革若干重大问题的决定》	赋予农民对承包地占有、使用、收益、流转及承包经营权抵押、担保权能,允许农民以承包经营权入股发展农业产业化经营	处分权中新增抵押、担保权能
2017年	党的十九大报告	保持土地承包关系稳定并长久不变,第二轮土地承包到期后再延长三十年	占有权能进一步强化

（三）从农业经营形态看,经历了从"家家包地、户户种田"到"流转集中、规模经营"、从社区集体经济组织提供服务到多元主体提供服务的演变

30多年来,以家庭承包经营为起点,农业经营形态经历了较大变化。一些地方曾短暂实行过"两田制"和"反租倒包"。所谓"两田制",是指将承包地分成口粮田和责任田,口粮田按人口平分以体现公平,只负担农业税;责任田按劳分配或招标承包以体现效率,除了负担农业税,还要交纳一定的承包费。所谓"反租倒包",是指将承包到户的土地通过租赁形式集中到集体(称为"反租"),进行统一规划和布局后,再将土地使用权通过市场方式竞价承包给本村或外来农业经营大户、农业公司(称为"倒包")。这两种创新,既有发展规模经营、提高劳动生产率的一面,也有违背承包户意愿、多收土地承包费的一面。出于减轻农民负担的考虑,后来中央不允许搞"两田制"和"反租倒包"。为改变小农生产现状,一些地方曾引进工商资本

发展公司制农业。为了获得足够规模的集中连片的土地,势必会强迫部分农户流转出承包地,引发干群矛盾。2001 年中央发布 18 号文件《中共中央关于做好农户承包地使用权流转工作的通知》,明确提出"中央不提倡工商企业长时间、大面积租赁和经营农户承包地,地方也不要动员和组织城镇居民到农村租赁农户承包地"。除此之外,农业经营形态的演变大致沿着"分""统"和两者结合方式三个层面展开。

在"分"的层面,以土地的流转集中为主线,逐步发展多种形式的适度规模经营。经过短暂几年的改革,到 1984 年底时,全国农村基本形成"家家包地、户户种田"的局面。此后,随着乡镇企业的发展,部分农业劳动力"离土不离乡"、就地转向非农产业就业;随着沿海地区工业化和全国城镇化的发展,部分农业劳动力"离土离乡"、外出打工。伴随农业劳动力的转移,土地流转面积逐步扩大,流转方式日趋多元。特别是进入 21 世纪,农村税费改革减轻了农业经营者负担,对流转土地的需求增加,土地流转开始加速(见表 5-2)。据统计,截至 2017 年 6 月底,全国共有 7434.3 万户承包农户流转耕地 3313.3 万公顷,分别占承包户总数的 27.7% 和家庭承包经营耕地面积的 36.5%;在流转面积中,流转入农户的占 56.8%,流转入农民专业合作社的占 22.4%,流转入企业的占 10.5%,流转入其他主体的占 10.3%;从流转方式看,转包占 47.5%,出租占 35%,互换占 5.6%,股份合作占 4.8%,其他占 7%(农业部经管司,2018)。土地的流转既促进了普通农户经营规模的扩大,也促进了家庭农场、土地股份合作社、生产型企业等新型经营主体的成长。

在"统"的层面,围绕一家一户办不了、办不好、办起来不合算的生产经营环节,逐步培育新型服务主体。在实行家庭联产承包责任制的早期,政策层面非常强调要设置社区集体经济组织,并发挥为农户提供各种服务的作用。1983 年中央 1 号文件《当前农村经济政策的若干问题》指出,人民公社原来的基本核算单位(即生产队或生产大队)仍然是劳动群众集体所

表 5-2 全国家庭承包耕地流转情况

时间	流转面积 /万公顷	流转比重 /%	数据来源
20 世纪 80 年代后期		1~3	陈锡文、韩俊(2002)
1990 年	42.5	0.44	农业部农村合作经济研究课题组(1993)
1992 年	76.9	0.9	张敦敦(2014)
1997 年	102.3	1.2	张敦敦(2014)
1998 年		3~4	陈锡文、韩俊(2002)
2002 年		5~6	陈锡文、韩俊(2002)
2006 年	300	4.57	农业部经管司
2007 年	424.8	5.2	农业部经管司
2008 年	726.7	8.9	农业部经管司
2009 年	1006.7	12	农业部经管司
2010 年	1246.7	14.67	农业部经管司
2011 年	1520	17.85	农业部经管司
2012 年	1853.3	21.25	农业部经管司
2013 年	2273.3	25.7	农业部经管司
2014 年	2686.7	30.32	农业部经管司
2015 年	2890	33.33	农业部经管司
2016 年	3192	35.1	农业部经管司
2017 年 6 月	3193.3	36.5	农业部经管司

有制的合作经济，为经营好土地，这种地区性的合作经济组织是必要的。1984 年中央 1 号文件《中共中央关于一九八四年农村工作的通知》指出，一般应设置以土地公有制为基础的地区性合作经济组织，这种组织可以叫农业合作社、经济联合社或群众选定的其他名称；可以以村(大队或联队)为范围设置，也可以以生产队为单位设置；可以同村民委员会分立，也可以一套班子两块牌子。沿着这个思路，社区集体经济组织在全国农村陆续建

立。截至 1992 年,全国建立社区集体经济组织的行政村为 54 万个,占全
国行政村数的 73.8%,建立或参加社区集体经济组织的村民小组 407 万
个,占全国村民小组数的 76.3%(农业部农村合作经济研究课题组,
1993)。在那些未建立社区集体经济组织的行政村中,村内集体统一开展
的生产、经营、管理和服务活动等均由村民委员会代行。但由于绝大多数
社区集体经济组织没有收入来源,需要靠向农户收费维持服务供给,以及
农户需要的服务往往超出社区集体经济组织的能力范围,政策层面开始寻
找新的统一经营主体。20 世纪 90 年代初期以来,专业合作组织、农业产
业化龙头企业、专业大户等逐步成为新型服务主体。截至 2017 年 6 月底,
全国 30 个省区市(不含西藏)纳入统计的农民专业合作社为 164.3 万个,
实有成员达 6780.9 万个(户),平均每个合作社实有 41 个成员(农业部经
管司,2018)。农业产业化龙头企业已成为现代农业经营体系的重要组成
部分,通过"公司+农户""公司+合作社+农户"等组织模式,为农户提供
多种生产经营服务。据原农业部统计,截至 2016 年底,全国各类龙头企业
达 13 万家(高鸣、郭芸芸,2018)。运销专业户、农机专业户等也承担着为
农业生产者提供服务的职能。

在"统"与"分"的结合层面,逐步建立多元利益联结机制。在主要依靠
社区集体经济组织履行"统"的职能、为承包户提供农业生产经营服务的时
候,承包户要上交共同生产费、出劳动积累工和义务工,维系两者关系的纽
带是行政强制。在乡镇企业比较发达的部分地区,社区集体经济组织用
工副业收入为农户提供各种农业生产经营服务,实现社区内的"以工补
农"。随着农民专业合作组织、农业产业化龙头企业的发展,作为"分"的
承包户通过入股、订单等方式,与作为"统"的合作社、龙头企业建立起相
对固定的利益联结机制。近年来,一些地方通过资源变股权、资金变股
金、农民变股东的"三变改革",或者成立社区合作经济组织,或者与外来
资本共同成立公司制现代农业企业,以产权为纽带,使"统"与"分"重新

融为一体(叶兴庆,2016)。

二、对未来农业经营体制演变趋势的不同认识

经过 30 多年的演变,我国农业经营体制已发生深刻变化。面向未来,随着工业化与城镇化的发展和农业劳动力的转移,农业经营体制和具体经营形态还会继续演变。但学术界对演变方向和路径存在较大的认识分歧,特别是在小农经营形态的演变趋势、土地权利结构对小农经营形态演变的影响等方面存在明显分歧。

(一)对小农经营形态演变趋势的不同认识

对小农经营形态将向何种方向演变,学界大致有三种看法。

第一看法认为,小农生产具有生命力,将长期存在。姚洋(2017)认为,小农经济这种经济形式在以日本与中国为代表的东亚长盛不衰是历史理性的选择,小农经济具有一个小农家庭就是一个完整的生产单位、有利于积累丰富的人力资本的特征,小农经济还具有降低工业化成本、避免农民流离失所和变成城市贫民的优势,从人多地少的现实出发,目前中国还不能抛弃小农经济这种经济形式。黄宗智(2014、2016)认为,在人多地少的资源禀赋下,小农场能够实现更高的土地生产率,农业并不需要"横向一体化"的规模化,只需要"纵向一体化"的产加销一体化,中国如今需要走的仍然是"小而精"的东亚农业现代化道路,而不是英美"大而粗"模式。叶敬忠(2013)、杨·杜威·范德普勒格(2016)认为,世界农业分化出了三种模式,即小农农业模式、企业农业模式、公司农业或食品帝国模式,而在现代化发展方式席卷世界各个角落的时候,小农和小农农业不但没有消亡,反而出现了再小农化的趋势,一个有小农存在的世界要比没有小农更加美好。

第二种看法认为,小农生产缺乏竞争力,势必向规模经营转变。以何

秀荣(2009、2016)为代表的学者认为,只有把农场规模扩大到具有农场经济可持续性的底线之上,才能解决我国农业存在的生态环境透支、产品竞争力低、农民增收困难等问题;促进农地经营权向种田大户集中、建立农民专业合作组织只具有局部性和短期性作用,不具有摆脱小农缺陷和建立起现代农业的总体性和长期性作用,而以企业为母体的租赁式公司农场和以农地股份制为基础的公司农场将成为中国未来农业微观组织的重要形态。以周建明(2017)为代表的学者甚至认为,小农经济再次成为我国农村最基本的生产组织形式,瓦解了原来农村以集体所有制为基础的合作化体制,瓦解了农村发展的内生动力;目前我国农村改革又到了一个转折关头,需要在家庭承包制基础上通过村民的土地承包权入股,把分散到家庭的生产资料联合起来,改变现有的生产组织形式,建立起利益共享、风险共担的合作化生产方式;实现第二次飞跃的需要和条件正在成熟,这是深化农村改革的基本出发点。

第三种看法认为,小农将逐步分化,我国农业将呈现多种经营方式并存的局面。叶兴庆、程郁、周群力(2017)认为,我国小农将进一步分化,一部分退出农业甚至农村,一部分以兼业化的形式继续存在,一部分转型为适度规模经营。具体而言,我国小农生产将向五种方向演变,即:从以经营自家承包地为主的小农生产,转型为以经营租赁土地为主的适度规模家庭农场;从松散内部家庭组织,转型为农业公司法人;从分散的小农生产,转型为多种形式的小农联营式发展;从生产型小农,转型为服务型小农;从生计型小农,转型为价值实现型小农。张红宇(2017)认为,在未来 20~30 年,虽然小农数量和规模会不断变化,结构将继续演变,但小农依然是我国农业发展最重要的基础力量,小农现象将长期存在;在培育新型农业经营主体和发展适度规模经营的同时,在发展理念、制度创新和政策举措上要重视小农,以促进小农与经济社会同步发展。张晓山(2014)的多元主体论具有广泛代表性,这种观点认为,在未来相当长时期内,我国农业经营主体的构成是传统农业经营主体(大量小规模兼业农户、传统小农户)与新型农业经营主体(专业大户、家庭农场、农民合作社及农业企业)并存,我国农业经营方式的构成是传统农业、口粮农业(生存农业)与市场化、专业化和商品化程度较高的现代农业并存,大农业与小农业并存。

(二)对小农经营形态演变与地权结构的关系的不同认识

无论是以家庭农场为主体形态逐步扩大家庭经营规模,还是发展土地股份合作制农业、公司制农业,都要以农地的流转集中为前提。农地产权结构与农地流转集中处于何种关系? 学术界对此进行了充分讨论,大致可以分为三种观点。

第一种观点认为,小农获得的农地权利越充分越有利于农地的流转集中。陈锡文(2017)认为,开展对农民土地承包经营权的确权登记并长久不变,以后如果愿意流转,流转的只是经营权,承包权将长久稳定,这样农民在流转土地经营权时就会更放心、更踏实,也会使有条件的地方在有序流转土地经营权、发展适度规模经营方面获得更多农民的支持。何宇鹏(2017)利用清华大学中国农村研究院 2012—2016 年连续 5 年的暑期调查资料得出结论:确权颁证通过稳定预期加快了农村土地流转,完成确权的受访村平均流转承包地是总体平均流转规模的 4.9 倍。程令国等(2016)对中国健康与养老追踪调查 2011—2012 年的农户调查数据进行分析,发现在其他条件相同的情况下,农地确权使得农户参与土地流转的可能性显著上升约 4.9%,确权村农户土地流转率比非确权村高出 4.3%。国外的情况也表明,在集体产权制度下,农户土地权利越充分越有利于流转。Janvry 等人(2015)对墨西哥以确权为核心的第二次土地改革的研究发现,国家登记机关对集体组织 Ejidos 及其成员的土地进行确权登记并颁发土地权属证书,取消土地使用和产权的联系,放松对土地交易的约束后,显著提升了农村劳动力向外迁移的数量,促进了土地流转集中和规模经营,提高了农户家庭福利。

第二种观点认为,在人多地少的资源禀赋下,小农获得充分的农地权利并不必然有利于农地的流转集中。钟文晶和罗必良(2013)、罗必良(2014、2016、2017)从理论与实证的角度所做的分析表明,农地确权不仅加剧了农地租金成本上涨,而且也会抑制农地流转。原因在于,根据行为经济学的"禀赋效应"理论,农地确权会诱导农户对土地产生价值幻觉,认为"自己的"土地的价值要比别人土地的价值高。贺雪峰(2017、2018)认为,农户分散细碎的每块承包地的承包经营权都被国家确权为用益物权,而用益物权不可侵犯,即使村社集体是土地的所有者也不能随便侵犯土地的承包经营权,既不能调整土地,更不能收回土地;农户过大的分散细碎地块上的权利严重阻碍农业生产力的释放,应当减少农户承包经营权,以为进行农业生产的农户提供生产便利。叶兴庆(2013b)和叶兴庆、翁凝(2018)在对我国台湾地区、日本半个世纪以来的农地流转历程的观察中发现,尽管农户拥有完整的土地产权,但农地买卖和租赁并不活跃,农业经营规模细小问题难以改变。其深层原因是:农地制度改革缺乏顶层设计和长远考虑导致贻误最佳改革时机;家门口非农就业机会的增加放慢了小规模兼业农户退出农业、进城谋生的步伐;对农业的高度支持保护降低了小规模兼业农户退出农业的意愿;压缩式城镇化、以农为本的文化传统和土地细碎化造成了农地市场失灵。

第三种观点认为,农地确权对农地流转集中的影响具有不确定性。胡新艳等(2017)通过理论对比综述,认为确权对农地流转的作用是不确定的,有可能是一把双刃剑。农地流转并不仅仅是单纯的经济交易,而是同时表达了身份、情感及其权益认知的多重交易性质的活动,需要构建多学科整合视角的农地流转问题理论分析框架。罗鹏、王佳星(2017)认为,确权会引发对流转的双面作用,既有促进亦有抑制。一方面,农地确权会增强承包地的产权强度,强化土地的物权保护,从而减少交易中的不确定因素,降低交易成本,促进土地流转行为。确权会推动相关政策、制度的不断完善,如促进建立健全农地流转交易平台、完善和规范流转交易流程等,这些都能有效提升土地流转双方预期,进而助推土地流转。另一方面,农地确权会提高流出农户对土地流转的价格预期,从而影响土地流转的最终成交面积。农地确权对农地流转的影响是多途径、多方位的,不同路径作用发生时间存在一定的差异性和滞后性。

以上这些认识分歧,与观察者看问题的角度和视野不同有关。要消除分歧、增进共识,必须增强分析框架的历史纵深感,从现代化进程中势必发生的一系列结构性变化入手,来研判未来农业经营体制和农业经营形态的走势。

三、创新农业经营体制必须顺应结构性变化大趋势

选择什么样的农业经营体制才能有效释放农业发展潜力,取决于土地经营在农民就业和增收中的作用、农业技术进步和社会化服务对农业经营形态的影响。我国正在向 2035 年基本实现现代化、2050 年全面建成现代化强国的目标迈进,在未来的现代化进程中,我国城乡关系、农村经济社会等都将发生深刻的结构性变化,创新农业经营体制必须遵从发展规律,顺应时代变迁。

(一)顺应土地功能的结构性变化,以有利于发挥土地的要素功能为目标创新农业经营体制

长期以来,人们有一个根深蒂固的观念,认为我们面临的是"三农"问题,而非仅仅农业效率问题,农业效率问题与农民出路问题必须统筹解决;土地流转集中势必造成农民失地,失地农民极易成为流民,危及社会稳定;创新农业经营体制、完善土地权利结构,必须充分考虑土地对维护小农生

计的极端重要性,充分认识土地承载的生计保障功能和社会稳定功能。这个认识有其合理性,但也有其局限性。

从合理性来看,一个时期以来,土地确实承载着多种功能,不能单纯从效率的角度考虑问题。1985 年"家家包地、户户种田"的格局刚刚形成时,全国乡村人口数占全国人口总数的 76.3%,全国第一产业就业人数占全社会总就业人数的 62.4%,土地提供了近 2/3 的全社会就业,提供了绝大部分农村户籍劳动力的就业;全国农民人均纯收入中家庭经营净收入占比为 81%,第一产业经营净收入占比为 62%,种植业经营净收入占比为 48%,土地提供了近一半的农民收入。那个时候,农民基本没有社会保障,子女教育、医疗卫生、养老等都得靠土地。此时,把土地视作农民最可靠的生计来源、突出强调土地的社会保障功能,是恰当和合理的。受此影响,尽管后来农民就业和收入来源日趋多元化,农村社会保障制度逐步健全,国家政策层面却始终强调土地的生计保障和社会稳定功能,强调土地流转和规模经营的发展必须"与城镇化进程和农村劳动力转移规模相适应,与农业科技进步和生产手段改进程度相适应,与农业社会化服务水平提高相适应"①。

从局限性来看,土地承载的多种功能在快速分化,解决农民问题的出路日趋多元,继续忽视效率问题不利于农业现代化和农业竞争力提高。第一,土地承载的就业和增收功能在下降。2016 年,全国第一产业就业份额下降到 27.7%,全国农民工达到 28171 万人,农村集体经济组织成员中的劳动力从事农业的比重已经很低。同年,全国农民人均可支配收入中,家庭经营净收入占比下降到 38.3%,第一产业经营净收入占比下降到 26.4%,种植业经营净收入占比下降到 19.7%,种地收入在农民收入中的占比已不足 20%。第二,土地承载的社会保障功能逐步被政府主导的农

---

① 见中共中央办公厅、国务院办公厅 2014 年印发的《关于引导农村土地经营权有序流转发展农业适度规模经营的意见》。

村社会保障体系替代。自 2003 年试点以来,全国新型农村合作医疗的参合率和筹资水平逐步提高,2017 年各级财政对新农合的人均补助标准达到 450 元,农民人均缴费标准全国平均达到 180 元。从 2007 年开始,最低生活保障制度由城镇拓展到农村,此后全国农村低保标准逐步提高,截至 2017 年 9 月,全国农村低保标准达到每人每年 4211 元,农村低保对象达到 4078.2 万人。自 2009 年试点以来,全国新型农村社会养老保险制度的推进速度超出预期,原定 2020 年前基本实现对农村适龄居民全覆盖的目标已于 2012 年提前实现,全国每人每月基础养老金标准由最初的 55 元,自 2014 年 7 月起提高到 70 元[①],部分地区标准更高,如 2017 年北京城乡居民基础养老金标准达到每人每月 610 元。大样本调查表明,国家提供的养老保障已超过承包地在养老生活来源中的作用。国务院发展研究中心"中国民生调查"课题组 2017 年对 8 省、9896 个家庭的问卷调查显示,在 11 个主要养老生活来源选项中,选择承包地的比重并不高。60 岁以上的受访者选择承包地为主要养老生活来源的比重,农村受访者为 18.96%,城镇受访者为 6.59%。60 岁以下的受访者认为未来主要靠承包地养老的比重,农村受访者为 14.90%,城镇受访者为 5.24%(见图 5-1)。尤其是农业转移人口对土地养老的依赖已经明显下降,农业户籍流动人口选择老了以后主要靠承包地生活的比重只有 5.16%(程郁,2018)。第三,农民的出路不再局限于土地。在进入工业化与城镇化时代之前,土地是农民唯一的出路,土地兼并往往导致流民出现,进而导致社会动荡。进入工业化与城镇化时代之后,越来越多的农民在土地之外寻找出路。1978 年我国城镇人口和乡村人口分别为 17245 万人和 79014 万人,如果城乡之间人口不流动,按照全国 9.467‰的年均人口自然增长率推算,2017 年全国城镇人口和乡村人口分别应为 24903 万人和 114104 万人,但实际分别为 81347 万

---

① 自 2018 年 1 月 1 日起,全国城乡居民基本养老保险基础养老金标准提高至每人每月 88 元。

人和 57661 万人,这意味着 40 年来全国有 56444 万人从乡村转入城镇①。贵州省湄潭县已实行近 30 年的"生不增、死不减"试验也表明,在工业化与城镇化时代,天无绝人之路,即使没有承包地,新增农村人口也可以在其他领域找到谋生之路,甚至生活得更好。

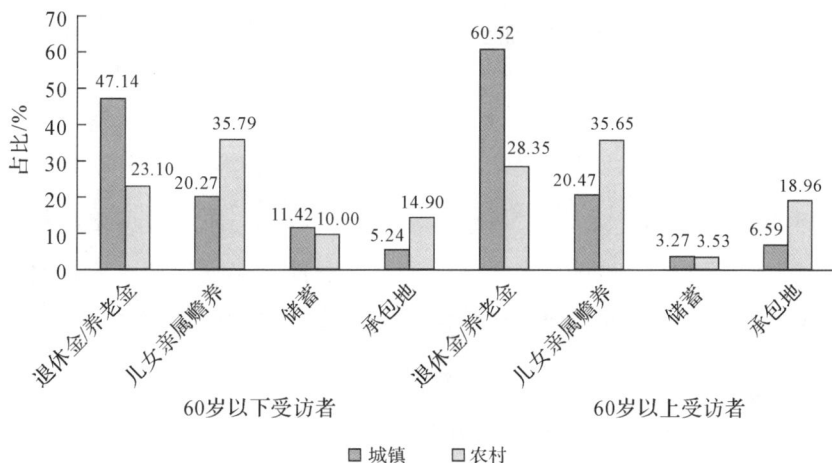

图 5-1　城乡受访者对养老生活来源选择的比较

以上分析表明,随着时代的发展,土地的生计保障功能在减退,农民的出路在多元化。对越来越多的农民而言,继续持有承包地主要是为了增加目前的租金收入和未来可能的征地补偿收入,以及心理上的安全感。诚然,目前政府主导的农村社会保障体系所提供的保障水平还不高,土地还能为部分农民提供一定的收入来源,为数众多的农村转移人口还没有融入城镇,处于不稳定状态。但在政策导向上②,与其把农民的生计保障继续寄托在一亩三分地上,通过土地租金增加农民财产性收入,不如在健全农村社会保障体系、促进进城农民市民化上采取措施(全世文、黄波,2018)。

---

① 这部分人中既包括因城镇边界外移而"被动"卷入城镇化的乡村人口,也包括城镇化地区之外"主动"卷入城镇化的乡村人口。因缺乏数据来源,目前无法对这两类人口的数量作出精确估算。
② 2018 年 3 月 26 日,人社部、财政部印发《关于建立城乡居民基本养老保险待遇确定和基础养老金正常调整机制的指导意见》,试图逐步解决保障水平低、缴费激励约束不强等问题。

推进农业现代化、增强农业竞争力,需要彰显土地的生产要素功能,这为完善农业经营体制提出了新要求;而土地的生计保障功能在淡出,财产属性在增强,这为完善农业经营体制提供了新空间。

(二)顺应农业经营形态的结构性变化,以有利于捕获多种形式的规模经济为目标创新农业经营体制

农业是自然再生产与经济再生产相交织的特殊产业,劳动成果与劳动过程存在分离,对劳动过程很难实行及时、有效的监督,需要劳动者在劳动过程中具有高度的自觉性和责任感(朱守银,2018)。而这种自觉性和责任感仅靠道德说教是不够的,需要合理的制度安排。家庭就是一种有效的制度安排,家庭成员结成了利益共同体,彼此之间搭便车的概率极低,无须进行高成本的监督(杜志雄,2018)。这是以家庭承包经营替代生产队集中劳动后我国农业实现快速发展的内在逻辑,也是目前家庭经营在全球农业中占主导地位的重要原因。然而,随着要素相对价格的变化以及以信息技术为核心的现代农业科学技术的广泛运用,国内外农业经营形态正在发生深刻变化,甚至是颠覆性变化。

从国内看,服务外包、土地股份合作制和农业企业的发展对"农业天然适合家庭经营"提出了挑战。一是外包环节的增多使家庭承担的生产经营职能下降。从产前、产中到产后,农业生产经营可以分解成为若干个环节[①]。在典型的家庭经营中,几乎所有这些环节都由家庭内部成员自己完成。但不同环节所需要的物质技术装备、人力资本是不一样的,规模报酬出现拐点时所对应的土地规模也是不一样的,有些环节通过服务外包由专业化的服务商完成更具效率(刘守英,2017a)。最早出现的这种环节是小麦收割,随着农业劳动力机会成本的上涨,雇请收割机收割比靠自家劳动

---

① 中国农业大学国家农业农村发展研究院组织的农业社会化服务问卷调查,把农业生产经营分解为 23 个环节。见蔡海龙等(2017)。

力收割更划算。随着要素相对价格的变化、信息技术的进步,适合外包的环节越来越多,服务外包的覆盖面越来越大。据统计,2016 年,全国从事农业生产托管的服务组织有 22.7 万个,服务农户 3656 万户,托管服务土地面积 1500 多万公顷(农业部经管司、农业部经管总站,2017)。二是土地股份合作制的发展直接替代了家庭的生产经营职能。与专业合作社只对部分生产经营环节进行合作、农户家庭继续保持独立生产经营主体地位不同,土地股份合作制中农户家庭把土地入股,由合作社统一经营。虽然农户家庭作为股东可以参与合作社的经营管理,家庭劳动力可以到土地股份合作社务工,但农户家庭不再作为一个独立的生产经营主体而存在。截至2017 年 6 月底,全国家庭承包经营耕地流转入农民专业合作社的面积约742 万公顷,约占全国家庭承包经营耕地流转面积的 22.4%(农业部经管司,2018)。三是农业企业的发展直接替代了家庭的生产经营主体地位。凭借资金、技术、管理和市场营销等方面的优势,一些工商资本租赁农户承包地发展高效农业,农户家庭除了收取租金外不再参与农业生产经营管理。特别是农业生产组织的工厂化、生产过程的流水线化,使劳动过程的监督效率接近工商业,超越了家庭经营在这方面的传统优势。截至 2017年 6 月底,全国家庭承包经营耕地流转入企业的面积约 348 万公顷,约占全国家庭承包经营耕地流转面积的 10.5%(农业部经管司,2018)。

从国外看,土地、资本和劳动力结合方式的变化,使"家庭农场"撑破了家庭的外壳,趋近现代公司制企业。据联合国粮农组织 2014 年发布的报告,全球主要由家庭成员进行生产经营活动的家庭农场超过 5 亿个,占全球农业经营主体的 90%以上(张红宇,2018)。然而,在目前发达国家的农业中,尽管家庭农场从数量上看仍占绝大多数,但家庭农场呈现两极分化,占个数比重较大的小规模家庭农场提供的农业产出在下降,而占个数比重较小的大规模"家庭农场"提供的农业产出在上升,而且大规模"家庭农场"越来越背离家庭农场的本质属性,趋近现代公司制企业。以美国为例,家庭农场曾对其历史和文化产生了深远影响,家庭农场被视作美国"国家特征"(national character)的一个象征。但近半个世纪以来,家庭农场逐步被大规模、依靠机械和雇佣劳动力的企业型农场所取代。据美国农业部数据,美国农业总产值的一半是由其最大的 2%农场所生产的,73%是由占农场个数 9%、平均面积 10000 亩(1676 英亩)的大农场生产的。目前美国 200 万个农场,共雇佣 60 万~80 万具有美国公民身份或长期居留身份的农业雇工,另雇佣 100 万~200 万外来移民工。根据美国农业部的统计口径,"家庭农场"(family farm)指经营者及其家人拥有农场一半以上所有权,目前 96%的美国农场是家庭农场。但按照家庭农场指主要依靠自家劳动力的农场的传统定义,美国大部分所谓"家庭农场"已不是典型意义的家庭农场,只能称作"部分产权属家庭所有的企业型农场"(黄宗智,2014)。

目前我国农业中农户家庭经营仍占主导地位。截至 2017 年 6 月底,在全国家庭承包经营耕地中,63.5%仍由原承包户自己经营,在 36.5%的流转面积中有 20.7 个百分点流转入其他农户,农户经营合计达到家庭承包经营耕地面积的 84.1%(农业部经管司,2018)。但从发展趋势看,土地股份合作社、农业企业经营的耕地面积将继续增加;仍然由农户家庭经营的,服务外包也将继续发展。创新农业经营体制必须对这一变化趋势有足够的估计。

(三)顺应代际差异的结构性变化,以契合农二代的行为特征为目标创新农业经营体制

我国农村社会结构正在发生千年未有之变革,突出标志是代际差异快速扩大(刘守英,2017b)。如果把开始实行家庭承包经营时分得了承包地的农民称作农一代,把 1984 年以后出生、未分得承包地的农民称作农二代[①],

---

① 1984 年以后,特别是二轮承包时,一些地方调整过土地承包关系,新增人口分得了承包地。为便于分析,本章将这部分人口纳入农二代范畴。在对农民工的分析中,一些人曾把 1980 年以后出生的农民工称作新生代农民工或农民工二代,并比较了这代农民工与农民工一代的多维度差异。

这两代人的就业选择、对土地的依赖和对乡村的眷恋程度、对城市和外部世界的适应能力都明显不同。这种不同,不仅影响我国城乡结构的变迁,而且影响"谁来种地"和乡村振兴。

从就业选择看,两代人存在明显差异。全国农业生产经营人员中,以农一代为主。据第三次全国农业普查,2016 年全国农业生产经营人员为31422 万人,其中:年龄在 55 岁及以上的为 10551 万人,占 33.6%;年龄在36~54 岁的为 14848 万人,占 47.3%;年龄在 35 岁及以下的为 6023 万人,占 19.2%;35 岁以上的农一代合计占 80.8%。与此相比,全国农民工中农一代占比更低、农二代占比更高。据国家统计局发布的全国农民工监测调查报告,2016 年全国农民工为 28171 万人,其中:41 岁以上的农一代为 13015 万人,占 46.2%;40 岁及以下的农二代为 15185 万人,占 53.9%(见表 5-3)。出于统计口径的原因,这两组数据揭示的代际差异比人们印象中的代际差异要小。如果有条件对全国农村集体经济组织成员中各年龄段劳动力的就业情况进行分析,会发现农一代和农二代之间存在更明显的结构性差异。四川省泸县的典型调查表明,农一代与农二代的就业结构的确存在更明显的结构性差异(见表 5-4)。据清华大学中国农村研究院

表 5-3　农村劳动力就业的代际差异:全国情况

农业生产经营人员			农民工		
年龄段	数量/万人	占比/%	年龄段	数量/万人	占比/%
			16~20 岁	930	3.3
35 岁及以下	6023	19.2	21~30 岁	8057	28.6
			31~40 岁	6198	22.0
36~54 岁	14848	47.3	41~50 岁	7606	27.0
55 岁及以上	10551	33.6	50 岁以上	5409	19.2

数据来源:国家统计局《第三次全国农业普查主要数据公报(第五号)》(2017)、《2016年农民工监测调查报告》(2017)。

表 5-4　农村劳动力就业的代际差异:四川省泸县案例

项　目	18～30 岁	30～50 岁	50 岁以上
受访人数/人	4265	9913	13648
该年龄段受访人数占全部受访人数比重/%	15.3	35.6	49.0
务农人数/人	481	3751	10413
该年龄段务农人数占该年龄段人数比重/%	11.3	37.8	76.3
该年龄段务农人数占全部务农人数比重/%	3.3	25.6	71.1

数据来源:中国人民大学宅基地制度研究课题组,转引自邵海鹏(2018)。

2012—2016 年连续 5 年的暑期调查,纯务农人口平均年龄约 55 岁,比外出务工劳动力大 16 岁;受教育年限平均不到 7 年(妇女 6 年),比外出务工劳动力平均受教育年限低 3 年左右(何宇鹏,2017)。

从居住地选择看,两代人的差异开始显现。农一代大多在农村有宅基地,通过家庭经营收入和外出务工收入的积累,在宅基地上不断建造更高质量的农房,既是为了给日后的生活提供保障,也是一种增加财富积累和成就感的载体。但农二代在城镇长期生活和定居的意愿正在增强,一个突出表现是在城镇购房的人在增加。例如,近年来农村新婚家庭在城镇购房的越来越多(见表 5-5),而以前农村新婚家庭一般是把婚房建在村里。又如,农民工在务工地和城镇购房的也在增多,2009 年全国仅有 0.9% 的外出农民工在务工地自购房;2016 年全国进城农民工中,购房的已占 17.8%,其中购买商品房的占到 16.5%。[1] 在外买房的大多为替农二代着想的农一代,他们希望农二代能够在城市扎下根来。

---

　　[1]　数据来源:国家统计局《2009 年农民工监测调查报告》(2010)、《2016 年农民工监测调查报告》(2017)。

表 5-5　农村新婚家庭在县城购房情况:江西省寻乌县案例

年份	农村新婚户数/户	县城买房户数/户	占比/%
2012	2129	96	4.5
2013	2059	165	8
2014	2165	259	12
2015	1750	263	15
2016	1817	327	18

数据来源:寻乌县统计局。

　　从外出农民工返乡务农意愿看,两代人之间也存在较大差异。农二代是在我国工业化与城镇化快速发展的进程中成长起来的,比农一代就业机会更多,选择余地更大,因而离农倾向和进城定居愿望更强烈;农二代大多数没有种过地,对土地没有农一代那样的感情,对农村没有农一代那样的依恋(韩长赋,2012)。一些局部地区的抽样调查表明,农二代回乡务农的意愿很低。据徐家鹏(2014)对陕西 389 名新生代农民工的返乡务农意愿及其影响因素的调查,73.78%的人表示将一直留在城镇务工,不愿意返乡务农。据深圳市总工会、深圳大学劳动法和社会保障法研究所(2010)对5000 个样本的调查,新生代农民工中没有务农经历的占 85.4%,只有 1%的人愿意回农村务农。日本的情况也表明,是否有过务农经历,对外出务工人员是否返乡务农有重要影响。2015 年日本新进入农业的人员为65030 人,其中 60 岁及以上者为 32300 人,占 49.7%,这些人大多在外出务工前曾在家务过农,类似我国的农一代(生源寺真一,2017)。

　　代际差异对我国农业转型和乡村振兴的影响将逐步显现出来。农一代中,目前仍在务农者今后外出务工的可能性越来越低,目前在外务工者中的相当部分随年龄增长将逐步返乡;农二代中,目前仍在务农者中的大部分将外出务工,目前在外务工者中的大部分却不会返乡务农。顺应这一变化趋势,既需要进一步完善农业经营体制,为大量继续务农的农一代提供社会化服务，实现小农户和现代农业发展有机衔接；也需要深化农村集体产权制度改革，为退出农业农村的部分农一代和绝大部分农二代建立土地承包经营权、宅基地使用权、集体资产份额权的市场化退出通道。

四、创新农业经营体制的总体思路

党的十八届三中全会以来，创新农业经营体制成为全面深化农村改革的重要任务。除 2014 年以来的历年中央 1 号文件对创新农业经营体制作出部署外，有关方面为此推出了一系列操作层面的改革举措（见表 5-6）。这些改革举措各有其现实针对性，在特定的情形下都有其合理性，但政策取向和着力点并不完全一致，在改革的系统性、整体性、协同性方面有待提高。

我们认为，进一步创新农业经营体制，必须立足大国小农的基本国情，以顺应三大结构性变化为遵循，以推进三种经营形态共同发展为依托，以捕获三种规模经济效率为目标，最终构建起以多种形式适度规模经营为基础、合作与联合为纽带、社会化服务为支撑的立体式复合型现代农业经营体系。

顺应三大结构性变化，就是要提高改革的前瞻性，准确把握土地生计保障功能下降、生产要素功能彰显的变化趋势，更多地从提高土地资源配置效率的角度推进农业经营体制创新；准确把握小农生产弊端凸显、规模经营条件日益成熟的变化趋势，对各种规模经营创新更加包容；准确把握农一代难进城、农二代难返乡的变化趋势，处理好土地"三权分置"特别是土地承包期再延长 30 年与放活土地经营权的关系。

推进三种经营形态共同发展，就是要提高改革的包容性，坚持家庭经营在农业中的基础性地位，为小农生产留出生存空间，为家庭农场创造成长空间；发展新型集体经营和合作经营，以土地产权为纽带，通过确权确股

表 5-6　党的十八届三中全会以来创新农业经营体制的政策取向

时　间	文　件	政策取向
2014 年 2 月	《农业部关于促进家庭农场发展的指导意见》	县以上农业部门可从当地实际出发明确家庭农场认定标准,将家庭农场纳入现有支农政策扶持范围,并予以倾斜
2014 年 8 月	《农业部、国家发展和改革委员会、财政部、水利部、国家税务总局、国家工商行政管理总局、国家林业局、中国银行业监督管理委员会、中华全国供销合作总社关于引导和促进农民合作社规范发展的意见》	加强农民合作社规范化建设,提高农民合作社发展质量
2014 年 11 月	《中共中央办公厅、国务院办公厅关于引导农村土地经营权有序流转发展农业适度规模经营的意见》	对土地经营规模相当于当地户均承包地面积 10～15 倍,务农收入相当于当地二、三产业务工收入的应当给予重点扶持,捕获生产型规模经济
2015 年 4 月	《农业部、中央农办、国土资源部、国家工商总局关于加强对工商资本租赁农地监管和风险防范的意见》	对工商资本长时间、大面积租赁农户承包地要有明确上限控制的要求,制定相应控制标准
2016 年 10 月	《中共中央办公厅、国务院办公厅关于完善农村土地所有权承包权经营权分置办法的意见》	对土地集体所有权、农户承包权、经营权的权能进行界定,促进经营权流转集中,捕获生产型规模经济
2017 年 5 月	《中共中央办公厅、国务院办公厅关于加快构建政策体系培育新型农业经营主体的意见》	综合运用多种政策工具,引导新型农业经营主体提升规模经营水平、完善利益分享机制,捕获生产型和服务型规模经济
2017 年 6 月	《农业部办公厅、财政部办公厅关于支持农业生产社会化服务工作的通知》	引导小农户广泛接受农业生产托管、机械化烘干等社会化服务,培育主体多元、竞争充分的农业生产社会化服务市场,捕获服务型规模经济
2017 年 8 月	《农业部、国家发展改革委、财政部关于加快发展农业生产性服务业的指导意见》	培育各类农业服务组织,大力开展面向广大农户的农业生产性服务,将普通农户引入现代农业发展轨道,捕获服务型规模经济

续　表

时　间	文　件	政策取向
2017 年 9 月	《农业部办公厅关于大力推进农业生产托管的指导意见》	促进农户等经营主体在不流转土地经营权的条件下,将农业生产中的耕、种、防、收等全部或部分作业环节委托给农业生产性服务组织完成,捕获服务型规模经济

不确地、土地股份合作、共营制等方式,扩大土地经营规模;发展企业经营,通过土地租赁、承包经营权入股等方式,把分散在小农的土地集中起来,按现代企业制度进行经营管理。

捕获三种规模经济效率,就是要提高改革的指向性,向规模化生产要效率,基于劳动力不可分割,促进作为规模报酬递增要素的土地向家庭农场集聚,基于职业经理人不可分割,促进作为规模报酬递增要素的土地和普通劳动力向生产型合作社或企业集聚;向规模化服务要效率,基于生产工具不可分割,促进作为规模报酬递增要素的部分生产经营环节向服务型专业户集聚[①],基于职业经理人和生产工具不可分割,促进作为规模报酬递增要素的部分生产经营环节向服务型合作社或企业集聚;向规模化布局要效率,基于区域性基础设施、区域公用品牌、产业技术体系等不可分割,促进作为规模报酬递增要素的同类产品的若干生产和服务主体向一定空间集聚(见表 5-7)。

需要指出的是,创新农业经营体制是一项系统工程,涉及的因素很多,必须把握好各因素之间的平衡关系,切忌"攻其一点不及其余"。

[①]　现实生活中,生产型家庭农场购置的部分设备如果仅在家庭内部使用,是实现不了规模经济的,从利益最大化出发,他们会为周边农户提供服务,进而演变成为服务型专业户。见杜志雄(2018)、刘俊杰(2018)。

表 5-7　农业规模经营的类型及其效率源泉

规模经营类型	规模经营组织形态	规模经济源泉
规模化生产	家庭农场	基于劳动力不可分割,土地作为规模报酬递增要素向家庭农场集聚
	生产型合作社、企业	基于职业经理人不可分割,土地和普通劳动力作为规模报酬递增要素向生产型合作社或企业集聚
规模化服务	服务型专业户	基于生产工具不可分割,部分生产经营环节作为规模报酬递增要素向服务型专业户集聚
	服务型合作社、企业	基于职业经理人和生产工具不可分割,部分生产经营环节作为规模报酬递增要素向服务型合作社或企业集聚
规模化布局	现代农业产业园、农产品生产基地	基于区域性基础设施、区域公用品牌、产业技术体系等不可分割,同类产品的若干生产和服务主体作为规模报酬递增要素向一定空间集聚

（一）把握好历史耐心与紧迫感之间的平衡

小农生产向规模化生产转型,要以大量小农离农进城为前提,而这又取决于工业化与城镇化对农业劳动力的稳定吸纳能力、离农进城农民对城市社会的适应能力和对未来生活前景的预期。目前,我国城镇化对农民的接纳是选择性的、不稳定的,进城务工的农一代中相当部分难以在城市留下来,农二代中也有部分人今后恐将折返农村。这意味着小农生产将长期存在。从这个意义上,我们对小农生产的转型要有足够的历史耐心。但我们也应当看到,随着工业化与城镇化程度的提高,我国农业生产的比较优势在快速减退,小规模农业缺乏竞争力的问题日益彰显。这倒逼我们要在扩大经营规模、提高劳动生产率和竞争力上有所作为。我们既要重视服务小农,将其纳入现代农业轨道,也要重视促进小农退出农业、离农进城,防止落入日本式小规模兼业经营长期化、稳固化的陷阱。

（二）把握好发展生产型规模经营与发展服务型规模经营、集聚型规模经营之间的平衡

针对小农生产将长期存在的现实，可以通过发展生产性服务业，将小规模农户"办不了""办不好""办起来不合算"的产前、产中、产后生产经营活动承接过来，进行社会化、规模化供给；还可以通过区域化布局，形成区域公用品牌、产业技术体系、大型物流基础设施，获取更高层级的规模经济。要看到这方面的现实必要性、经济可行性和巨大潜力。但是，也应看到，以土地流转集中为核心的生产型规模经营，是有效开展服务型规模经营、集聚型规模经营的基础。从一些地方的土地托管、农机服务等实践看，服务型规模经营主体更愿意为家庭农场、土地股份合作社等生产型规模经营主体服务[①]。因此，不能把发展服务型规模经营和集聚型规模经营与发展生产型规模经营对立起来。既要切实贯彻落实以《农业部、国家发展改革委、财政部关于加快发展农业生产性服务业的指导意见》为代表的旨在发展服务型规模经营的系列政策，也要切实贯彻落实以《中共中央办公厅、国务院办公厅关于引导农村土地经营权有序流转发展农业适度规模经营的意见》和《中共中央办公厅、国务院办公厅关于加快构建政策体系培育新型农业经营主体的意见》为代表的旨在促进生产型规模经营的系列政策。无论是突出前者还是侧重后者，都要避免"一脚踩刹车一脚踩油门"，防止政策效应对冲和耗散。

（三）把握好政府引导与市场力量之间的平衡

发展生产型规模经营需要土地的流转集中，土地作为一种生产要素应通过市场进行配置。发展服务型规模经营需要服务供给商瞄准生产者需

---

① 山东省郓城县张营供销社成立的"农业服务中心"，为农户、专业大户、家庭农场和合作社等提供作业外包服务，但在其服务业务中，2/3来自新型经营主体。见叶兴庆（2015）。

求，由市场决定服务的价格。发展集聚型规模经营需要各参与主体基于自身利益作出集中布局的决策，自由进入退出。但土地的非生产要素性决定了土地市场存在失灵问题①，单靠市场难以实现流转集中，需要发挥政府的引导作用和集体所有权的"发包、调整、监督、收回"权能作用②。一定地域范围内农业服务的自然垄断性决定了服务市场竞争不充分，这需要政府在标准、价格等方面加强监管；部分服务具有外部经济性，并不适宜使用者付费制度，而更适宜政府购买服务。发展集聚型规模经营，需要政府做好区域规划，在起步阶段还需要通过扶持政策吸引各参与主体向规划的区域集聚。

五、创新农业经营体制的政策建议

在今后的农业现代化进程中，进一步创新农业经营体制、完善农业经营形态将始终是一项重点工作。应在深化对农业经营形态演变规律的理解与认识、深入总结各地实践探索的基础上，从消除体制障碍、创新组织方式、营造基础条件等多个维度采取措施，促进小农生产顺利转型。

(一)从地形地貌和承包关系两个维度促进细碎的地块集中连片

我国大部分地区人均耕地本来就少，加之受地形地貌和承包时平均主义做法影响，地块细碎化程度很高，对机械化作业和规模化经营造成极大不便，也给土地流转集中造成障碍。这个问题在丘陵山区更为明显。日本和我国台湾地区在解决土地细碎化方面的做法值得借鉴。为扩大地块面

---

① 土地是一种生产要素，要遵循市场配置原则。但土地问题涉及生态涵养、文化传承、乡愁维系，具有非生产要素的属性，在这些方面市场机制难以发挥作用。

② 一些地方的农村基层干部呼吁强化土地集体所有权的权能，以克服土地细碎化和流转僵局的不利影响。如2016年，浙江省缙云县18位乡村干部联名致信全国农村干部群众，倡议"强化土地集体所有权，创新土地经营制度"。"春江水暖鸭先知"，农村基层干部对土地制度存在的问题感受最直接，对来自基层的呼吁应给予高度重视。相关报道和评论参见孔令君(2016)。

积、降低细碎化程度、提高机械化程度、降低人工成本,日本早在 1962 年就开展"农业构造改善事业",推动土地改造改良,把零散的土地交换整合。大量的财政投入,加快了农地改造和整理。从水田看,1969—2014 年,0.3公顷以上地块面积从 20 万公顷增加到 157 万公顷,占比从不到 5% 提高到64%;1 公顷以上地块面积,1983 年只有 5 万公顷,占比不到 2%,2014 年增加到 22.7 万公顷,占比提高到 9.3%。旱地整合也在加快。1969 年,日本旱地地块细碎化程度很高,地块在 0.3 公顷和 1 公顷以上的极为少见。到了 2014 年,地块在 0.3 公顷以上面积达到 155 万公顷,占比高达75.2%,地块在 1 公顷以上面积达到 46 万公顷,占比达到 22.3%(叶兴庆等,2017)。我国台湾地区高度重视农地重划,通过农户之间土地交换、农业基础设施统一规划建设,解决地块细碎、不便于灌溉和机械作业等问题。截至 1996 年,台湾全岛共完成耕地重划 37.8 万公顷,占全部耕地的43.4%,取得明显效果(叶兴庆,2013b)。近年来,我国广西部分地区的"小块并大块"、湖北和安徽部分地区的"一户一块田""按户连片耕种"、甘肃部分地区的"以并定田、互换并地",从地形地貌或承包关系的维度促进细碎的地块集中连片,取得明显效果。近年来中央和地方安排的与农田基本建设有关的专项资金很多,如农业综合开发、土地复垦、农田水利建设等,但各自为政。组建农业农村部、整合相关职能,为解决承包地块细碎化问题提供了机遇①。建议借鉴日本农地整备、我国台湾地区农地重划的经验,下决心从中央层面进行整合,统一规划,对全国耕地进行一轮以"小块并大块"为核心的综合整治。

---

① 根据 2018 年版《国务院机构改革方案》,国家发展和改革委员会的农业投资项目、财政部的农业综合开发项目、国土资源部的农田整治项目、水利部的农田水利建设项目等管理职责被整合进新组建的农业农村部。这为从中央层面整合相关资源、解决地块细碎问题提供了有利条件。

（二）以有利于规模经营为导向完善"三权分置"办法,特别是对承包权的赋权应适可而止

农地制度对小农生产的现代化转型影响巨大。有人评价认为,日本、韩国和我国台湾以建立小规模自耕农为宗旨的土地改革,"功在一时,损在久远"(张桂林,1994;王建宏,2015)。虽然后来他们陆续允许农地租赁和买卖,但在农地流转对象、农地持有上限等方面仍然干预过多。日本直到今天仍不允许公司法人购买农地所有权,我国台湾直到最近几年才废除"农地农有"的陈规,允许非自耕农购买和租赁农地,但农地价格早已大幅上涨,错过了最佳时机。与之相比,我们的耕地流转途径更少,只有承包经营权的转包、互换、转让和经营权的租赁,没有所有权的买卖;但我们的制度优势在于,我们实行的是土地集体所有制,家庭承包经营后农户获得的土地承包经营权虽然是一种用益物权,但毕竟属于他物权,还不是一种完整的财产权。我们应审慎对待土地产权在集体所有权与集体成员承包经营权之间的分割,清醒地认识到土地承包关系长久不变是一把双刃剑,既有有利于维护承包户土地权益的一面,也可能有不利于承包土地流转的另一面[①]。以前,在"两权分离"的框架下,强化农户承包经营权,有利于抗御

[①]　自 2008 年党的十七届三中全会《决定》提出"赋予农民更加充分而有保障的土地承包经营权,现有土地承包关系要保持稳定并长久不变"后,社会各界对"长久不变"的含义进行了广泛讨论。一种意见认为,长久不变就是永远不再变。另一种意见认为,应有个具体期限,比如 70 年或 90 年等。但党的十九大提出,"保持土地承包关系稳定并长久不变,第二轮土地承包到期后再延长三十年"。为什么是 30 年而不是一些人预期的 70 年或 90 年? 习近平总书记 2017 年 10 月 19 日在党的十九大贵州代表团审议时给出了回答:"确定 30 年时间,是同我们实现强国目标的时间点相契合的。到建成社会主义现代化强国时,我们再研究新的土地政策。"(见 2017 年 10 月 20 日《人民日报》第 2 版相关报道)。2018 年 3 月 7 日,农业部长韩长赋在全国两会期间的记者会上称:"改革开放以来,我国农村土地进行了两轮承包,大家都知道,开始是一个 15 年,后来延长 30 年,这次承包讲的到期之后下一轮承包再延长 30 年,将使农村的土地承包关系稳定在 75 年,这是体现长久不变的";"新一轮承包期再延长 30 年,时间上大体是在 2050 年前后,第二个百年目标实现的时候,届时我们国家将建成社会主义现代化强国,那时候国家的经济结构、社会结构、城乡人口结构,包括城乡关系、工农关系都会发生更大的变化";"再延长 30 年,既稳定了农民的预期,也为届时进一步完善政策预留了空间","所以我说这是一个充满政治智慧的制度安排"(见 2018 年 3 月 8 日《农民日报》第 7 版相关报道)。

村委会或集体经济组织以行使所有权的名义对农户承包经营权的侵害，是符合当时情况的正确选择。今后，在"三权分置"的框架下，如果继续强化基于集体成员权的承包权①，则既有可能妨碍集体所有权"对承包地发包、调整、监督、收回等各项权能"的行使，又有可能抬高地租和承包权的价格，不利于"平等保护经营主体依流转合同取得的土地经营权，保障其有稳定的经营预期"。应掌握好边界，在尊重原承包户物质利益的前提下，可以在非农就业比重高的地方积极探索土地承包经营权的多种实现方式，允许确股确利不确地，由集体经济组织选择合格的家庭农场经营者、按适度规模经营的标准将土地重新发包给他们②；鼓励有条件的地方开展土地流转奖励，使流转出土地的原承包户不仅能得到土地租金，还能得到额外奖励。

（三）建立农地收储和整治机制，为离农进城的承包户退出承包权提供市场化通道

在市场经济条件下，理应发挥市场在资源配置中的基础性作用。但农地资源的再配置受很多非经济因素影响，市场机制容易失灵。为防止农地流转陷入僵持状态，需要有"第一推动力"。日本、韩国、我国台湾采取了很多推进措施，如：提供贷款支持，鼓励青年农民扩大经营规模；建立养老保障制度，鼓励老年农民退出土地；建立土地中间管理机构，提供"土地银行"中介服务，以促进双方土地使用权租赁或土地所有权买卖。特别是法国1957年成立"法国土地管理与乡村开发局"（SAFER）的经验，值得我们学

---

① 贺雪峰（2018）对"三权分置"框架下农户承包权、集体所有权的权能进行了新的界定，认为承包权主要包括承包户自家耕种时的经营权与收益权、承包户不再耕种时的收益权，当承包户不再耕种时应将土地经营权交还村社集体，取得相应收益；村社集体拥有土地所有权、不再种地农户承包地的土地经营权。

② 对广受称赞的上海市松江区的家庭农场模式，绝大多数观察者从土地经营者选择、土地适度经营规模、种养结合、稻谷单产水平、地方政府财政补贴等角度进行分析（封坚强，2013）。笔者认为，更应该从承包到户的耕地如何集中连片、成规模地流转给集体经济组织选定的经营者这一角度进行分析，把集体经济组织、原承包户、新经营者之间的博弈过程梳理清楚，这对完善农地"三权分置"制度更有启示意义。

习借鉴。这个机构的注册资金和活动经费由国家财政全额拨款,其本质是一个土地开发调整公司,但不以营利为目的,在土地开发调整中,主要是收购土地、农场及其地上建筑物,对购进的农地、农场进行资产评估管理,且在 5 年内转让这些农地、农场,或对这些农地进行改造并自行经营。该机构的成立极大地推动了法国土地的集中及大农场经营模式的出现,推动了法国农业现代化的进程。在我国,随着部分承包户全家进城落户而变为"不在村地主",如何处理其承包权,需要给予高度重视。应积极探索承包权市场化退出机制,鼓励已在城市稳定就业和定居的人群彻底转出承包地、彻底退出农业农村。为解决目前以村集体为承包权退出的受让人而村集体却缺乏资金的困境,可考虑成立公益性的农村土地收储整治机构,在更大地域范围内对农户退出的承包地进行收储、整治,再以集中连片、适度规模的形式出租给新型经营主体;所需资金,可以来自中国农业发展银行的长期、低息贷款,也可以来自专项农地债券发行。

(四)建立健全规模经营导向的扶持政策体系

2004 年以来,我国逐步建立起以托市收购和直接补贴为主的普惠式农业支持政策体系,无论是规模经营主体还是小规模兼业户都能从中受益,有些地方的农业补贴甚至主要由小规模承包权持有者受益。这无疑增强了小规模承包户继续兼业经营农业、全家进城承包户继续持有承包权的意愿。近两年的政策调整开始向规模经营主体倾斜,如一些地方在种粮直补、良种补贴和农资综合补贴"三合一"改革中,设置了粮食种植规模的门槛;在农业大灾保险试点中,更是明确指向规模经营者。我们认为,应认真落实中共中央办公厅、国务院办公厅 2014 年印发的《关于引导农村土地经营权有序流转发展农业适度规模经营的意见》和 2017 年印发的《关于加快构建政策体系培育新型农业经营主体的意见》,在道义与经济理性之间把握好平衡点,加快构建规模经营导向的支持政策体系:"三合一"财政补贴资金的存量部分可继续覆盖小规模兼业农户,但增量部分应集中投向一定规模以上的经营者;已经实行"市场定价、价补分离"的棉花、大豆和玉米,在坚持只在主产区实行生产者补贴的基础上,进一步将生产者补贴的受众收缩到一定经营规模以上的经营者;在推进价格和收入保险时,把新型经营主体作为重点;加大对规模经营主体的信贷和保险支持。

(五)大力发展农业服务外包市场

受不同生产经营环节对设备和人力资本的要求不同、实现规模报酬所要求的土地面积差异较大的影响,无论是小规模农户,还是适度规模的家庭农场,甚至土地股份合作社①,都需要将部分生产经营环节外包给专业化、市场化的农业生产性服务提供商。发展农业服务外包市场,既是发展小农、家庭农场、土地股份合作社的重要条件,也是捕获服务型规模经济的重要途径。应积极拓展服务领域,包括生产环节作业服务、农资供应服务、市场信息服务、生产技术服务、农机维修服务、仓储和烘干服务、农产品加工和营销服务等。积极培育多元服务主体,鼓励原有的个体农资经营户、农机专业户向综合型、专业化的新型服务主体转型,鼓励新型经营主体通过提供社会化服务带动周边小农户,鼓励各类服务主体拓展服务种类、延伸服务链条、开展联合合作。生产型规模经营主体不仅需要生产性服务,对教育培训、科研推广、基础设施建设与土地整理、农业废弃物资源化利用等的服务也有很强的需求,应从农业产业配套和产业链延伸的角度,注重构建农业综合服务体系,培育提供"一条龙"服务的综合服务商。

(六)引导返乡、回乡、下乡人员从事农业规模经营

目前我国农业劳动力和乡村人口占比仍然太高,仍处于"要富裕农民

---

① 在上海市松江区的家庭农场模式、四川省崇州市的"农业共营制"模式中,都有"农业服务中心"等类似机构为家庭农场、土地股份合作社提供农机维修、农机作业、农资供应、技术咨询等服务。

必须减少农民"的发展阶段,应继续推进农业劳动力向非农产业转移、乡村人口向城镇转移。但也要注意的是,这种转移是一种典型的"精英移民",能够转移的多是年纪轻、文化程度高的劳动力和财富积累较多的乡村人口。在这种转移格局下,沉淀在农业农村的多是年纪较大的人。长此以往,农业劳动力老龄化会加速发展。从现在开始,就应当一手抓促进农业劳动力向外转移,一手抓培育新型职业农民。新型职业农民可以从目前仍在务农的人群中遴选,也可以鼓励和引导返乡、回乡、下乡人员高起点从事现代农业。他们既可以发展生产型规模经营,如创办家庭农场、领办土地股份合作社、兴办企业;也可以发展服务型规模经营,如成为农机大户、领办专业合作社、开办农产品电子商务。一个新型经营主体的发育必然经历由小到大、由弱到强的过程,其初始阶段往往面临的困难和挑战较大,对政策扶持的需求也更为迫切,政策扶持的边际效果也更为明显。因此,无论是从政策公平的角度还是从政策效率的角度考虑,各种培育与扶持政策应重点支持初创阶段的新型经营主体,鼓励各种创新。

(七)以划定"三区"和建设"三园"为契机,促进集聚型规模经营

我国国情决定了单个生产型规模经营体和服务型规模经营体的"适度规模"不会太大,在品牌培育和推广、物流基础设施、关键共性技术研发和推广、质量检测等方面还会存在"办不了""办不好""办起来不合算"的问题。解决这些问题的一种可行思路,是促进相关市场主体向一定区域集聚,通过共享形成集聚效应。2017年中央1号文件明确提出,科学合理划定粮食生产功能区、重要农产品生产保护区、特色农产品优势区,建设现代农业产业园、农业科技园、返乡创业园。这为促进各相关市场主体的区域化布局提供了重要遵循和指引。应以此为契机,推动集聚型规模经营发展。一要培育和推广区域公用品牌。打造农业区域公共品牌要靠公共机构和经营主体共同努力,政府、行业协会、合作组织等公共机构要致力于打

造区域公用品牌,要在讲好品牌故事、建立品牌标准、提供品牌服务、维护品牌信誉等方面发挥积极作用。要支持各类经营主体在创建自身品牌的同时,使用区域公用品牌。二要加强区域性平台建设。发展农业产业园区、促进产业聚集,需要政府创造有利于产业发展的制度环境、市场环境,完善公共治理与服务,引导生产经营主体和相关配套产业的聚集,着力搭建科技研发、市场交易、信息大数据等产业支持服务平台。

第六章　从集体产权结构的社区封闭
　　　　　　转向适度开放

在世界各国的工业化与城市化进程中,乡村之所以普遍趋向衰落,既与乡村基础设施和公共服务规模不经济、供给相对不足有关,也与在市场力量作用下各类资源自发地从边际生产率低的乡村向边际生产率高的城市转移有关。这可谓乡村趋向衰落的内在逻辑。基于这一逻辑,阻止乡村衰落、促进乡村振兴,一方面,要容忍乡村地区公共资源利用的相对低效率,以相对更高的人均标准增加公共财政对乡村地区基础设施和公共服务的投入;另一方面,要促进土地等乡村资源向更有效率的使用者转移,尽可能提高乡村地区的资源配置效率。对我国而言,如何在坚持农村土地集体所有权的基础上,重构农村集体产权的权利结构,打破村社封闭性,增强对外开放性,消除土地等乡村资源流向非本集体成员的体制障碍,成为提高土地等乡村资源配置效率、促进城乡融合发展的关键。

一、农村集体产权结构开放性的演进特征

　　农村集体所有制是 1962 年后定型的我国公有制形式之一,既不同于全民所有制、城镇集体所有制,也不同于按份共有、共同共有等共有制,其

最突出的特征是成员权制度,即因出生、婚嫁等自动获得成员权而无须支付对价,因死亡、迁移等自动丧失成员权而无任何补偿,成员权不可买卖、转让、抵押、继承,以成员权为基础的各项财产权利仅限在本集体经济组织范围内平均分配和内部流转(叶兴庆,2015a:3-66)。这种封闭性极强的产权制度,是人民公社制度的基础,显然与改革开放以来人口流动性越来越强的客观趋势不相匹配,与资源跨集体边界配置以提高效率的客观趋势不相匹配。40余年来,为适应人口流动性提高的趋势、优化资源配置的需要,农村各类集体资产的产权结构发生了较大变化,但变化的方向和程度并不一致(见附表6-1)。总体而言,农用地经历了所有权与承包经营权的"两权分离",正在经历所有权、承包权、经营权的"三权分置"①,其产权结构的开放性是持续提高的;宅基地和集体经营性建设用地的产权结构起初较为开放,后来出于保护耕地、保障国家粮食安全的需要而逐步收紧;关于非土地经营性资产产权结构的开放性,缺乏明确的法律规范和政策规定,处于制度真空状态。梳理农村各类集体资产产权结构开放性的变化,剖析其背后的深层原因,有助于找准扩大各类农村集体资产产权结构开放性的着力点。

(一)农用地产权结构开放性的持续扩大

农用地按使用类型可分为耕地、园地、林地、草地、养殖水面等,按承包类型可分为家庭承包和其他方式承包。从产权结构的开放性,即使用权、承包经营权或经营权可否向非本集体经济组织成员流转的角度,应重点关注承包类型的差异。

---

① 这是中央文件的表述。有些专家认为,农户承包经营权是集体所有权的派生物,是在集体所有权上创设的一种用益物权,因此才有集体所有权与农户承包经营权的"两权分离";经营权是农户承包经营权的派生物,是在农户承包经营权上创设的一种用益物权,准确地讲,应该是集体所有权、农户承包经营权、经营权的"三权分置"。见刘锐(2019)。

1.家庭承包农用地产权结构开放性的逐步扩大

实行家庭承包经营后,农用地实现了所有权与承包经营权的"两权分离",承包经营权的部分权能向本集体经济组织以外的单位或个人流转的空间被逐步打开,其基本线索是由"转包"到"转让"再到"流转"。

第一步:由"转包"到"转让"。1984 年中央 1 号文件明确提出,承包地可以转包,但不准出租。这时,土地承包经营权的转入方尚未突破集体经济组织成员边界。1987 年中央 5 号文件仍强调:"长期从事别的职业,自己不耕种土地的,除已有规定者外,原则上应把承包地交回集体,或经集体同意后转包他人";"承包期间整治土地,增加投资,提高了土地生产率的,土地转包时,集体或新承包户应给予相应补偿"。1993 年中央 11 号文件提出,"在坚持土地集体所有和不改变土地用途的前提下,经发包方同意,允许土地的使用权依法有偿转让"。随后召开的党的十四届三中全会通过的《中共中央关于建立社会主义市场经济体制若干问题的决定》指出,"允许土地使用权依法有偿转让"。此时,"转让"与"转包"的主要区别在于两个方面:一是客体不同,转包的客体是"土地",实际上是承包土地的权利与义务,转让的客体是土地使用权;二是受让方不同,转包的受让方是本集体经济组织成员,转让的受让方可以是非本集体经济组织成员。这是提高土地产权结构开放性的重要一步。

第二步:由"转让"到"流转"。1995 年中央 6 号文件提出,"要逐步完善土地使用权的流转制度","流转"首次出现在中央文件中。1998 年党的十五届三中全会《决定》提出,"土地使用权的合理流转,要坚持自愿、有偿的原则依法进行,不得以任何理由强制农户转让","流转"与"转让"混搭使用。2001 年中央 18 号文件使用了"土地使用权流转""承包地使用权流转""土地流转"等多种表述,并提出:"规范企事业单位和城镇居民租赁农户承包地";"外商在我国租赁农户承包地,必须是农业生产、加工企业或农业科研推广单位";"土地流转的转包费、转让费和租金等,应由农户与受让方或承租方协商确定"。直到此时,"流转"才成为涵盖"转包""转让""租赁"等具体形式的综合性概念。2003 年施行的《农村土地承包法》规定:"通过家庭承包取得的土地承包经营权可以依法采取转包、出租、互换、转让或者其他方式流转";"受让方须有农业经营能力";"在同等条件下,本集体经济组织成员享有优先权"。至此,"流转"成为法定的、具有明确含义的概念:一是流转的客体是土地承包经营权,而不再局限于"土地使用权""承包地使用权";二是流转的形式包括转包、出租、互换、转让和其他方式,其中,转包、互换、转让的受让方为本集体经济组织成员[①],出租的承租方为非本集体经济组织成员,甚至可以是外商。

第三步:扩大"流转"的形式。2008 年党的十七届三中全会《决定》提出,"建立健全土地承包经营权流转市场,按照依法自愿有偿原则,允许农民以转包、出租、互换、转让、股份合作等形式流转土地承包经营权","股份合作"成为新的流转形式。2013 年党的十八届三中全会《决定》提出,"赋予农民对承包地占有、使用、收益、流转及承包经营权抵押、担保权能,允许农民以承包经营权入股发展农业产业化经营","抵押""担保""入股"成为新的流转形式。新增"股份合作"和"抵押""担保""入股"流转形式,扩大了非本集体经济组织成员获得已承包到户土地经营权的途径。

2.其他方式承包农用地产权结构开放性的一步到位

根据《农村土地承包法》,不宜采取家庭承包方式的荒山、荒沟、荒丘、荒滩等农村土地,一般通过招标、拍卖、公开协商等方式承包给经营者。这类土地的产权结构开放性体现在承包资格与受让方两个方面。

在承包资格方面,可以向非本集体经济组织成员开放。农村"四荒地"甚至集体林地,早期主要由大户以较低的价格承包,而所谓大户主要来自

[①] 《农村土地承包法》中的土地承包经营权的"转让"与 1993 年中央 11 号文件中的土地使用权的"转让"不是一个概念,前者的受让方为本集体经济组织成员,后者的受让方可以是非本集体经济组织成员。

本集体经济组织以外的单位或个人。随着经营收益的增加，集体经济组织成员开始觉醒过来，一些地方因此发生纠纷。针对这个情况，《农村土地承包法》规定："在同等条件下，本集体经济组织成员享有优先承包权"；"发包方将农村土地发包给本集体经济组织以外的单位或者个人承包，应当事先经本集体经济组织成员的村民会议三分之二以上成员或者三分之二以上村民代表的同意，并报乡（镇）人民政府批准"。

在流转的受让方方面，没有任何限制。《农村土地承包法》规定，这类土地的承包方，"可以依法采取出租、入股、抵押或者其他方式流转土地经营权"①。这意味着流转的受让方可以来自全社会。

（二）宅基地产权结构开放性的严格限制

1962 年《农村人民公社工作条例修正草案》首次明确宅基地归生产队集体所有、由各户长期使用后，形成了宅基地所有权归集体、使用权归农户的"两权分离"格局。尽管宅基地"两权分离"比农用地"两权分离"早近 20 年，但宅基地产权结构开放性的扩大过程却更为艰难曲折。

1. 从宅基地成员使用权看②，非本集体经济组织成员的获取渠道先松后紧

申请获得宅基地使用权，是农村集体经济组织成员权的重要表现之一。早期阶段，城乡二元结构明显，农民对城市生活的向往远大于市民对乡村生活的向往，对非农业户口居民到农村申请宅基地建房并未严格禁

---

① 根据 2019 年 1 月 1 日起施行的、新修订后的《农村土地承包法》，以其他方式承包的承包方获得的是土地经营权，不再是土地承包经营权，在流转方式中去掉了"转让"。

② 这里的"宅基地成员使用权"即是现行法律和政策用语中的"宅基地使用权"。关于宅基地"三权分置"中的三权究竟是哪三权，2018 年中央 1 号文件的提法是所有权、资格权、使用权。有些专家的提法是所有权、占有权、使用权，见董祚继（2016）；笔者也曾提出过集体所有权、原始使用权、继受使用权的划分方法，见叶兴庆（2015b）。鉴于目前宅基地是集体所有权与农户使用权"两权分离"，能够流转的是从农户使用权中分离出来的部分权能，为便于理解，本章把宅基地"三权分置"中的三权，进一步调整为集体所有权、成员使用权、流转使用权。这里的流转使用权，包括第三方通过继承、租赁、转让、行使抵押权等途径获得的宅基地使用权。

止。1982年颁布的《村镇建房用地管理条例》曾规定,"回乡落户的离休、退休、退职职工和军人,回乡定居的华侨,建房需要宅基地的,应向所在生产队申请",甚至还规定"集镇内非农业户建房需要用地的,应提出申请,由管理集镇的机构与有关生产队协商,参照第十四条的规定办理"。即使是1986年颁布的《中华人民共和国土地管理法》(以下简称《土地管理法》)也规定,"城镇非农业户口居民建住宅需要使用集体所有的土地的,必须经县级人民政府批准,其用地面积不得超过省、自治区、直辖市规定的标准,并参照国家建设征用土地的标准支付补偿费和安置补助费"。按此规定,城镇非农业户口居民在获得宅基地使有权方面与本村村民仅有两点不同:一是需要县级人民政府批准,二是需要支付费用。

随着农村各类建房占用耕地的增多,为加强耕地保护,国家开始控制非农户口居民使用农村集体土地建住宅。1990年发布的《国务院批转国家土地管理局〈关于加强农村宅基地管理工作请示的通知〉》提出,"对不合理分户超前建房、不符合法定结婚年龄和非农业户口的,不批准宅基用地"。1998年修订后的《土地管理法》,将宅基地的申请主体由"农村居民"修改为"农村村民",删除了1986年颁布和1988年修正的《土地管理法》中关于城镇非农业户口居民可以使用集体所有土地建住宅的规定。至此,非农业户口居民申请使用集体土地建住宅的口子被彻底堵死。

2. 从宅基地流转使用权看,非本集体经济组织成员多数情形下被排除在受让方之外

宅基地制度的一个重要特征是"房地分开、差别赋权",对房屋赋予农民完全产权,对宅基地仅赋予农民占有和使用权。但现实中房、地难以分开,往往是地随房走。因而,农民已经获得的宅基地使用权是否可以流转给非本集体经济组织成员,分两种情形而定。

第一种情形是,宅基地使用权不能直接向非本集体经济组织成员流转。国家对宅基地使用权的流转历来严格控制。1962年中共中央发布的

《农村人民公社工作条例修正草案》规定，"生产队所有的土地，包括社员的自留地、自留山、宅基地等等，一律不准出租和买卖"。1981年发布的《国务院关于制止农村建房侵占耕地的紧急通知》强调，分配给社员的宅基地，社员只有使用权，"不准出租、买卖和擅自转让"。1982年颁布的《村镇建房用地管理条例》规定，"严禁买卖、出租和违法转让建房用地"。1982年通过的《中华人民共和国宪法》规定，"宅基地和自留地、自留山，也属于集体所有。……任何组织或者个人不得侵占、买卖、出租或者以其他形式非法转让土地"。根据《土地管理法》《担保法》《物权法》①，农村宅基地使用权不得出租、转让，也不得抵押、担保、继承。这意味着，无论受让方是城镇居民还是本集体经济组织以外的其他农村户籍人员，都不允许宅基地使用权流转。

直到2007年，国家层面才明确宅基地使用权可以流转给本集体经济组织成员。该年发布的《物权法》规定，"已经登记的宅基地使用权转让或者消灭的，应当及时办理变更登记或者注销登记"，但"宅基地使用权的取得、行使和转让，适用土地管理法等法律和国家有关规定"。该年发布的《国务院办公厅关于严格执行有关农村集体建设用地法律和政策的通知》规定，宅基地只能转让给符合条件（无宅基地或面积未达到标准）的本集体成员。在一些地方的农村宅基地管理办法中，宅基地可以有条件地在本村农民之间流转。例如，2016年出台的《大庆市区农村宅基地管理办法》规定，"村民因升学、就业、当兵、民办教师转正等情况不再使用宅基地的，允许在本村内流转，但必须按'一户一宅'的原则进行"。

第二种情形是，随住房财产权流转而相应发生的宅基地使用权向非本集体经济组织成员的流转，早期并无限制，后来被明令禁止。国家对农民房屋的流转持较为宽松的立场。1962年中共中央发布的《农村人民公社

---

① 自2021年1月1日起，《担保法》《物权法》废止，相关内容并入《民法典》。

工作条例修正草案》规定，"社员有买卖或者租赁房屋的权利"。1963 年中共中央发布的《关于各地对社员宅基地问题作一些补充规定的通知》，以及随之转发的国务院农林办公室整理的《关于社员宅基地问题》明确规定，"宅基地上的附着物，如房屋、树木、厂棚、猪圈、厕所等永远归社员所有，社员有买卖和租赁房屋的权利"，"房屋出卖以后，宅基地的使用权即随之转移给新房主，但宅基地的所有权仍归生产队所有"。1986 年颁布、1988 年修正、1998 年修订的《土地管理法》均规定，"出卖、出租住房后再申请宅基地的，不予批准"。这意味着直到 1998 年，农民的住房是可以出卖、出租的，但对受让方和承租方并无明确规定，理论上非本集体经济组织成员可以通过购买农民住房而间接获得宅基地使用权。但从 1999 年开始，城市居民不得购买农民住宅，相应堵死了城市居民通过地随房走、间接获得宅基地使用权的通道。1999 年发布的《国务院办公厅关于加强土地转让管理严禁炒卖土地的通知》提出，"农民的住宅不得向城市居民出售，也不得批准城市居民占用农民集体土地建住宅，有关部门不得为违法建造和购买的住宅发放土地使用证和房产证"。2004 年发布的《国务院关于深化改革严格土地管理的决定》提出，"禁止城镇居民在农村购置宅基地"，将禁止的对象范围由"城市居民"扩大为"城镇居民"。2004 年发布的《国土资源部印发〈关于加强农村宅基地管理的意见〉的通知》提出，"严禁城镇居民在农村购置宅基地，严禁为城镇居民在农村购买和违法建造的住宅发放土地使用证"。2007 年发布的《国务院办公厅关于严格执行有关农村集体建设用地法律和政策的通知》规定："城镇居民不得到农村购买宅基地、农民住宅或'小产权房'。"2008 年住房和城乡建设部发布的《房屋登记办法》规定，"申请农村村民住房所有权转移登记，受让人不属于房屋所在地农村集体经济组织成员的，除法律、法规另有规定外，房屋登记机构应当不予办理"。2011 年最高人民法院发布的《关于印发〈全国民事审判工作会议纪要〉的通知》指出，"将宅基地上建造的房屋出卖给本集体经济组织成员以外的人的合同,不具有法律效力"。现实生活中,一些地方的村民将农房出售给非本村村民,后因房价暴涨而反悔、引发纠纷,只要诉至法院,一般会判决房屋买卖合同无效[①]。

需要注意的是,尽管自 1999 年起国家层面明确禁止城镇居民购买农民住房,但对本集体经济组织以外的农村户籍人员购买农民住房并无明确禁止。根据 2004 年《土地管理法》,"农村村民出卖、出租住房后,再申请宅基地的,不予批准"。这意味着,农民住房仍能出卖。从一些地方的农村宅基地管理办法来看,只有本集体经济组织成员中符合"一户一宅"条件的农户才是合法的买受方。例如,2002 年出台的《河北省农村宅基地管理办法》规定,"农村村民因继承等原因形成一户拥有二处以上宅基地的,多余的住宅应当转让","受让住宅的村民必须符合申请宅基地的条件"。党的十八届三中全会之前,温州乐清等地曾把允许非本集体经济组织成员的县域内其他农业户籍人员购买农民住房作为改革举措[②]。党的十八届三中全会刚刚结束时,安徽省也曾宣布把"建立农民通过流转方式使用其他农村集体经济组织宅基地的制度"作为重大改革举措[③]。这从一个侧面表明,即便是农村户籍人口,如果不是本集体经济组织成员,同样不能购买农民住房。既然农民住房不能出售给非本集体经济组织的其他农村户籍人口,宅基地使用权也就不能经由此途径间接流转给非本集体经济组织的其他农村户籍人口。

一种例外情形是,非本集体经济组织成员因继承房屋可以间接获得宅

---

① 北京市通州区宋庄镇"画家村"有不少农民将房屋低价出售给外来人口,后来随着房价上涨,有些农民反悔并诉至法院要求解除房屋买卖合同。一般情况下,法院会判决此类买卖合同无效。参见《北京市通州区人民法院审理李玉兰与马海涛买卖合同纠纷案民事判决书》[(2008)通民初字第 02041 号]。资料来源:中国法院网。

② 乐清等地农房"跨村"交易自 20 世纪 80 年代中期即已出现。根据温州市有关文件和农房抵押政策,2009 年 7 月,乐清市委发布〔2009〕4 号文件规定:"对持有集体土地使用权证和房产证的农村房产,允许在全市金融机构抵押,允许在市域范围内农业户籍人口间转让。"见刘同山(2016)。

③ 安徽省曾决定在 20 个县开展多项农村改革试点,其中包括"建立农民通过流转方式使用其他农村集体经济组织宅基地的制度"。见《安徽省人民政府关于深化农村综合改革示范试点工作的指导意见》(皖政〔2013〕69 号)。资料来源:中国政府网。

基地使用权。2011年，国土资源部、中央农办、财政部、农业部联合发布的《关于农村集体土地确权登记发证的若干意见》规定，"非本农民集体成员的农村或城镇居民，因继承房屋占用农村宅基地的，可按规定登记发证，在《集体土地使用证》记事栏应注记'该权利人为本农民集体原成员住宅的合法继承人'"。这意味着，非本集体经济组织成员通过继承房屋而间接获得的宅基地使用权，可以得到确权保护①。2015年，上海市发布的《关于加强本市宅基地管理的若干意见（试行）》也规定，"非本集体经济组织成员通过继承房屋等占有的宅基地，由农村集体经济组织主导，通过村民民主自治管理，探索实行有偿使用"。

（三）集体经营性建设用地产权结构开放性的艰难探索

在初始取得和流转两个环节，集体经营性建设用地产权结构的开放性有较大差异。

从初始（增量）使用权看，非本集体经济组织及其成员是不能取得的。1982年颁布的《村镇建房用地管理条例》规定："全民所有制单位，包括同社队联营的企业在内，其建设用地，应按国家建设征用土地的规定办理。非农业人口兴办的集体所有制企业建设用地，参照国家建设征用土地的规定办理。"这意味着，当时全民所有制单位、城镇集体所有制单位均不能直接取得集体土地使用权，必须走征地程序。1998年修订后的《土地管理法》更是规定，"任何单位和个人进行建设，需要使用土地的，必须依法申请使用国有土地"，"农民集体所有的土地的使用权不得出让、转让或者出租用于非农业建设"，从而把禁止直接取得集体土地使用权的用地主体扩展到"任何单位和个人"，把禁止直接取得土地使用权的流转方式扩展到"出让、转让或者出租"。

---

① 有专家据此认为宅基地使用权可以由非本集体经济组织成员继承，见高海（2018）。本书认为，宅基地使用权具有成员权属性，与土地承包经营权一样，不应允许由非本集体经济组织成员继承。

从流转（存量）使用权看，在特殊情形下，可以流转给非本集体经济组织的单位和个人。1998 年修订后的《土地管理法》虽然规定"农民集体所有的土地的使用权不得出让、转让或者出租用于非农业建设"，但又同时规定"符合土地利用总体规划并依法取得建设用地的企业，因破产、兼并等情形致使土地使用权依法发生转移的除外"。1999 年发布的《国务院办公厅关于加强土地转让管理严禁炒卖土地的通知》进一步规定，"对符合规划并依法取得建设用地使用权的乡镇企业，因发生破产、兼并等致使土地使用权必须转移的，应当严格依法办理审批手续"。2004 年发布的《国务院关于深化改革严格土地管理的决定》提出，"禁止农村集体经济组织非法出让、出租集体土地用于非农业建设"，与 1998 年修订后的《土地管理法》相比，去掉了"转让"这一禁止类型；该决定还提出，"在符合规划的前提下，村庄、集镇、建制镇中的农民集体所有建设用地使用权可以依法流转"，为"村庄、集镇、建制镇"范围内集体土地使用权流转开了口子。2008 年党的十七届三中全会《决定》甚至提出，"逐步建立城乡统一的建设用地市场，对依法取得的农村集体经营性建设用地，必须通过统一有形的土地市场、以公开规范的方式转让土地使用权，在符合规划的前提下与国有土地享有平等权益"，这意味着更大范围内的存量集体土地使用权可以公开转让。

需要注意的是，集体经济组织可以以土地使用权与非本集体经济组织的单位和个人开展联营。1986 年颁布的《土地管理法》规定，"全民所有制企业、城市集体所有制企业同农业集体经济组织共同投资举办的联营企业，需要使用集体所有的土地的……也可以由农业集体经济组织按照协议将土地的使用权作为联营条件"。1998 年修订后的《土地管理法》规定，"农村集体经济组织……与其他单位、个人以土地使用权入股、联营等形式共同举办企业的，应当持有关批准文件，向县级以上地方人民政府土地行政主管部门提出申请"。2008 年党的十七届三中全会《决定》提出，"在土地利用规划确定的城镇建设用地范围外，经批准占用农村集体土地建设非公益性项目,允许农民依法通过多种方式参与开发经营并保障农民合法权益"。在入股、联营的情形下,可以认为集体土地的使用权未发生转移。

(四)集体非土地经营性资产产权结构开放性的制度真空

对土地以外的集体经营性资产的产权结构的开放性,并没有明确的法律规范,也缺乏相关政策规定。实践中,为保持集体经济组织的稳定,一些地方探索通过"内方外圆"①"分层治理"②等办法,在"守正"与"出新"之间把握好平衡。所谓"守正",即社区型集体经济组织不对外部资本开放,集体经济组织成员持有的股份或份额不能向外部人员转让,集体经济组织不能破产、消亡。所谓"出新",即社区型集体经济组织持股的公司,是一种纯粹的市场化经济组织,可以引进外部资本,其产权结构是开放的,也可以破产。有些地方,由于集体土地已全部被征收、集体成员已全部非农化、所在社区的基础设施和公共服务已被公共财政覆盖,集体经济组织管理混乱,因而出现集体经济组织解散现象③。

二、扩大农村集体产权结构开放性的认识纷争与必须迈过的坎

总体而言,党的十八届三中全会之前,农村集体产权结构的开放程度是不够的,相关政策、法规也不健全。城镇居民能不能到农村购买农房和宅基地、集体土地及其地上附着物能不能抵押担保、社会资本能不能进入社区型农村集体经济组织等,从根本上说,取决于农村集体产权结构的对外开放程度。针对这些问题,党的十八届三中全会《决定》部署了一系列相

---

① "内方",即集体经济组织内部继续维持现行治理结构;"外圆",即集体经济组织对外投资的企业,按市场通行规则运作。苏州等地这类做法较为普遍。
② 具体做法见周群力、程郁(2018)。
③ 珠三角地区已有集体经济组织清盘、解散的案例,见谭炳才(2015)。

关改革任务（见表 6-1）。这些改革任务的核心，就是要打破集体产权结构的成员封闭性，在更大范围内配置农村各类集体资产的产权权利束。为把这些改革进行到底，必须在理论和认识层面取得突破、达成共识。

表 6-1　党的十八届三中全会《决定》部署的部分改革任务

领域	改革任务	突破点
农用地	"赋予农民对承包地占有、使用、收益、流转及承包经营权抵押、担保权能，允许农民以承包经营权入股发展农业产业化经营"；"鼓励承包经营权在公开市场上向专业大户、家庭农场、农民合作社、农业企业流转，发展多种形式规模经营"	新增抵押、担保权能和入股流转方式，使产权结构的开放性进一步扩大
宅基地	"保障农户宅基地用益物权，改革完善农村宅基地制度，选择若干试点，慎重稳妥推进农民住房财产权抵押、担保、转让"	允许抵押、担保、转让扩大了住房产权结构的开放性，因"地随房走"相应扩大了宅基地使用权产权结构的开放性
经营性建设用地	"在符合规划和用途管制前提下，允许农村集体经营性建设用地出让、租赁、入股，实行与国有土地同等入市、同权同价"	允许出让、租赁、入股扩大了经营性建设用地使用权向非本集体经济组织的单位和个人流转的途径
非土地经营性资产	"保障农民集体经济组织成员权利，积极发展农民股份合作，赋予农民对集体资产股份占有、收益、有偿退出及抵押、担保、继承权"	赋予抵押、担保、继承权能，使集体资产产权向非本集体经济组织的单位和个人流转成为可能

（一）改革的艰难前行

尽管党的十八届三中全会《决定》在扩大农村集体产权结构开放性方面提出了许多改革构想，但在随后制定具体的改革实施方案和部署改革试点时非常谨慎，在对非本集体经济组织成员适度开放农村集体产权权束方面顾忌重重，相关改革实际进展离社会预期有一定差距。

一方面，从顶层设计来看，改革部署是非常审慎稳健的。2014 年 9

月,中央全面深化改革领导小组第五次会议在审议《积极发展农民股份合作赋予农民对集体资产股份权能改革试点方案》时要求,"试点过程中,要防止侵吞农民利益,试点各项工作应严格限制在集体经济组织内部"。这使通过赋予集体资产股份抵押、担保、继承权,从而间接提高集体资产股份流动性的空间大大收窄。2015年1月,中共中央办公厅和国务院办公厅联合印发的《关于农村土地征收、集体经营性建设用地入市、宅基地制度改革试点工作的意见》指出,"探索进城落户农民在本集体经济组织内部自愿有偿退出或转让宅基地"。这使宅基地使用权的转让范围受到严格限制。2015年8月,国务院以国发〔2015〕45号印发《关于开展农村承包土地的经营权和农民住房财产权抵押贷款试点的指导意见》,明确要求:"农民住房财产权(含宅基地使用权)抵押贷款的抵押物处置应与商品住房制定差别化规定";"对农民住房财产权抵押贷款的抵押物处置,受让人原则上应限制在相关法律法规和国务院规定的范围内"。2016年3月,中国人民银行、中国银监会、中国保监会、财政部、国土资源部、住房和城乡建设部印发《农民住房财产权抵押贷款试点暂行办法》,强调"因借款人不履行到期债务,或者按借贷双方约定的情形需要依法行使抵押权的,贷款人应当结合试点地区实际情况,配合试点地区政府在保障农民基本居住权的前提下,通过贷款重组、按序清偿、房产变卖或拍卖等多种方式处置抵押物,抵押物处置收益应由贷款人优先受偿。变卖或拍卖抵押的农民住房,受让人范围原则上应限制在相关法律法规和国务院规定的范围内"。2017年11月,十九届中央全面深化改革领导小组第一次会议在审议《关于拓展农村宅基地制度改革试点的请示》时强调,"不得以买卖宅基地为出发点,不得以退出宅基地使用权作为农民进城落户的条件"。2018年中央1号文件强调,"不得违规违法买卖宅基地,严格实行土地用途管制,严格禁止下乡利用农村宅基地建设别墅大院和私人会馆"。这使宅基地使用权依然不能向非本集体经济组织的单位和个人流转。

另一方面,从基层实践和部分政策文件来看,也在努力探寻边际突破。在农用地方面,用所有权、承包权、经营权"三权分置"解决其产权结构的社区封闭性,规范经营权向非本集体经济组织成员的流转,经营权流转给外村人的通道更加顺畅。在宅基地方面,用所有权、资格权、使用权"三权分置"解决其产权结构的社区封闭性,为使用权向非本集体经济组织成员流转打开制度通道[①];《国务院办公厅关于支持返乡下乡人员创业创新促进农村一二三产业融合发展的意见》(国办发〔2016〕84号)提出,"在符合农村宅基地管理规定和相关规划的前提下,允许返乡下乡人员和当地农民合作改建自住房";2017年中央1号文件关于"探索农村集体经济组织以出租、合作等方式盘活利用空闲农房及宅基地"和2018年中央1号文件关于"适度放活宅基地和农民房屋使用权"的部署,也在试图通过边际突破打开宅基地使用权的社区封闭性。在集体经营性建设用地方面,不仅在试点通过出让、出租、入股等方式流转给其他单位和个人用于非农业建设,而且在探索将流转后的用途由工矿仓储、商业服务等扩展到租赁性住房,乃至共有产权房。在集体经营性资产方面,一些地方探索允许外部人员在缴纳基础设施建设费后出资入股,如贵州省湄潭县一些村通过这种方式允许外来管理人才获得除宅基地申请权和土地承包权之外的成员权(程郁、万麒雄,2018)。

(二)两种对立的观点

对是否应该扩大农村集体产权结构的开放性、允许更多的权能向非本集体经济组织的单位和个人流转,存在着截然对立的两种观点。

一种观点认为,应尽快扩大农村集体产权结构的开放性。他们的主要

---

① 2018年中央1号文件提出宅基地"三权分置"改革构想后,当年6月,山东省委办公厅、省政府办公厅即印发《关于开展农村宅基地"三权分置"试点促进乡村振兴的实施意见》,在落实宅基地集体所有权、保障宅基地农户资格权和农民房屋财产权、适度放活宅基地和农民房屋使用权方面提出了许多突破性举措。

理由有四个。一是有利于增加农民财产性收入。农村土地、住房等受让人范围小，买方竞争不充分，不利于价值的体现和价格的形成，农民的财产权益得不到维护。只有通过公平的市场交易，农民才可能获得合理的土地收益，从而提高收入水平、缩小城乡差距，甚至为乡村建设筹集资金（王小鲁，2016；张军扩等，2017）。二是有利于提高农村资源配置效率。农村存在大量低效利用的集体建设用地，只要允许直接入市，就可以提高土地资源配置效率，为经济增长提供新的用地空间（刘世锦等，2013）。开放农村土地市场，可以改善土地权能交易的价格形成机制，促进农村土地被用在更有效率的用途上（党国英，2018）。农村承包地、宅基地、集体经营性建设用地是沉睡的资源，只要把这个沉睡的资源搞活、搞成资本，就可以撬动城市资本参与乡村振兴（郑新立，2018）。三是有利于降低城市房价、增强我国经济竞争力。国家垄断住宅建设用地供应、禁止农村小产权房入市交易，推高了房价，延缓了城市化（蔡继明，2018）。允许农村集体土地入市，不仅可以降低城市房价，而且可以降低城市营商成本，特别是降低实体经济成本，从而可以保护和提升产业竞争力（刘世锦，2018）。允许城市居民下乡购买宅基地使用权，允许进城落户农民在全国范围内出售宅基地使用权，可以为他们在城市购房提供初始资金（杨伟民，2018）。四是有利于满足城市居民日益增长的美好生活需要。党的十九大提出要满足人民日益增长的美好生活需要，目前不少城市居民向往乡村田园生活，遇到的突出障碍是现行政策和法律禁止城镇居民购买农民住房和宅基地、不保护农村小产权房。要使城里人的这部分需得到满足，必须在城乡之间打通土地、资金、人员等要素的通道，在农村集体土地入市、宅基地流转、小产权房给出路、城里人下乡置业创业等方面实现大的突破（刘世锦，2018）。

另一种观点认为，现阶段不应急于扩大农村集体产权结构的开放性。他们的主要理由有四个。一是农村集体经济组织并非一般企业组织。公司等一般企业组织的产权结构可以是开放的，可以有进有出，也可以解散，即便是国有企业也可以实行混合所有制改革和破产。但我国农村集体经济组织是一个地域内唯一的、排他的组织,不仅承担着农村土地集体所有权行使主体、农村集体资产经营管理的经济职能,还承担着村社范围内公共产品供给的职能,因而不能破产、解散,不能以企业组织形式存在。农村集体产权制度改革涉及农村社会治理体制的改革,牵一发而动全身,必须十分谨慎(陈锡文,2014、2016)。二是农村集体产权具有社会保障属性。土地承包经营权、宅基地使用权、集体资产收益分配权,是集体经济组织成员权的具体体现,是成员独享的权利,在现阶段仍具有很强的保障属性,不应推动将其流转给外人(乔金亮,2018)。宅基地使用权是设定在集体土地所有权上的他物权,设定的目的是满足本集体成员的生活居住需要,无偿取得,无期限使用,具有福利属性,允许其转让给非本集体成员在法理上讲不通(韩松,2012)。三是容易造成城市资本大量圈占农村土地。目前城市积累了大量过剩资本,如果为了增加进城务工农民的财产性收入而让土地经营权和住房财产权进入市场交易,开放城市资本下乡的通道,那么城市资本很快就会把这些原本属于农民的权利流转到手,其结局就是城市资本多了一个财富保值增值的工具,而进城失败的农民却失去了基本保障和退路,因此必须限制城市资本下乡购买农民的土地和住房(贺雪峰,2015)。四是相关配套条件不成熟。目前农村土地利用规划与用途管制制度尚不完善,农村集体经济组织对宅基地流转的治理能力不足,允许城市居民到农村购地建房会导致小产权房合法化,给已经购买商品房的人带来不公平,在这种情况下允许城里人到农村购地建房弊大于利(陈美球,2018;瞿理铜,2018)。

(三)必须迈过的坎

主张尽快扩大农村集体资产产权结构开放性的人,对如何解决由此带来的关联性问题考虑不够,而作出这类决策不能不考虑到这些关联性问题。主张现阶段不能急于扩大农村集体资产产权结构开放性的人,对我国乡村社会已然发生的深刻转型、未来势将出现的重大结构性变化考虑不够,而这些转型和结构性变化要求农村集体产权制度作出相应调整。我们认为,改革要走出胶着状态,理论和认识层面必须迈过以下几道坎。

1. 集体所有制是否必然要求集体产权结构处于封闭状态

党的十八届三中全会《决定》明确要求,"坚持农村土地集体所有权"。坚守这一底线,必须搞清楚农村土地集体所有制的本质规定。1962 年中共中央公布《农村人民公社工作条例修正草案》以来,农村土地集体所有制的本质规定和实现形式经历了不断变化的过程,包括"三级所有、队为基础"的确立、以"大包干"为代表的各种形式农业生产责任制、"两权分离"与"三权分置"等。经过半个多世纪的演变,农村土地集体所有制的本质规定可归结为一点:"农民集体所有的不动产和动产,属于本集体成员集体所有。"[①]坚持这一本质规定,关键在于坚持两点。一是坚持所有权的权利主体为"本集体成员"。这意味着只有具有成员权的人才能成为产权主体的一分子,而成员权的取得和退出具有一定之规,如现有集体成员的新出生子女、通过婚姻关系加入集体成员家庭的新进入者无须支付对价自动获得成员资格,死亡、自愿迁出者自动丧失成员资格而无须补偿,其成员资格也不能被继承。坚持这一点,必须坚持只有本集体成员才能获得土地承包经营权、宅基地申请权和集体资产股权。二是坚持所有权属性为"成员集体所有"。由于构成集体产权主体的具体成员在不断变化,以及农村土地不能实行私有制、成员不能请求分割集体土地所有权,农村土地集体所有制必须保留总有产权关系(叶兴庆,2015a;赵家如,2018)。坚持这一点,意味着不能把集体所有制改成共有制。在共同共有、按份共有等共有制中,产

---

① 见 2007 年《物权法》第 59 条或《民法典》第 261 条。

权共有主体数量确定,共有关系丧失后所有权可以分割,这本质上是一种私有制①。

在坚持以上两点的同时,也必须看到:第一,成员权的内涵和实现形式正在发生深刻变化。随着承包期内土地承包关系不再调整、城市规划区内多年未分配宅基地、集体资产股份"生不增、死不减"等办法的实行,按以前习惯做法可以获得成员资格的新增集体经济组织成员并不能立即获得土地承包经营权、宅基地申请权和集体资产股权,在有些地方甚至永远也不能再获得这些权利,集体所有权的权利主体实际上由改制时点的集体成员构成(叶兴庆、李荣耀,2017)。第二,所有制与产权结构并没有固定的依存关系。根据《民法典》的规定,国有土地既可以由国家独立行使占有、使用、收益、处分权能,也可以赋予包括外资企业和个人在内的建设用地使用权人占用、使用、收益以及转让、互换、出资、赠与或者抵押权利,而不改变土地国家所有的所有制属性。农村集体所有制在保持总有产权属性的同时,集体资产的占有、使用、收益以及转让、互换、出资、赠与或者抵押权利也可以按不同形式转让给本集体成员或非本集体成员。第三,土地和非土地集体资产在是否保留总有产权属性上应有所差别。由于土地不能实行私人所有,所以农村集体土地必须继续严格保留总有产权属性②。但具备条件的地方,非土地集体资产可以变现后在集体成员间进行分割,因而并非必须保留总有产权属性,现实生活中已有这样的案例(谭炳才,2015)。

2."乡政村治"的治理体制是否必然要求以集体经济组织支撑村社共同体

为适应农业经营体制改革后公社、生产大队、生产队职能的变化,农村治理体制需要进行相应改革。1980年1月8日,广西壮族自治区宜山县

---

① 陈锡文认为,"无论共同共有,还是按份共有,都是共有经济,而不是集体经济,而共有经济的本质是私有经济"。见程姝雯、蒋小天(2018)。

② 值得注意的是,2019年1月24日公开发布的《中共中央、国务院关于支持河北雄安新区全面深化改革和扩大开放的指导意见》明确提出,"允许农民转让土地承包权、宅基地资格权,以集体资产股权入股企业或经济组织"。这意味着成员权可以转让,从而使集体所有制的总有属性变成了共有属性。

三岔公社合寨大队果地屯在全国成立第一个村民委员会。1980 年 6 月 18
日,四川省广汉县①向阳人民公社在全国第一个摘下公社的牌子,成立乡
人民政府。在基层实践的基础上,1983 年中央 1 号文件明确指出,"人民
公社的体制,要从两方面进行改革。这就是,实行生产责任制,特别是联产
承包制;实行政社分设";1983 年 10 月 12 日,中共中央、国务院发布《关于
实行政社分开、建立乡政府的通知》;1987 年,《中华人民共和国村民委员
会组织法(试行)》颁布施行。至此,"乡政村治"的治理新体制得以确立。
所谓"乡政",就是在原公社一级成立乡政府,作为国家最基层的政权组织,
管理辖区内的行政事务;所谓"村治",就是在原生产大队一级成立村民委
员会、在原生产队一级成立村民小组,对辖区内的公共事务实行自治。

　　"乡政村治"的治理体制从诞生之日起就存在两个突出问题:一是政社
分开、自治组织与集体经济组织分设的改革不到位。改制初期,多数地方
原公社一级并没有集体资产,少数有集体资产的交由新设立的农工商总公
司之类的乡级集体经济组织持有和经营。但无论是以原生产大队为基本
核算单位还是以原生产队为基本核算单位的地方,即便没有经营性集体资
产,至少有集体土地,本应设立相应层级的集体经济组织行使所有者权利。
然而,在改制初期,为控制村组干部人数、减轻农民负担,多数地方并没有
及时成立村、组集体经济组织,而是由村民委员会、村民小组代行集体经济
组织职能,相关法律也赋予了自治组织这种权利。这导致自治组织与集体
经济组织这两个功能并不完全一致的组织混为一体。长期以自治组织代
行集体经济组织职能的结果是,对自治组织的法律保障逐步完善,而对集
体经济组织的法律保障严重滞后。尽管《中华人民共和国宪法》《中华人民
共和国村民委员会组织法(试行)》《中华人民共和国农业法》中都有"农村
集体经济组织"这一组织类型,但《中华人民共和国民法通则》②中却没有

---

① 　1988 年,撤销广汉县,设立县级广汉市。
② 　《民法通则》2021 年 1 月 1 日废止,相关内容并入《民法典》。

"农村集体经济组织"这一法人类型,导致一些地方即便成立了农村集体经济组织,也不能取得工商登记、开设银行账户、申领税务发票,无法开展正常的市场经营活动,出现"有法律地位、无法人资格"的尴尬局面。二是公共财政覆盖不足,乡、村公共产品经费要靠向农民摊派。无论在财政包干制时期,还是实行分税制以后,公共财政对乡村的覆盖都严重不足。在乡一级,部分公共产品的经费需要靠向全乡农民收取"五项统筹",如教育费附加、计划生育费、民兵训练费、乡村道路建设费和优抚费。在村一级,也需要向全村农民分摊公积金、公益金、管理费"三项提留"。这导致过去一个时期内,农民负担过重成为严重的社会问题。

为解决这两个突出问题,国家采取了一些措施。一是推动成立农村集体经济组织,并赋予其法人资格。据统计,截至 2016 年底,全国村数为585223 个,其中,已成立村集体经济组织的为 237590 个,占 40.6%;全国村民小组数为 4937993 个,其中,已成立了组集体经济组织的为 759010个,占 15.4%(农业部经管司、农业部经管总站,2017)。随着农村集体产权制度改革的深入,今后农村集体经济组织的覆盖面会逐步提高。2017年 10 月 1 日起施行的《中华人民共和国民法总则》[①]已把"农村集体经济组织"视作特别法人。2018 年 11 月 16 日,农业农村部也已首次为全国 10 个农村集体经济组织颁发登记证书,标志着农村集体经济组织首次有了属于自己的"身份证"[②]。二是扩大公共财政向乡村的覆盖,推动乡村公共产品领域的"国进民退"。从 2000 年起实行农村税费体制改革试点,从 2006 年1 月 1 日起取消农业税,在此基础上国家逐步加大对农村公共产品的投入,原先由农民自己承担经费的农村道路、供水、供电、义务教育、五保供养、民兵训练等改由公共财政承担,国家甚至开始对农村污水、垃圾的收集和处理给予补贴。三是开展政经分离试点。在集体资产实力较强、外来人

---

① 《民法总则》2021 年 1 月 1 日废止,相关内容并入《民法典》第 96 条。
② 见《人民日报》2018 年 11 月 19 日第 3 版相关报道。

口较多的地方,把农村集体经济组织承担的公共产品供给职能和村民自治功能剥离出来,分别移交给乡级政府和村民自治组织,农村集体经济组织回归集体资产所有者权利的行使主体这一本位。

面向未来,"乡政村治"的治理体制还将继续演变。总的趋势是,村民自治组织与农村集体经济组织混为一体的情形将逐步减少,由村民自治组织代行集体经济组织职能的情形最终将会消失;村民自治组织、集体经济组织、集体所有制企业的边界将越来越清晰(见表6-2),各自将回归其职能本位,特别是集体经济组织的职能将集中于管好集体土地、为集体成员提供财产性收入;随着城乡基本公共服务均等化的推进,乡村公共产品领域的"国进民退"趋势还将继续,村民自治组织的功能将逐步与城市社区居民自治组织的功能趋同,其运行经费将最终摆脱对集体经济组织的依赖,转向依靠公共财政。

表 6-2　农村三类集体组织的比较

比较维度	村民自治组织	农村集体经济组织	集体(持股)企业
地域性	唯一(村域范围内只有一个依法设立的村民自治组织)	唯一(村域范围内只有一个村集体经济组织,组域范围内只有一个组集体经济组织)	非唯一(村域或组域范围内可以有多家集体全资企业或集体持股企业,以及其他类型企业;集体全资企业或集体持股企业可以在村域或组域外注册与运营)
核心职能	办理本村的公共事务和公益事业,调解民间纠纷,协助维护社会治安,向人民政府反映村民的意见、要求和提出建议;在未成立集体经济组织的村(组),代行集体经济组织职能	依法管理集体资产,为其成员提供生产、技术、信息等服务,组织合理开发、利用集体资源,壮大经济实力;提供部分公共产品	经营资产
法人类型	特别法人	特别法人	营利法人

续　表

比较维度	村民自治组织	农村集体经济组织	集体(持股)企业
适用法律	《中华人民共和国村民委员会组织法(试行)》《中华人民共和国民法总则》	《中华人民共和国农业法》《中华人民共和国民法总则》	《中华人民共和国公司法》《中华人民共和国民法总则》
设立机制	县、乡政府主导,民政部门注册登记取得法人地位	取得农业农村管理部门的组织代码	依法出资组建,工商注册登记取得法人地位
撤销机制	县、乡政府主导的行政性调整	不可破产、解散	清盘;破产
成员进入机制	村域内常住人口依法取得自治组织成员资格	集体成员新出生子女、入赘、婚娶	入股
成员退出机制	在村域外常住、参加常住地自治组织选举	死亡;自愿退出"三权";部分地方规定,取得国家公职人员身份后必须退出	退股
对外开放程度	开放	封闭	开放

3. 城镇化进程中的人口流动是否必然为从乡村到城市的单向流动

目前我国仍处于城镇化进程中。截至 2018 年底,我国常住人口城镇化率仅为 59.58%,与已完成城镇化的先行国家相比还有约 20 个百分点的差距。未来继续推进以人为核心的新型城镇化、继续降低乡村人口总量和占比,仍是大势所趋。在这个过程中,有两个与集体产权结构开放性紧密相关的问题需要辨析。

第一,已经外出的农民将来是否都会回到村里。反对扩大集体产权结构开放性、赋予集体成员更大处分权能的立论基础之一,是部分进城农民如果过早地转让其土地承包经营权、宅基地使用权、集体资产收益分配权,一旦在城市无法立足、需要返回农村时将失去基本生存保障。这种担心不无道理,已经离农进城的部分农民的确会返回村里,特别是一代农民工中的部分人无法在务工地长期生活下去，到一定年龄后终将折返故里，基于这部分人的实际，不宜扩大集体产权结构的开放性。但也要看到，二代农民工中的绝大部分是回不了村庄的，土地承载的生计保障功能正在被社会保障体系替代，长期进城务工和生活的部分农民需要退出在原籍农村的土地承包权、宅基地使用权和集体资产收益分配权，基于这部分人的实际，应该扩大集体产权结构的开放性。我们认为，只要按宅基地使用权、土地承包权、集体收益分配权的顺序依次扩大转让改革的尺度，按一般农村、城郊村、城中村的顺序依次扩大转让改革的力度，根据不同地区、不同财产权利设置不同的受让人范围和优先序，就可以防止前一部分人失去生存保障，顺应后一部分人转让"三权"的需要（叶兴庆、李荣耀，2017）。

第二，城镇化水平大幅提高后的村庄人口是否必然都是世居农民。在人口从乡村向城镇转移的大趋势中，也会出现从城镇向乡村的倒流，也就是逆城镇化[①]。除无法在城镇立足、不得不返乡的部分一代农民工外，部分城镇人口也会向乡村流动。一方面，乡村发展对城镇教师、医生、创新型人才等有需求。另一方面，城镇居民和自由职业者对乡村生活有向往，乡村基础设施的改善、汽车普及率的提高，使"工作在城镇、生活在村庄"的生活方式成为可能。从法国等先行国家看，随着"农民的终结"，村庄的人口结构会发生巨大变化（见表6-3），居住在村庄的不再都是世居农民，村庄的生产功能会逐步消失，最终成为纯粹的高品质生活空间（叶兴庆等，2018）。对我国而言，顺应这种发展趋势，使逆城镇化人口能够顺利进入乡村，需要为他们提供作为生产资料的土地、作为生活资料的住宅，这需要以扩大集体产权结构的开放性为前提[②]。

[①]　2018年3月7日，习近平总书记参加十三届全国人大一次会议广东代表团审议时指出，"城镇化、逆城镇化两个方面都要致力推动"。

[②]　在一些城郊地区，宅基地的功能已从生活资料转向生产资料。见瞿理铜、朱道林（2015）。

表 6-3 法国乡村地区居民结构演化情况

单位:%

居民结构	1962 年	1990 年
农民	33.80	9.90
自由职业者和企业主	8.80	6.90
中高层管理人员	3.90	14.90
雇员和工人	25.00	27.60
退休农民	7.10	11.10
退休人员(非农民)	21.40	29.60

资料来源:李明烨等(2017)。

三、扩大农村集体产权结构开放性的总体思路与推进策略

在未来的农业农村现代化进程中,农民的就业和收入构成将继续非农化,土地对集体经济组织成员的生计保障作用将继续下降,农业的经营形态将继续去小农化,农民的代际差异将继续彰显,人口和资本的城乡双向流动格局将继续扩大(叶兴庆,2018)。顺应这些重大结构性变化,必须在坚持农村集体所有制的前提下,逐步重构农村集体产权的权利结构,让稀缺的农用地不因集体经济组织成员的进城而荒芜,让进村创业和生活的非本集体经济组织成员能够获得必要的土地要素和居住空间,让村庄和集体资产治理结构能够更有效率。

(一)以促进流转集中、扩大经营规模为目标,进一步扩大农用地产权结构的开放性

总体而言,农用地产权结构的开放度已经较高,下一步应按"'三权分置'、差别赋权,先内后外、宜长则长,促进利用、防止撂荒"的思路继续推进。"'三权分置'、差别赋权",就是对农用地集体所有权、承包经营权、经

营权在向非本集体经济组织成员流转方面，赋予其不同的权能。"先内后外、宜长则长"，就是农用地流转时优先由本集体经济组织成员受让，以利于留在农业的集体经济组织成员能够扩大经营规模；流转的期限应尽可能长期化，以利于受让人能够对农业进行长期投资。"促进利用、防止撂荒"，就是对各项权能的赋权，要有利于稀缺的农地资源得到有效利用、增强农业竞争力，不能拘泥于狭隘的"产权保护"。

1. 集体所有权的层级应保持稳定

目前，农村集体土地的所有权主体包括三个层级：乡镇（大致相当于原公社）范围内农民集体所有；行政村（大致相当于原生产大队）范围内农民集体所有；村民小组（大致相当于原生产队）范围内农民集体所有。现行宪法和相关法律均规定土地所有权不能买卖，除国家征地外，集体所有权不存在向外部流转的问题。在集体所有权的开放性方面，有四个问题需要引起注意：一是乡镇范围农民集体所有的土地，构成所有权权利主体的自然人成员较多，应设计好所有权行使主体的治理结构。二是实行村民小组范围内集体所有的地方，如果由行政村代行所有者权能，不能侵犯村内各集体经济组织成员的土地权益[①]。三是推行新型农村社区建设、将若干个村或村民小组集中居住的地方，应保持原土地集体所有权权利主体的成员范围不变。四是从长远看，在极端情形下，如实行村民小组范围内集体所有的地方土地规模太小，集体成员逐步外迁以致构成集体所有权权利主体的自然人完全消失，可考虑实行所有权主体的合并。

2. 承包经营权应继续坚持内部互换和转让

承包经营权是以成员权为基础的财产权利，承包权是以成员权为基础的身份资格权（韩长赋，2018），其核心都是成员权。坚持集体所有制，核心

[①] 据农业农村部数据，截至2017年底，全国2.27亿农户以家庭承包方式承包了13.85亿亩集体耕地（当年账面计税面积），其中40%左右由村级集体发包，60%左右由村民小组发包。见韩长赋（2018）。

在于坚持成员权制度。因此,家庭成员全部外出、不再务农的,其承包经营权只能按依法自愿有偿原则退回集体经济组织,或转让给本集体经济组织其他成员①;也可以保留承包权,将承包地的经营权向他人流转。在此基础上,可作以下探索:一是探索保持承包经营权完整性的有效机制。为防止细碎化,鼓励承包户分家立户时由其中一个家庭持有土地承包经营权,对其他家庭给予适当补偿②。鼓励同一集体经济组织内成员间的承包经营权互换,促进"小块并大块"。二是探索建立承包经营权和承包权退出的激励机制。防止承包经营权特别是承包权权能过大可能带来的助推地租上涨、陷入流转僵局等负面后果,防止以非农收入为主的小规模农户长期滞留农业,形成所谓的"二兼滞留"现象③。三是探索承包经营权的实现方式,如确权确股不确地。

3. 鼓励经营权以多种方式向外部人员流转集中

根据 2019 年新修订的《农村土地承包法》,以家庭承包方式承包的农村土地,其经营权向外部人员流转的通道更加多样化,包括:承包方可以通过"出租(转包)、入股或者其他方式向他人流转土地经营权","用承包地的土地经营权向金融机构融资担保";受让方可以"再流转土地经营权","通过流转取得的土地经营权……可以向金融机构融资担保";承包方用承包地的经营权、受让方用通过流转取得的土地经营权融资担保的,"实现担保物权时,担保物权人有权就土地经营权优先受偿"。下一步需要研究解决以下问题:一是实现跨承包期的经营权流转。新修订的《农村土地承包法》

---

① 一些地方声称,集体经济组织把外来业主投资项目所占用的土地的承包经营权从承包户手中有偿回收,再通过外来业主缴纳"基础设施建设费"、取得集体经济组织成员身份后从集体经济组织承包该土地,从而实现了土地承包经营权的外部转让。实际上,该业主取得的集体经济组织成员身份仅含"有限成员权"(不含宅基地申请权、集体资产收益分配权),而且是以"其他方式承包"该块土地。按2019年1月1日颁布施行的、新修订后的《农村土地承包法》,该业主通过"其他方式承包"取得的是土地经营权,而非土地承包经营权。相关报道见邓俐(2016)。

② 类似一些国家为避免土地细碎化而实行的长子继承制。

③ 日本将这种情形称作"二兼滞留"。"二兼滞留"已成为日本农业现代化转型的最大障碍。

规定，土地经营权流转的期限不能超过剩余承包期。全国大部分地区第二轮承包期将在 2027 年前后到期，随着时间的推移，今后土地经营权流转的期限会越来越短，这既不利于稳定受让方的经营预期，也不利于经营权融资担保时的估值。应尽快明确第二轮和第三轮承包之间的衔接办法，允许流转双方在确定流转期限时合并计算本轮承包剩余期和下一轮承包期，以利于长期流转。二是明确土地经营权再流转的必备条件。受让方可以再流转土地经营权、用土地经营权融资担保的赋权，使通过流转取得的土地经营权更加向物权靠拢。受让方为获得这样的赋权，必须付出代价，包括新修订的《农村土地承包法》要求的"经承包方书面同意并向发包方备案"，以及付清再流转或担保估值期内应付给承包方的流转价款。三是对工商资本作为受让人应更加包容。新修订的《农村土地承包法》规定，"县级以上地方人民政府应当建立工商企业等社会资本通过流转取得土地经营权的资格审查、项目审核和风险防范制度"，"工商企业等社会资本通过流转取得土地经营权的，本集体经济组织可以收取适量管理费用"。我们认为，可以对受让方在农业经营能力或者资质方面提出具体要求，但对受让方应主要从是否有效利用土地资源的角度进行规制，而不应从组织形式（法人或自然人）、身份（本村或外村）等角度进行规制。

（二）以顺应城乡人口双向流动大趋势、保障外来人口居住需求为目标，有序扩大农村宅基地产权结构的开放性

目前，农村宅基地产权结构开放性较低，外迁的集体经济组织成员缺乏顺畅的退出通道，外来的非本集体经济组织成员缺乏顺畅的进入通道。这种局面不利于城乡融合发展，需要采取突破性举措加以改变。总体思路是："'三权分置'、差别赋权，立足存量、先房后地，保障居住、拒绝投机"。"'三权分置'、差别赋权"，就是在落实集体所有权、保障成员使用权的基础上，着力放活农民房屋和宅基地的流转使用权，赋予集体所有权、成员使用

权、流转使用权不同的向外部人员流转的空间。"立足存量、先房后地",就是停止宅基地的福利分配,着力提高存量农房和宅基地的利用率;优先扩大现有农民住房财产权对外流转的空间,稳慎扩大宅基地使用权对外流转的空间。"保障居住、拒绝投机",就是扩大宅基地产权结构开放性的出发点,是满足外来的非本集体经济组织成员的实际居住需求,同时要防止资本圈地和游资炒作,防止将城市的房地产泡沫蔓延到乡下,真正做到住而不炒。

1. 集体所有权可通过置换等途径在不同集体所有权主体之间流转

除了国家征地以外,宅基地的集体所有权是不能通过买卖实现流转的。但集体经济组织成员只能在本集体土地上申请建房,造成画地为牢、分散布局,不利于发挥基础设施和公共服务的规模效应,不利于村镇体系的调整优化和中心村、小城镇的发展壮大。一些地方通过置换的方式,把B村的部分土地置换给A村,引导B村农民到A村建房,改善了B村农民的居住条件,实现了A村宅基地所有权向B村的开放。应总结和推广这类做法,为居住分散、愿意在城镇周边和条件较好村庄得到一块宅基地自建住房的农民提供制度上的空间。

2. 成员使用权只能在集体经济组织内部流转,但为给放活流转使用权创造条件需要进行铺垫性改革

根据《土地管理法》《民法典》和国家相关政策,集体经济组织成员以家庭为单位,可以按照"集体所有、成员使用,一户一宅、限定面积,无偿分配、长期占有"的制度框架申请和使用一处宅基地,取得具有用益物权属性的宅基地成员使用权。这种宅基地成员使用权,类似农村土地承包经营权,是以成员权为基础的"身份资格权"与以财产权为属性的"使用权"的复合体。由于成员权是集体所有制的核心、不可向非本集体经济组织成员流转,因而宅基地成员使用权作为一个整体,也不可向非本集体经济组织成员流转。在此基础上,放活的是从成员使有权(类似农户承包经营权)中分离出来的"流转使用权"（类似承包土地的经营权）。为放活流转使用权，需要对成员使用权进行铺垫性改革：一是对超占部分实行有偿使用。目前农村普遍存在超标准占地、建新不拆旧、一户多宅等问题，造成成员之间宅基地占有不均。一旦放活流转使用权，实物占有上的不公，就会显性化、货币化，给农村社会稳定带来压力。为解决这个问题，可借鉴四川省泸县等地经验，对超占部分，能清退的清退，不能清退的实行有偿使用[①]。二是停止免费申请。免费申请宅基地建房，是成员权的重要体现，也是保障农民住有所居的重要制度安排。但造成的问题也是明显的，特别是老成员的宅基地不退出、新成员免费申请宅基地建房，造成宅基地闲置与村庄建设占地持续增长并存。如果放活流转使用权，势必刺激一些地方的农户大量申请建房。鉴于城镇规划区外的乡村人口总量在持续性减少、存量闲置宅基地大量存在，城镇规划区内实际上长期无宅基地可分，停止宅基地福利分配的条件日渐成熟。在矛盾突出的地方，可选定一个改制时点，做一次性了断，对符合"一户一宅"条件而没有分到宅基地的给予补偿。三是明确使用期限。与土地承包期有明确的年限、经营权流转期限不能超过剩余承包期不同，宅基地的成员使用权没有明确的期限，一旦放活流转使用权，就无法对流转使用权的期限进行规制。可考虑以改制时点为起点，明确成员使用权的期限为70年，到期后家庭成员仍在实际居住的顺延70年，没有家庭成员实际居住的可以依法自愿有偿退回集体经济组织，或者以缴纳土地使用费为条件由不在村继承者继续持有；流转使用权的期限不超过成员使用权的剩余期限。

3. 流转使用权可以通过多种途径扩大开放性

从受让对象看，按县域内农村集体经济组织成员、县域外农村集体经

[①] 全国农村宅基地制度改革试点之一的四川省泸县，在全县开展宅基地有偿退出、有偿使用、审批方式等改革探索，形成宅基地"法定无偿、节约有奖、超占有偿、退出补偿"的使用制度和"规划引领、总量管控、有偿调剂、村民自治"的管理制度，已有2.3万户退出宅基地1.8万余亩。相关情况见杨秀彬（2019）。

济组织成员、下乡创业、下乡居住的优先序,逐步纳入受让人范围,且要严格限制受让宗数和面积,防止圈地和炒作[①]。从流转用途看,以满足外来人口自住、发展休闲观光养老等产业的需要为主。严格实行土地用途管制,严禁利用流转来的宅基地建别墅大院和私人会馆。从流转主体看,可以由集体成员独自流转,也可以由村集体成立农民住房合作社统一流转。为规范市场秩序,可以由地方政府对流转合同进行鉴证[②]。从流转方式看,鼓励发展农房出租,可以短租,也可以长租;可以整体出租,也可以分割出租。鼓励村集体经济组织利用闲置农房和宅基地,或者自营,或者出租,或者以使用权与外部工商资本联营、合作,发展休闲、旅游、养老等产业。探索集体经济组织成员与外部人员合作建房,分割给外部人员的部分界定为经营性建设用地使用权,使用权到期后由成员使用权人收回并恢复为宅基地使用权[③]。允许农民住房财产权抵押,所占用的宅基地使用权一并抵押,处置抵押物时的受让人不必限制在本集体经济组织范围内,可比照前述受让人优先序。允许农民住房财产权继承,所占用的宅基地使用权一并继承,如继承人为非本集体经济组织成员,需向土地所有权人缴纳土地有偿使用费。

(三)以提高配置效率为目标,进一步扩大集体经营性建设用地产权结构的开放性

按照《土地管理法》,集体经营性建设用地只能由本集体经济组织直接

---

① 全国宅基地制度改革试点之一的浙江省义乌市,已实现市域内农村集体经济组织成员跨村、跨镇街购买宅基地使用权。相关情况见:改革勇立潮头! 义乌率先在浙江开展宅基地跨村跨镇街安置试点[EB/OL].(2019-01-06)[2020-03-01]. https://www. thepaper. cn/newsDetail _ forward _ 2819954. 此前,浙江省乐清市也已探索跨村"农对农"宅基地使用权交易。见刘同山(2016)。

② 浙江省象山县在推进宅基地"三权分置"改革中,由宅基地所在的乡镇政府对流转合同进行鉴证,有利于规范流转双方的行为。见叶剑平等(2018)。

③ 贵州省湄潭县农民自己住二楼,将多余房屋出租或自己经营商铺、茶叶加工作坊、农家乐、乡村宾馆等的情形较多。针对这种情形,他们创设了"综合类集体建设用地"的地类,把作为宅基地取得的,但由于部分改变用途的土地归入这种地类。相应地,他们创新性地进行综合类集体建设用地的分割登记,允许相应经营性建设用地进入市场。通过分割登记,宅基地中的一部分转变为经营性建设用地,可以向外部人员流转。四川省泸县也通过分割登记,允许农户以合法的宅基地使用权独资、联合,与社会资本合作共建共享居住、商住和经营性用房,出资方获得一定年限的集体建设用地使用权。见唐健、谭荣(2019)。

使用或者以土地使用权入股、联营,与外来资本共同兴办企业;除因企业破产、兼并等情形致使土地使用权依法发生转移外,农民集体所有的土地的使用权不得出让、转让或者出租用于非农业建设。这种规定制约了这部分土地资源配置效率的提高。应按"规划管控、直接入市,用途管制、利益平衡,统一市场、权能平等"的总体思路,进一步扩大集体经营性建设用地产权结构的开放性。"规划管控、直接入市",就是在符合土地利用总体规划的前提下,可以不经国家征收而直接以出让、租赁、入股等方式转移集体经营性建设用地使用权。"用途管制、利益平衡",就是合理确定集体经营性建设用地入市后的用途,把握好集体土地所有者从直接入市中所能获得的收益与从土地征收中所能获得的补偿之间的平衡,直接入市增值收益在集体土地所有者与政府之间的分配平衡。"统一市场、权能平等",就是建立城乡统一的建设用地市场,集体经营性建设用地与国有建设用地在不动产登记、出让年限、抵押担保等方面具有相同的权能。

按上述思路深化改革,需要在五个方面进行重点探索:一是探索异地入市途径。在一些地方,历史形成的存量集体经营性建设用地,乃至存量集体公益性建设用地,空间上高度分散,配套设施条件差,就地入市难以彰显其市场价值。可考虑以县域为单元,选择区位和配套条件较好的地区建立产业集聚区,通过等量置换的方式,把分散的存量建设用地集中起来,在产业集聚区异地入市①。二是探索扩大土地使用权入市的用途。根据目前集体经营性建设用地入市改革方案,入市后的用途已很广泛,包括工矿仓储、商业服务等,争论的焦点是集体土地入市后能否用于建设商品住房。为规避这个争论,有关部门又提出了利用集体土地建设只租不售的"租赁

---

① 全国33个改革试点范围内的浙江德清、河南长垣、山西泽州、辽宁海城等地,通过集体建设用地调整入市建设乡(镇)工业园区,为促进乡村产业集聚、转型发展提供了有效平台。相关信息见:国务院关于农村土地征收、集体经营性建设用地入市、宅基地制度改革试点情况的总结报告:2018年12月23日在第十三届全国人民代表大会常务委员会第七次会议上[R/OL].(2018-12-23)[2020-03-01]. http://www.npc.gov.cn/npc/c12491/201812/3821c5a89c4a4a9d8cd10e8e2653bdde.shtml.

住房"。根据目前相关操作办法,在利用集体土地建租赁住房的情形中,土地使用权是否能够发生转移,并没有明确规定①。考虑到集体经济组织自行开发的能力有限,建议明确规定集体土地使用权可以通过出让的方式用于建设租赁住房乃至共有产权房②。三是探索集体经营性建设用地使用权再转让的新途径。应允许集体经营性建设用地使用权人以多种途径再转让、再租赁土地使用权,包括以出让方式取得的集体经营性建设用地资产上市③。四是探索集体公益性建设用地入市方式。参照集体经营性建设用地入市做法,盘活集体公益性建设用地资源。五是探索增量集体建设用地入市办法。在土地利用总体规划确定的城乡建设用地范围内,可以不经国家征收的集体土地④,应允许土地所有权人通过出让、租赁、入股等方式交由单位或者个人使用。

(四)以提高治理效率为目标,进一步扩大集体非土地经营性资产产权结构的开放性

集体土地之外的其他集体经营性资产,由于不存在像"坚持农村土地集体所有权"⑤那样的硬性要求,其所有权可以买卖⑥,也可以在集体成员

---

① 2017 年 8 月 21 日,国土资源部和住房城乡建设部印发《利用集体建设用地建设租赁住房试点方案》(国土资发〔2017〕100 号)。该方案规定,"村镇集体经济组织可以自行开发运营,也可以通过联营、入股等方式建设运营集体租赁住房"。按此规定,用于建设租赁住房的集体土地的土地使用权并没有发生转移。但在实际操作过程中,上海等地却通过公开市场出让这类土地的土地使用权,而且出让年限为 70 年。相关报道见:程成.上海首次公开出让农村集体建设用地建设租赁住房,央企华润以 1.25 亿底价竞得[N].每日经济新闻,2018-10-23.
② 北京已允许集体土地建共有产权房,共有产权房将对外出售,从而使集体土地使用权按产权比例转移至共有产权房的购买者。相关报道见:陈雪柠,曹政.北京市首推集体土地共有产权房[N].北京日报,2018-12-28.
③ 全国 33 个改革试点范围内的江苏武进,以出让方式取得的集体经营性建设用地资产已成功上市。相关信息见:国务院关于农村土地征收、集体经营性建设用地入市、宅基地制度改革试点情况的总结报告:2018 年 12 月 23 日在第十三届全国人民代表大会常务委员会第七次会议上[R/OL].(2018-12-23)[2020-03-01].http://www.npc.gov.cn/npc/c12491/201812/3821c5a89c4a4a9d8cd10e8e2653bdde.shtml.
④ 《土地管理法》修正案规定的六种可以征收的情形之外的集体土地。
⑤ 这是党的十八届三中全会《决定》中的要求。
⑥ 如乡镇企业改制中的做法。

中分割①,其产权结构本可以比上述三类集体土地的产权结构更加开放,但实际却是更加封闭,导致赋予农民集体资产股份权能改革进展艰难。这主要是由于对集体资产与集体经济组织、集体经济组织与社区自治组织的互相关系、各自功能缺乏正确认识。在目前这种把集体资产与集体经济组织相捆绑、集体经济组织与社区自治组织相混淆的情形下,集体经营性资产的产权结构势必是封闭的。这固然有利于防止部分农民过早地转让集体资产股份而遭受损失、维持集体经济组织承担的社会功能,但也要看到集体经济组织成员不能用脚投票必然产生的治理问题。

应随着市场发育程度的提高、集体经济组织成员收入的多元化,逐步扩大集体经营性资产产权结构的开放性。第一步:在清产核资、折股量化的基础上,允许本集体成员增资扩股、持有的股份向外部人员流转,允许本集体成员以集体资产股份抵押担保,允许非本集体成员继承本集体成员持有的集体资产股份。第二步:借鉴漯河、湄潭等地经验②,允许本集体以外的管理、技术人才参股,增强集体经济组织的活力。第三步:允许社会资本进入,发展混合所有制经济,改善治理结构。需要注意的是,在湄潭等地的改革实践中,把土地纳入折股量化的范围,使扩大股权结构开放性面临难题。而温州等地则把土地和非土地资产分开,分别成立土地股份合作社和股份经济合作社,前者严格由具有成员权的人组成,后者可向外部人员开放,这类经验更具推广性。

四、共性问题与解决思路

扩大承包地、宅基地、集体经营性建设用地、集体非土地经营性资产产权结构开放性,虽然各自的着力点有所不同,遇到的实际问题五花八门,但

---

① 如珠三角地区部分村集体经济组织由于管理不善、矛盾突出,最终选择解散。
② 相关信息见周群力、程郁(2018),程郁、万麒雄(2018)。

关键性问题是相同的,需要采取措施一并解决。

(一)尽快明确农村集体经济组织成员界定办法

扩大集体产权结构开放性,本质上是要将原先仅限于集体成员持有的部分权能让渡给非本集体成员。这就涉及对集体成员身份的界定。有四个核心问题需要明确:一是存量成员的界定。可综合考虑历史因素、目前居住地、对集体成员权的依存度等,选择一个改制时点,一次性确定本集体经济组织成员。在农村集体产权制度改革过程中,各地在这方面积累了很多经验,可将成熟的经验提炼、总结为一般性规则。二是增量成员的界定。鉴于集体成员的就业结构和居住地正在发生急剧变化,成员权对不同类型人口的重要性存在较大差异,可考虑分两种情形确定:家庭成员全部外出、对集体经济组织不能履行义务的,其家庭新增成员不再自动获得集体经济组织成员权;家庭成员中有人在本集体经济组织所在地居住生活的,其新增家庭成员如果在本集体经济组织所在地居住生活、能够对本集体经济组织履行义务的,可自动获得该集体经济组织成员权。三是成员权与户籍、自治组织成员分离。随着成员权的财产权属性增强,拥有成员权的人,如进城落户人员,户籍可以不在该集体经济组织所在地,也可以不参加该集体经济组织所在地的社区自治组织。四是允许单项成员权的存在。成员权体现在土地承包经营权、宅基地申请权、集体资产份额权等方面,随着单项成员权的退出,如承包地、宅基地的退出,一些成员可能只拥有剩下的成员权。

(二)加快各类集体资产的确权登记颁证

对各类集体产权的权能进行分割,允许部分权能转移给非本集体经济组织成员,必须以摸清家底、建立台账、对各类集体产权进行清晰界定为起点。一要尽快完成对集体土地所有权的确权登记发证。目前,一些地方农村集体土地所有权确权登记发证工作依然滞后,有些地方已颁证的农村集体土地所有权只确权登记到行政村农民集体一级,没有确认到每一个具有所有权的农民集体,应尽快采取措施高质量完成确权登记发证。对历史原因造成的集体与集体、集体与国家在土地所有权上的纷争,应尊重现实,稳慎解决。二要尽快完成土地承包经营权、宅基地成员使用权、集体经营性建设用地使用权的确权登记发证。对土地承包经营权,大部分地区已完成确权登记,应尽快发证到户;需要注意的是,应允许人均土地面积少、农民就业和收入高度非农化的地区实行确权确股不确地,避免造成土地细碎化。对宅基地成员使用权,应按不同时期的政策口径分别掌握,房地一体确权登记发证;对超标部分,能清退的必须坚决清退,因不可分割而不能清退的必须实行有偿使用,并在宅基地使用权证中注明。对集体经营性建设用地使用权,应充分考虑历史原因,灵活掌握"合法取得"的尺度。

(三)推进相关法律的立改废释

扩大集体产权结构的开放性,需要对相关法律的禁止性规定进行修正。2018 年修正后的《农村土地承包法》已允许承包地经营权抵押融资和再转让,2019 年修正后的《土地管理法》和《城市房地产管理法》也废除了集体土地使用权不得出让或出租用于非农业建设的规定。下一步需要加快废除《民法典》中关于农村集体土地不得抵押的相关条款,需要对《宪法》和《土地管理法》中"城市的土地属于国家所有"作出新的司法解释。同时,需要根据宅基地"三权分置"改革积累的经验,适时对《土地管理法》进行新一轮修正;需要加快农村集体经济组织法立法进程,重点是对集体经济组织的职能和治理结构、成员权的界定和权能范围等进行规范。

附表6-1　改革开放以来农村集体产权结构开放性的演变脉络

政策出处	农用地	宅基地	集体经营性建设用地	非土地集体经营性资产
1982年颁布的《村镇建房用地管理条例》		"严禁买卖、出租和违法转让建房用地"；"回乡落户的离休、退休、退职职工和军人、回乡定居的华侨、建房需要宅基地的，应向所在生产队申请"；"集镇内非农业户建房需要用地的，应提出申请，由管理机构与有关生产队协商，参照第十四条的规定办理"	"全民所有制单位，包括同社队联营企业在内，其建设用地，应按国家建设用地的规定办理。非农业人口兴办的集体所有制国家建设用地，参照国家建设用地的规定办理"	
1984年中央1号文件	"社员在承包期内，因无力耕种或转营他业而要求不包或少包土地的，可以将土地交给集体统一安排，也可以经集体同意，由社员自找对象协商转包"；"自留地、承包地均不准买卖，承包地不准出租"			
1986年颁布的《土地管理法》		"城镇非农业户口居民建住宅，需要使用集体所有的土地的，必须经县级人民政府批准，其用地面积不得超过省、自治区、直辖市规定的标准，并参照国家建设征用土地的标准支付补偿费和安置补助费"	"全民所有制企业、城市集体所有制企业同农业集体经济组织共同投资举办的联营企业，需要使用集体所有的土地的……也可以由农业集体经济组织按照协议将土地的使用权作为联营条件"	

213

续 表

政策出处	农用地	宅基地	集体经营性建设用地	非土地集体经营性资产
1987 年中央 5 号文件	"长期从事别的职业,自己不耕种土地的,除已有规定者外,原则上应把承包地交回集体,或经集体同意后转包他人"			
1990 年发布的《国务院批转国家土地管理局〈关于加强农村宅基地管理工作请示的通知〉》	"农民集体所有的土地,可以由本集体经济组织以外的单位或者个人承包经营,从事种植业、林业、畜牧业、渔业生产";	"对不合理分户超前建房、不符合法定结婚年龄和非农业户口的,不批准宅基用地"		"小企业可以租赁或出售给个人经营"
1998 年修订后的《土地管理法》	"农民集体所有的土地由本集体经济组织以外的单位或者个人承包经营的,必须经村民会议三分之二以上成员或者三分之二以上村民代表的同意,并报乡(镇)人民政府批准"	将宅基地的申请主体由"农村村民"修改为"农村村民",删除了城镇非农业户口居民可以使用集体所有土地建住宅的规定	"任何单位和个人进行建设,需要使用土地的,必须依法申请使用国有土地"; "农村集体经济组织……与其他单位、个人以土地使用权入股、联营等形式共同举办企业的,应当持有关批准文件,向县级以上地方人民政府、行政主管部门提出申请"; "农民集体所有的土地的使用权不得出让、转让或者出租用于非农业建设;但是,符合土地利用总体规划并依法取得建设用地的企业,因破产、兼并等情形致使土地使用权依法发生转移的除外"	

续　表

政策出处	农用地	宅基地	集体经营性建设用地	非土地集体经营性资产
1999 年发布的《国务院办公厅关于加强土地转让管理严禁炒卖土地的通知》		"农民的住宅不得向城市居民出售,也不得批准城市居民占用农民集体土地建住宅;有关部门不得为违法建造和购买的住宅发放土地使用证和房产证"	"农民集体土地使用权不得出让、转让或出租用于非农业建设;对符合规划并依法取得建设用地使用权的乡镇企业,因发生破产、兼并等致使土地使用权必须转移的,应当严格依法办理审批手续"	
2003 年实施的《农村土地承包法》	"通过家庭承包取得的土地承包经营权可以依法采取转包、出租、互换、转让或者其他方式流转","在同等条件下,本集体经济组织成员享有优先权";"不宜采取家庭承包方式的荒山、荒沟、荒丘、荒滩等农村土地,可以采取招标、拍卖、公开协商等方式承包","本集体经济组织成员享有优先承包权";"发包方将农村土地发包给本集体经济组织以外的单位或者个人承包,应当事先经本集体经济组织成员的村民会议三分之二以上成员或者三分之二以上村民代表的同意,并报乡(镇)人民政府批准"			

215

续 表

政策出处	农用地	宅基地	集体经营性建设用地	非土地集体经营性资产
2004 年发布的《国务院关于深化改革严格土地管理的决定》		"禁止城镇居民在农村购置宅基地"(将严禁止的主体范围由"城市居民"扩大为"城镇居民")	"禁止农村集体经济组织非法出让、出租集体土地用于非农业建设";"在符合规划的前提下,村庄、集镇,建制镇中的农民集体所有建设用地使用权可以依法流转"	
2004 年发布的《国土资源部印发〈关于加强农村宅基地管理的通知〉的意见》		"严禁城镇居民在农村购置宅基地,严禁为城镇居民在农村购买和违法建造的住宅发放土地使用证"		
党的十七届三中全会《中共中央关于推进农村改革发展若干重大问题的决定》	"允许农民以转包、出租、互换、转让、股份合作等形式流转土地承包经营权"		"在土地利用规划确定的城镇建设用地范围外,经批准占用农村集体土地建设非公益性项目,允许农民依法经营并保障农民合法权益";"逐步建立城乡统一的建设用地市场,对依法取得的农村集体经营性建设用地,必须通过统一有形的土地市场,以公开规范的方式转让土地使用权,在符合规划的前提下与国有土地享有平等权益"	

续　表

政策出处	农用地	宅基地	集体经营性建设用地	非土地集体经营性资产
党的十八届三中全会《中共中央关于全面深化改革若干重大问题的决定》	"赋予农民对承包地占有、使用、收益、担保权能，允许农民以承包经营权入股发展农业产业化经营"；"鼓励承包经营权在公开市场上向专业大户、家庭农场、农民合作社、农业企业流转，发展多种形式规模经营"	"保障农户宅基地用益物权，改革完善农村宅基地制度，选择若干试点，慎重稳妥推进农民住房财产权抵押、担保、转让"	"在符合规划和用途管制前提下，允许农村集体经营性建设用地出让、租赁、入股，实行与国有土地同等入市、同权同价"	"保障农民集体经济组织成员权利，积极发展农民股份合作，赋予农民对集体资产股份占有、收益、有偿退出及抵押、担保、继承权"
2017年中央1号文件		"探索农村集体组织以出租、合作等方式盘活利用空闲农房及宅基地"	"允许通过村庄整治、宅基地整理等节约的建设用地采取入股、联营等方式支持乡村休闲旅游养老等产业和农村三产融合发展"	
2018年中央1号文件	"完善农村承包地'三权'分置制度，在依法保护集体土地所有权和农户承包权前提下，平等保护土地经营权"；"农村承包经营权可以依法向金融机构融资担保，入股从事农业产业化经营"	"完善农民闲置宅基地和闲置农房政策，探索宅基地所有权、资格权、使用权'三权'分置，落实宅基地集体所有权，保障宅基地农户资格权和农民房屋财产权，适度放活宅基地和农房使用权，不得违法买卖宅基地，严格实行土地用途管制，严格禁止下乡利用农村宅基地建设别墅大院和私人会馆"		"维护进城落户农民土地承包权、宅基地使用权、集体收益分配权，引导进城落户农民依法自愿有偿转让上述权益"

续　表

政策出处	农用地	宅基地	集体经营性建设用地	非土地集体经营性资产
2019年1月24日公开发布的《中共中央、国务院关于支持河北雄安新区全面深化改革和扩大开放的指导意见》	"允许农民转让土地承包权"	"允许农民转让……宅基地资格权"		"允许农民……以集体资产股权入股企业或经济组织"

第七章　从消除绝对贫困转向
缓解相对贫困

一、我国消除绝对贫困的历程

在过去40多年间,我国经济持续快速增长让大多数人受益并摆脱贫困,实施区域协调发展和城乡统筹发展战略增加了边远地区和农村的发展机会,政府主导的专项扶贫规划使涓滴效应难以惠及、包容性增长难以覆盖的人群得到有效帮助。涓滴效应、包容性增长和政府主导的专项扶贫规划,各有各的功能,各自发挥了不可替代的作用,都是我国40多年来有效减贫的重要途径(叶兴庆,2016)。但在过去40多年的不同阶段,推动减贫的力量有较大差异。

(一)农村改革推动的减贫(1979—1985年)

中华人民共和国成立后,我国农业生产得到一定发展,农村面貌也发生了较大变化,但受僵化的农业体制、城乡分割的二元制度等因素影响,直至1978年我国仍面临着较严重的贫困状况。随着农村改革揭开序幕,一系列农村经济制度创新激发了农村经济活力,推动了农业快速发展,使大量农村贫困人口摆脱贫困。如推行家庭联产承包经营制度、赋予农民土地使用权和经营决策权,改革农产品流通体制、提高农产品的国家收购价格,调整放活农村工商业、发展乡镇企业,解放和发展了农村生产力,拓宽了农民就业和增收渠道,使 1979—1985 年全国粮食产量年均增长 3.2%、第一产业增加值年均增长 6.5%、农民人均收入年均增长 15.2%(李小云、许汉泽,2018)。与此同时,我国开始实施针对贫困地区的专项扶持措施。如 1980 年起设立中央财政"支援经济不发达地区发展资金",1983 年起设立中央财政"'三西'地区(甘肃定西、河西和宁夏西海固)农业建设专项补助资金",1984 年发布《中共中央、国务院关于帮助贫困地区尽快改变面貌的通知》,1984 年起实施"以工代赈"计划支持贫困地区小型基础设施建设(汪三贵等,2017)。

农村改革和针对贫困地区的扶持政策发挥了明显的减贫作用。按我国 1978 年贫困标准,全国农村贫困人口数从 1978 年的 25000 万人减少到 1985 年的 12500 万人,贫困发生率从 30.7%下降到 14.8%;按我国 2010 年贫困标准,全国农村贫困人口数从 1978 年的 77039 万人减少到 1985 年的 66101 万人,贫困发生率从 97.5%下降到 78.3%(见表 7-1)。

(二)工业化、城镇化和开发式扶贫推动的减贫(1986—2012 年)

经济增长的涓滴效应是减贫的最大推动力量。世界银行也认为,中国的减贫成就很大程度上归功于有力的经济增长和经济改革(World Bank,2018a)。一方面,工业化与城镇化的快速发展,吸纳了大量农业剩余劳动力从农业转向非农产业、从农村转向城市就业,并促进了资金回流农村,增加了农业和农村非农产业的投资(汪三贵,2008)。20 世纪 80 年代中期以后,乡镇企业得到快速发展,特别是随着我国经济体制改革的重心转向城市和 2001 年加入 WTO,农村工业化和全国工业化、城镇化进入快速发展阶段。1986—2012 年,我国 GDP 年均增长 9.9%,全国第一产业就业占比从 1986 年的 60.9% 下降到 2012 年的 33.6%,乡村就业占比从 74.1% 下降到 2012 年的 51.6%。非农就业的增加,使全国农民收入构成中的工资性收入占比,从 1986 年的 22.6%[①]上升到 2012 年的 43.6%。另一方面,农业的快速发展和高益贫性是农村减贫的重要贡献者。我国的土地分配较为平均,且贫困人口集中于农村,家庭收入主要来自农业,所以农业发展具有明显的减贫效果。据专家研究,1979—2007 年,第一产业增长的减贫弹性为 -1.13,是整体经济增长减贫弹性的 2.2 倍(汪三贵,2008)。按可比口径计算,农业贡献了 1983—2012 年我国农民人均纯收入增长额的 38%,农业贡献了 2002—2012 年底层 40% 农户人均纯收入增长的 23%(吴国宝,2018)。

包容性发展战略使贫困地区和农村获得更多的发展机会。随着工业化与城镇化水平提高到一定程度,经济增长的涓滴效应出现递减,中西部地区特别是"老少边"地区的经济社会发展状况与全国平均水平的差距逐渐扩大,城乡二元体制阻碍农村进一步分享经济增长成果。为此,我国实施了区域协调发展和城乡统筹发展战略。从 1999 年起实施西部大开发战略,加强西部地区特色优势产业、基础设施、生态环境建设;从 2002 年起实施统筹城乡发展战略,逐步破除城乡二元体制,并在农村建立起各种社会保障制度,促进了基本公共服务均等化;从 2003 年起逐步实施新型农村合作医疗制度;从 2004 年起全面实施农业补贴和主要农产品托市收购政策;从 2005 年起逐步实施农村义务教育阶段免教科书费、免杂费和补助寄宿生生活费的"两免一补"政策;从 2006 年起正式取消农业税;从 2007 年起全面实施农村最低生活保障制度;从 2009 年起逐步实施新型农村社会养老保障制度。工业化与城镇化的涓滴效应、农业的发展以及城乡和区域协调发展战略的有力实施,成为这个阶段我国农村减贫的强

---

① 因缺乏工资性收入的统计数据,此数值采用《中国统计年鉴(1987)》的农民家庭非农业生产收入比重予以代替,非农业生产收入是指农民从事农村工业、建筑业、运输、商业、饮食业得到的纯收入。

有力推动力量。

由于区位条件非常不利、人力资本匮乏,总有一部分乡村和农户,涓滴效应难以惠及,包容性增长难以覆盖,需要靠政府主导的专项扶贫规划帮助他们增加收入、摆脱贫困(叶兴庆,2017)。为此,我国从1986年开始采用瞄准式的专项减贫措施:一是建立系统化的扶贫体制机制。成立国务院贫困地区经济开发领导小组[①],在1994年出台第一个具有明确目标任务和措施的纲领性文件,即《国家八七扶贫攻坚计划(1994—2000年)》[②];随后陆续颁布了《中国农村扶贫开发纲要(2001—2010年)》和《中国农村扶贫开发纲要(2011—2020年)》。二是瞄准贫困县、贫困户和贫困村。1986年开始实行以贫困县为瞄准单元的区域开发式扶贫策略,确定了18个集中连片贫困区域(李小云等,2018)和331个贫困县,1994年确定了592个国家扶贫开发工作重点县,2011年确定了680个集中连片特殊困难地区县,扣除两者重叠的数字后,目前贫困县总数为832个[③],覆盖了贫困人口总数的71%(汪三贵、曾小溪,2018)。中央对这些贫困县在资源开发、扶贫资金和物资投入等方面实行倾斜性的区域特殊政策。同时,也强调把贫困户、贫困村作为瞄准对象,让扶贫资源能够覆盖到贫困县中的贫困人口。《国务院关于加强贫困地区经济开发工作的通知》(国发〔1987〕95号)强调,扶贫要落实到户,要摸清温饱不稳定的贫困人口底数,明确扶贫对象,食不果腹、衣不蔽体、房不避风雨的"三不户"是经济开发扶持的重点对象,五保户和没有生产能力的救济户归属于农村社会保障范围。《国家八七扶贫攻坚计划(1994—2000年)》要求为贫困户创造稳定解决温饱的基础条件,并将工作指标量化到户,在有条件的地方,人均建成半亩到一亩稳产高

---

① 1993年改称国务院扶贫开发领导小组。

② "八七扶贫攻坚计划"中的"八"是指按当时贫困标准计算全国还有农村贫困人口8000万人,"七"是指1994—2000年的7年时间,即用7年时间消除8000万贫困人口。

③ 资料来源:马骅.国务院扶贫办:贫困县数量历史首次净减少[EB/OL].(2017-11-01)[2020-03-01].http://cn.chinagate.cn/news/2017-11/01/content_50049917.htm.

产的基本农田,户均一亩林果园或一亩经济作物,户均向乡镇企业或发达地区转移一个劳动力,户均一项养殖业或其他家庭副业,牧区户均一个围栏草场或一个"草库伦"。2001年,全国重新确定了14.8万个重点贫困村,覆盖了80%的贫困人口(杨宜勇、吴香雪,2016),并以"整村推进"的形式对其进行综合开发。三是突出开发式扶贫和多维保障。从1986年起,我国政府就强调要实行开发式扶贫,增强贫困人口自我发展能力,主要措施包括以工代赈、扶贫贴息贷款、财政发展资金、科技扶贫、开发产业、移民搬迁等(汪三贵,2008)。《中国农村扶贫开发纲要(2001—2010年)》突出了产业化扶贫、劳动力转移培训、教育扶贫、易地扶贫搬迁等新措施,强调贫困地区在基础设施、教育、医疗卫生、文化、生态等领域综合全面发展。《中国农村扶贫开发纲要(2011—2020年)》把脱贫的标准拓宽为"两不愁、三保障"(不愁吃、不愁穿,义务教育、基本医疗和住房安全有保障)。四是广泛动员地方和社会力量。在中央政府主导下,明确资金、任务、权利、责任"四个到省"的扶贫工作责任制。建立社会扶贫机制,推行对口支援、定点扶贫等措施,动员国家机关和社会各界积极开展扶贫济困活动。

工业化、城镇化和农业的快速发展,包容性发展政策的实施,特别是政府主导实施大规模瞄准式扶贫计划,使我国农村贫困人口大幅度下降。按我国2010年贫困标准,全国农村贫困人口从1985年的66101万人减少到2012年的9899万人,贫困发生率从78.3%下降到10.2%。

(三)补全面建成小康社会短板推动的减贫(2013—2020年)

中共十八大重申,必须实现到2020年全面建成小康社会的目标。而要实现这一目标,必须找准和集中力量攻克经济社会发展的短板。农村绝对贫困现象的存在,无疑是最突出的短板。正如习近平总书记强调的,"没有农村贫困人口全部脱贫,就没有全面建成小康社会"[①]。为此,我国制定了精准扶贫、精准脱贫的新方略:一是在继续采用区域瞄准的基础上,更加重视到户到人的个体瞄准。以 14 个集中连片特困地区、832 个贫困县和 12.8 万个贫困村为区域重点[②],通过建档立卡精准识别贫困人口(汪三贵等,2017)。2014 年,全国共识别出 2948 万户贫困家庭、8962 万贫困人口,随后 4 年间通过"回头看"和动态调整,补录了 1656 万贫困人口,剔除识别不准人口 1341 万(刘永富,2019)。二是根据贫困人口致贫原因和脱贫需求,量身定制扶持措施。总体思路是实施"五个一批",即:发展生产脱贫一批、易地扶贫搬迁脱贫一批、生态补偿脱贫一批、发展教育脱贫一批、社会保障兜底一批。三是建立政府与社会共同参与的动员体系。一方面,建立五级书记抓扶贫的工作责任制和严格的监督考核制度,加大中央和地方财政资金投入力度。另一方面,完善全社会共同参与扶贫的动员体系。加大了东西部扶贫协作、中央和国家机关企事业单位和军队定点扶贫力度,强化驻村帮扶,共选派 24.2 万个驻村工作队、90.6 万名驻村干部增强一线力量;广泛动员社会组织参与扶贫,动员了 7.64 万家民营企业结对帮扶 4.88 万个贫困村(刘永富,2019)。

精准扶贫、精准脱贫新方略取得了明显成效。全国农村贫困人口从 2012 年的 9899 万人减少到 2019 年的 551 万,贫困发生率从 10.2% 下降到 0.6%(见表 7-1)。到 2020 年底,全国农村贫困人口已全部清零。

---

① 中共中央党史和文献研究院.习近平关于"三农"工作论述摘编[M].北京:中央文献出版社,2019:25.

② 从 2018 年开始,脱贫攻坚的重点转向 334 个深度贫困县和 3 万个深度贫困村。

表 7-1　我国农村贫困标准与贫困状况

年份	1978 年标准			2008 年标准			2010 年标准		
	现价贫困标准（元/人）	贫困人口（万人）	贫困发生率（%）	现价贫困标准（元/人）	贫困人口（万人）	贫困发生率（%）	现价贫困标准（元/人）	贫困人口（万人）	贫困发生率（%）
1978	100	25000	30.7				366	77039	97.5
1980		22000	26.8				403	76542	96.2
1981		15200	18.5						
1982		14500	17.5						
1983		13500	16.2						
1984	200	12800	15.1						
1985	206	12500	14.8				482	66101	78.3
1986	213	13100	15.5						
1987	227	12200	14.3						
1988	236	9600	11.1						
1989	259	10200	11.6						
1990	300	8500	9.4				807	65849	73.5
1991	304	9400	10.4						
1992	317	8000	8.8						
1994	440	7000	7.7						
1995	530	6540	7.1				1511	55463	60.5
1997	640	4962	5.4						
1998	635	4210	4.6						
1999	625	3412	3.7						
2000	625	3209	3.5	865	9422	10.2	1528	46224	49.8
2001	630	2927	3.2	872	9029	9.8			
2002	627	2820	3.0	869	8645	9.2			
2003	637	2900	3.1	882	8517	9.1			
2004	668	2610	2.8	924	7587	8.1			

续　表

年份	1978 年标准			2008 年标准			2010 年标准		
	现价贫困标准（元/人）	贫困人口（万人）	贫困发生率（%）	现价贫困标准（元/人）	贫困人口（万人）	贫困发生率（%）	现价贫困标准（元/人）	贫困人口（万人）	贫困发生率（%）
2005	683	2365	2.5	944	6432	6.8	1742	28662	30.2
2006	693	2148	2.3	958	5698	6.0			
2007	785	1479	1.6	1067	4320	4.6			
2008				1196	4007	4.2			
2009				1196	3597	3.8			
2010				1274	2688	2.8	2300	16567	17.2
2011							2536	12238	12.7
2012							2625	9899	10.2
2013							2736	8249	8.5
2014							2800	7017	7.2
2015							2855	5575	5.7
2016							2952	4335	4.5
2017							2952	3046	3.1
2018							2995	1660	1.7
2019							3218	551	0.6

注:贫困人口和贫困发生率数据来自《中国统计年鉴(2019)》和《2019 年国民经济和社会发展统计公报》,现价贫困标准以国家公布的 1978 年、2008 年和 2010 年标准为基数,根据物价指数进行调整计算得出。

二、我国 2010 年的贫困标准能够满足消除绝对贫困的需要

(一)我国农村收入贫困线的演变

我国农村收入贫困线由国家统计局根据农村住户调查资料测定,包括维持基本生活的食物消费支出和非食物(衣着、住房、交通、燃料、用品、医

疗、教育和娱乐等)消费支出两部分。食物消费支出采用每人每日 2100 大卡热量的最低营养需求为标准,由一篮子基本食物消费量和相应价格计算并加总而成。非食物消费支出有两种测算方法:一是基于马丁法[①]所测算的低贫困线,代表了最低非食物需求,如基本衣着和取暖等必不可少的消费支出。低贫困线仅能维持基本温饱,其食物消费支出的比重高达 70%。二是基于恩格尔系数法[②]所测算的高贫困线,包括必要的吃穿住,以及必要的教育、健康等支出。在确定贫困农户恩格尔系数的基础上,根据食物消费支出反推非食物消费支出和总消费支出。高贫困线相比低贫困线更重视非食物消费,其非食物消费支出的比重为 40%,代表稳定温饱水平(鲜祖德等,2016)。2008 年之前,我国在马丁法和恩格尔系数法的基础上分别确定贫困线,称为"贫困线"和"低收入线"。2008 年之后,则采用以恩格尔系数法为基础的高贫困线作为农村贫困标准。

我国先后采用过三个农村贫困线,分别为"1978 年标准""2008 年标准"和"2010 年标准"。"1978 年标准"为每人每年 100 元,该标准是按 1978 年的物价水平保证每人每天 2100 大卡热量的低水平贫困标准,其食物支出比重约占 85%,且粗粮比重较高、肉蛋比重很低,按该标准,农村居民只能勉强果腹。"2008 年标准"源自国家统计局在 1998 年测算的低收入线,于 2008 年正式作为扶贫标准使用,为每人每年 1196 元,该贫困线将食物消费支出比重降低到 60%,基本满足温饱的要求,达到"有吃、有穿"的水平(鲜祖德等,2016)。"2010 年标准"为现行农村贫困标准,沿用了之前的

---

① 马丁法由经济学家 Martin Ravallion 于 1993 年提出,该方法将非食物贫困线界定为"愿意放弃食品消费而获得的商品或服务",即假定某个农户的全部收入恰好等于满足基本热量支出的食物贫困线,此时农户在食物支出外还有一部分非食物支出需要通过减少食物消费来换取,那么这部分宁可挨饿也要换取的非食物支出就是最低的非食物贫困线。

② 恩格尔系数是指食品消费支出占全部消费支出的比重。国际上一般将 60% 作为贫困警戒线,恩格尔系数达 60% 以上为贫困,50%~59% 为温饱,40%~50% 为小康,30%~40% 为富裕,低于30% 为最富裕。以恩格尔系数法测算的非食物贫困线是根据食物支出占比 60%,反推农户应该消费的非食物商品或服务(占总支出的 40%)。恩格尔系数法相比马丁法更重视非食物消费,因而所测算出来的贫困标准相对更高。

测算方法,按 2010 年物价水平为每人每年 2300 元。

(二)我国现行农村收入贫困线能够满足消除绝对贫困的需要

我国现行农村收入贫困线能基本达到联合国千年发展目标中消除极端贫穷和饥饿的要求。在食物方面,按现行标准可以保障每个人的食物支出包括每天 1 斤粮食、1 斤蔬菜、1 两肉或 1 个鸡蛋。这个水平可以保障每人每天 2100 大卡热量和 60 克左右蛋白质的摄入。这个食物标准基本达到"吃饱、适当吃好"的水平。根据国家统计局的测算,以 2014 年的价格购买上述食品,每人每天需要 3.925 元[①],再加上必需的食用油、调味品等,为每天 4.104 元,每年 1498 元(鲜祖德等,2016),约为当年贫困标准的53.5%(国家统计局住户调查办公室,2015),低于 60%的恩格尔系数贫困临界点。在非食物方面,按现行标准能够占到总消费支出的 46.5%,可以保障基本的衣、住、用、行以及义务教育、基本医疗等需求,达到国际社会基于恩格尔系数所界定的温饱生活水平。总之,按现行贫困标准,农户能够实现"不愁吃、不愁穿"。

(三)我国现行农村收入贫困线已高于世界银行极端贫困线

世界银行发布的贫困标准是最常用的国际贫困标准,自 1990 年首次发布每人每天 1 美元的极端贫困线以来,历经 3 次调整,目前为每人每天1.9 美元。1990 年,世界银行按照 1985 年购买力平价指数将 12 个最贫困国家的贫困线转换成美元,取其平均值,从而确定了每人每天 1 美元的极端贫困线[②]。由于参照国物价水平和购买力平价均会发生变化,世界银行根据各参照国的通胀率和购买力平价指数定期调整贫困标准,以保持贫困

---

① 按照农户的综合平均价,1 斤商品粮为 1.653 元、1 斤蔬菜为 1.478 元、1 两肉或 1 个鸡蛋为0.794 元,合计 3.925 元。
② 在《1990 年世界发展报告》中,世界银行测算的贫困标准为每人每天 1.01 美元。为方便记忆,简化为每人每天 1 美元。

标准在各国的实际购买力不变。2008 年,世界银行根据 15 个最贫困国家的贫困线和 2005 年购买力平价,将极端贫困标准从每人每天 1 美元上调到每人每天 1.25 美元;此外,世界银行根据 75 个国家的贫困线,取其中位数,确定了每人每天 2 美元的高贫困标准,在保障温饱的基础上考虑了更多的非食物基本需求。2015 年,世界银行以 2011 年为价格基期,将极端贫困线上调到每人每天 1.9 美元,高贫困线由每人每天 2 美元调到每人每天 3.1 美元。

　　贫困线的对比需要明确基期年份和购买力平价指数。为便于比较,结合世界银行贫困线制定方法,根据不同年份的购买力平价指数,将极端贫困线换算为人民币表示的贫困标准。在 2005 年前采用每人每天 1 美元的标准,按 1993 年购买力平价指数换算;在 2005—2015 年采用每人每天 1.25 美元的标准,按 2005 年购买力平价指数换算;2015 年之后采用每人每天 1.9 美元的标准,按 2011 年购买力平价指数换算。非基期年份用我国居民生活消费价格指数加以更新,最终比较的结果见表 7-2。在 2011 年之前,我国农村收入贫困线长期低于世界银行的极端贫困线,不到世界银行极端贫困线的 80%。按国家统计局测算,现行标准按购买力平价指数计算约为每人每天 2.3 美元,是世界银行每人每天 1.9 美元标准的 1.21 倍(鲜祖德等,2016)。

　　我国在实际工作中不仅要衡量贫困人口的收入水平,而且强调要做到"两不愁、三保障"。如果把贫困人口实际享受到的各类保障措施折算进收入,实际的脱贫标准比 2.3 美元的现行标准至少要高 20%(鲜祖德等,2016)。世界银行(2018b)指出,按照每人每天 1.9 美元标准,2015 年时,我国的贫困人口总数为 1000 万人,贫困发生率为 0.7%(World Bank,2018b)这个数值远低于同年我国现行标准下的 5575 万贫困人口数和 5.7% 的贫困发生率,进一步说明世界银行现行极端贫困线低于我国的现行贫困线。

虽然我国农村贫困标准能够满足消除绝对贫困的需要,但从保障水平来看仍有提升空间。"两不愁、三保障"涵盖范围有限,对标联合国可持续发展目标还有一定差距。从横向对比看,虽然我国农村贫困标准随着不断调整而高于世界银行的极端贫困线,但需要理性地看到,世界银行标准的基础是15个最穷国家的贫困线。我国现行标准仅为世界银行新制定的中等偏下收入国家贫困线(每人每天3.2美元)的72%,中等偏上收入国家贫困线(每人每天5.5美元)的42%。据世界银行测算,在2015年,我国有7%的人口(9600万人)处于每人每天3.2美元标准之下,有27.2%的人口(3.73亿人)处于每人每天5.5美元标准之下(World Bank,2018b)。与其他国家相比,我国的贫困标准同样不高,特别是与发达国家的贫困标准相差甚远。如美国一个四口之家的贫困线为年收入25707美元[1],欧盟在2015年时的贫困线折算人民币为29796元,同为发展中国家的巴西和南非,其贫困线分别是我国贫困线的5倍和2.4倍(王晓琦、顾昕,2015)。由此可见,我国现行贫困标准处于中等偏下水平,且与发达国家的贫困标准差距较大,即使相比中等收入国家水平也不高。我国在采用现行标准的基础上彻底消除极端贫困固然是历史性成就,但并不意味着减贫工作已一劳永逸。我国的贫困问题远未解决,不可过高估计现有的脱贫成就,2020年后仍需持续地推进减贫工作。

---

[1] 美国的贫困线考虑了家庭规模和子女数量,25707美元是2018年初步测算的加权之后四口之家的贫困线。数据来源:美国人口普查局(U.S. Census Bureau),https://www.census.gov/data/tables/time-series/demo/income-poverty/historical-poverty-thresholds.html。

表 7-2　我国贫困标准与世界银行贫困标准的比较

年份	中国贫困标准(元/人·年)			世界银行贫困标准(元/人·年)			中国贫困标准与世界银行贫困标准比值/%
	1978年标准	2008年标准	2010年标准	每人每天1美元	每人每天1.25美元	每人每天1.9美元	
	A			B			A/B
1995	530			691			76.7
2000	625			876			71.3
2005	683			935			73.0
2008		1196			1746		68.5
2009		1196			1734		69.0
2010		1274			1800		70.8
2011			2536		1887		134.4
2014			2800		2200		127.3
2015			2855			2356	121.2
2017			2952			2455	120.2

注:购买力平价指数可以反映消费品的真正价格,中国城乡之间存在30%左右的物价差异,因此世界银行贫困标准的购买力平价指数换算以国家统计局的测算结果为基准。国家统计局曾对比了"2010年标准"和1.9美元/人·天的世界银行极端贫困标准,测算出2011年中国现行农村贫困标准2536元按上述购买力平价指数计算约相当于每人每天2.3美元,作者基于这个结果测算了2015年的数值。2017年的世界银行贫困标准以购买力平价指数3.54进行了换算。

资料来源:国家统计局住户调查办公室(2016),王萍萍等(2006),杨国涛等(2010),王萍萍等(2015),王晓琦、顾昕(2015)。

(四)多维度改善的脱贫标准

虽然我国采用收入贫困线来衡量贫困状况,但是我国的扶贫目标从改革开放之始就没有局限于仅提高贫困群众的收入。回顾扶贫开发历程,可以发现产业、教育、卫生、文化等多个维度目标在各个阶段的扶贫政策文件中一以贯之。《国家八七扶贫攻坚计划(1994—2000年)》提出,要解决贫困群众的基础设施、教育、文化、卫生等问题。之后相继发布的《中国农村

扶贫开发纲要(2001—2010 年)》和《中国农村扶贫开发纲要(2011—2020
年)》,均强调扶贫目标包括改善生活质量的多维标准。特别是《中国农村
扶贫开发纲要(2011—2020 年)》,不仅提出了"两不愁、三保障"的脱贫标
准,而且要求实现贫困地区农民人均可支配收入增长幅度高于全国平均水
平,基本公共服务主要领域指标接近全国平均水平。党的十八大以来,精
准扶贫系列重要政策文件均沿用了"两不愁、三保障"的多维贫困标准,"五
个一批"等政策措施也突出了扶贫目标的多维度特征。在目前的脱贫验收
中,收入标准之外的考核要求涉及多个方面,不仅注重个体的多维改善,而
且注重个体所处环境的改善。如,除所有贫困户的人均纯收入必须超过
2300 元贫困线(2010 年不变价)之外,还必须保障其义务教育、基本医疗、
安全住房等。在贫困村的退出考核中,水、电、路、卫生室、文化室等基础设
施和公共服务设施也都是重要的考核指标。随着中央和地方政府不断加
大扶贫工作力度,贫困地区基础设施和公共服务水平得以显著提高,贫困
群体人居环境和外部发展条件也得到极大改善。系统性的扶贫措施有利
于促进贫困群体多维度的福利改善,为其稳定脱贫奠定基础。

三、2020 年后我国贫困的主要特征

(一)从存在形态看,以相对贫困为主

全面消除绝对贫困并不意味着贫困的终结,只要存在阶层分化,就会
存在贫困群体。我国城乡、区域、群体间发展不平衡的问题依然存在,有些
方面甚至比较突出。例如,2017 年我国城乡居民收入倍差仍高达 2.71;按
收入五等份分组,20% 高收入户与 20% 低收入户的倍差,全国居民为
10.9,全国城镇居民为 5.62,全国农村居民为 9.48。特别是农村居民的收
入分配差距在继续扩大,20% 高收入户与 20% 低收入户的倍差,从 2013

年的 7.41 扩大到 2017 年的 9.48(国家统计局,2018)。不仅收入差距明显,而且高收入群体和低收入群体之间的财产分配差距也很明显(李实、朱梦冰,2018)。从发达国家的减贫历程和我国当前形势判断,2020 年后我国贫困的存在形态将由绝对贫困转变为相对贫困。这决定了 2020 年后的贫困标准应当以相对贫困线为基准,减贫策略应当以缩小差距、为底部人群创造更多机会为目标。

(二)从空间分布看,以散点化、高流动性为主

在消除绝对贫困阶段,我国贫困人口主要集中在农村,区域集中度较高。2020 年后,相对贫困群体在空间分布上将发生较大改变。一方面,随着不断加大对贫困地区的扶持力度,集中连片的区域性贫困问题得到较大缓解。虽然贫困现象在一些地区可能依然相对集中,但就全国而言,相对贫困群体将以散点分布为主。另一方面,随着城镇化的推进,农民逐渐转移至城镇,在这个过程中必然有一部分低收入群体随之转移到城镇,导致城镇流动性贫困群体数量增加(欧阳煌,2017),加之城镇低劳动技能和从事重复性工作的群体受经济转型冲击的影响比农村居民更明显,未来城镇的贫困发生率将可能提高。尤其需要注意的是,受制于个人能力和公共服务等体制因素,农民工落入低收入群体的概率更高。以城镇居民人均可支配收入中位数的 50% 测算,我国 2015 年的城镇贫困发生率为 11.8%,但农民工的贫困发生率高达 26.3%(陈志钢等,2019)。相对贫困群体的这种空间分布及流动性特征,使得过去那种以县域为瞄准单元的减贫政策面临转型压力。

(三)从贫困人群看,以老少病残等特殊群体为主

在消除绝对贫困阶段,国家采取的精准扶贫措施使有劳动能力的农户通过产业发展和就业扶持等途径基本实现了稳定脱贫,而老少病残等特殊

群体需要靠社保兜底。转入缓解相对贫困的新阶段后，有劳动能力的人群的收入将随经济发展而逐步提高，尽管老少病残等特殊群体也将随国家社保政策力度的加大逐步提升生活水平，但大部分难以跳出低收入群体。一是我国老龄化程度将不断提高。据专家预测，全国 65 岁及以上老年人口将从目前的 1.9 亿人左右增加到 2059 年 4 亿人左右的峰值（王广州，2019）。随着农村青壮年人口向城市转移，农村老龄化问题更为严重。农村老人因为缺乏稳定收入来源和低水平的社会保障，将成为相对贫困高发群体。二是农村妇女、儿童比其他人群更易于陷入贫困。目前这种青壮年劳动力"人户分离"式转移就业产生大量留守儿童、留守妇女，他们在营养、教育、心理等方面存在不少问题，不仅影响现在的生活水平，而且也影响其未来发展。三是重病患者和残疾人将成为重要的贫困群体。大部分重病、残疾群体丧失劳动能力，对家庭造成较大的支出负担，只能通过社保兜底来维持生计。可以预见，2020 年后的大部分相对贫困人口，将是老人、病患或残疾人等特殊群体，他们将是减贫政策的主要受众。

四、2020 年后我国缓解相对贫困的基本思路

（一）按中位收入比例法制定相对贫困线

消除绝对贫困需要有一个贫困标准，以利于识别扶持对象、衡量减贫效果。转向对相对贫困群体提供日常性帮扶后，同样需要划定一个贫困标准，但在理念和方法上应与以前制定绝对贫困标准有所不同。2020 年后的贫困标准需要适应相对贫困取代绝对贫困成为贫困群体的主体、集中连片的区域性贫困分布转变为散点分布、以农村贫困为主转变为农村和城镇贫困并存的形势变化。借鉴国际经验，从我国国情出发，我们主张采用中位收入的一定比例确定相对贫困线，并随着经济发展程度的提高而逐步提

高这一比例。"十四五"期间宜以居民收入中位数的40%作为贫困标准，将大约10%的人群纳入帮扶范围①。需要指出的是，与制定绝对贫困线、把消除线下人口作为减贫政策目标不同，制定相对贫困线的主要目的是识别帮扶措施的受众，为评估各项社会政策对不同收入群体的惠顾程度提供基本参照。减少相对贫困线以下人口总量和占比，属于结构性改革问题，是一个长期、复杂的过程，难以作为"十四五"期间减贫政策的目标。

（二）建立城乡一体化扶贫体制

现行的扶贫体制采取了城乡分治的方式，各级各地的扶贫开发领导小组办公室（或扶贫开发办公室）多以议事协调机构的性质，管理和实施农村的扶贫工作，不涉及城市的贫困群体。城市的贫困救助工作由社会保障部门协调开展，没有专设的扶贫机构。城乡两套扶贫政策体系在标准、对象、目标、手段等方面存在较大差异（叶兴庆，2018）。但2020年后相对贫困和多维贫困理念的运用意味着贫困已经不再指向固定的特殊群体，而是涵盖城乡的整体性社会阶层，政策干预层面涉及多个部门。随着城市贫困群体的显著增加，加之低收入群体在城乡之间的流动性不断增强，两个标准和机构不统一的扶贫系统容易使大量的贫困群体被排斥在救助范围之外（李小云、许汉泽，2018）。因此，"十四五"期间应建立城乡统一的扶贫体制。一是统一城乡的贫困标准，这样才能统筹城乡的扶贫目标与治理机制（张琦，2016），有效地瞄准在城乡之间流动的贫困群体和特殊非农业户籍的务农群体（如国有林场、华侨农场的职工）。二是将目前精准扶贫措施中的救助保障类措施划归社会保障部门负责，促进城乡社会保障体系一体化，缩小城乡社会保障水平差距。三是将目前精准扶贫措施中的经济发展类措

---

① 在采用相对贫困线的时候，一般把居民收入平均值或中位数的30%视为"极端贫困线"、40%视为"严重贫困线"、50%视为"温和贫困线"、60%视为"常规贫困线"。"十四五"期间可采用中位收入的40%，以后随经济发展程度提高再逐步递进。

施划归农业农村部门负责,纳入乡村振兴战略框架下统筹安排。

(三)以包容性增长和多维度改善促进长期减贫

2020年后,城乡、地区和群体间的差距依然存在,因此国家还需建立健全促进包容性增长的财税金融体制,保障农业农村优先发展,给予欠发达地区和低收入群体更多的支持,帮助低收入群体实现多维度福利改善。一是在中央层面提高资金统筹力度。将具有普惠性的财政专项资金合并至一般性转移支付,给予基层政府更多自主权。二是优化财政支出结构。加大欠发达地区的基础设施和公共服务支出力度,在财政投入上保障低收入群体享受均等的教育、医疗、养老、社保等公共服务。三是扩大金融普惠性。进一步加大农村金融供给,以再贷款、产业基金、产业链金融等政策扶持涉农经营主体发展,将免抵押、免担保的扶贫小额信用贷款政策的受众面扩大至低收入群体。培育村社内部的合作金融组织,使其成为政策性金融和商业性金融下沉农村的载体。开展专业合作社探索金融服务的试点,提升农村金融服务的可获得性。加快数字金融在农村地区的运用,降低金融服务低收入群体的风险和成本。

五、2020年后我国缓解相对贫困的政策体系

(一)实施以基本公共服务均等化为基础的防贫政策

公共服务不均是收入和生活水平不均的重要原因,构建完善的公共服务体系能够减轻低收入群体的生活负担,增加其发展机会。应加快构建普惠性的社会保障体系,筑牢防贫安全网。一是在财政投入上补足欠发达地区和农村的基本公共服务短板。强化欠发达地区和农村的学校、医院与养老设施建设,提高这些区域的教育和医疗水平,逐步拉平与发达地区的差

距。普及儿童早期发展服务、学前教育,扶持欠发达地区的义务教育、高中、职业教育和高等教育发展。加强农村儿童营养干预,提高农村基础养老金给付水平。提高农村基本医疗保险报销比例,扩大大病和慢性病救助范围,全面推行"城乡居民基本医保＋大病保险＋医疗救助＋补充商业保险",加大对欠发达地区医疗基金的拨付力度和医疗保险的补贴力度,降低当地居民的基本医疗费用,防止因病致贫。二是强化欠发达地区和农村的公共服务人才队伍建设,提升公共资源的共享程度。鼓励教师和医护人员等到欠发达地区服务,在职称和待遇方面给予优待。中央可建立欠发达地区人才引进奖励基金,为公共服务人才提供超过发达地区的工资待遇。通过信息技术实现欠发达地区与发达地区的教育医疗等公共资源的共享,弥补欠发达地区和农村的公共服务人才数量不足和能力素质较弱的短板。以国家牵头、社会参与的方式,将优质公共资源信息化,建立共享服务平台,提供远程教育学习、医疗诊断等服务,降低基本公共服务均等化的成本,进而缩小欠发达地区与发达地区、农村与城市的公共服务差距。

(二)实施发展型低收入群体救助政策

针对特殊困难群体提供量身定做的特惠性救助政策,是提高减贫成效的必然要求。为防止救助政策容易产生的"救助依赖"等负面问题,需要加大发展型救助政策的实施力度,在帮助特定群体的同时提高其自我发展的意愿和能力(左停,2016)。一是借鉴国外根据群体特征进行分类的做法,逐步统筹城乡最低生活保障制度,在个体、家庭规模、区域等方面细分救助标准,提高儿童、老人等群体的权重,重点照顾残疾、鳏寡孤独等特殊群体,为其提供资金补贴、营养援助、心理干预等服务。二是对救助对象附加行为要求。无代价获得救助容易滋生"等靠要"等依赖行为。借鉴国外的有条件转移支付、"福利到工作"(welfare to work,WTW)制度等做法,根据救助对象的特点,要求其参与工作或公共事务。将直接援助改成以工代赈或设置公益性岗位，如卫生保洁、社区义工等。在个人和公共环境卫生维护、参加集体活动等方面提出明确要求，鼓励救助对象通过工作换取救助，促进救助对象更好地融入社会。

（三）实施有利于低收入群体增收的产业政策

只有让低收入群体的收入增长高于其他群体，才能真正缩小收入差距、缓解相对贫困。一是大力发展农业等益贫性产业。农业是吸纳低收入群体就业最多的产业，应加大对欠发达地区优势特色农业的扶持力度，培育特色农产品品牌，依托品牌建设推动农业转型升级。加强三次产业的融合，发挥农业的多种功能，延长农业价值链。创新农业经营体制，完善利益联结机制，让产业链条上的小农分享更大比例的增加值。二是继续促进农村劳动力转移和低收入群体充分就业。推动劳动密集型产业向欠发达地区转移，在财税、金融、土地等方面支持劳动密集型企业和小微型企业发展，鼓励各类市场主体雇佣和培训低技能劳动力。鼓励低收入群体自主创业，搭建自主创业孵化平台和财税金融等政策支持体系。加强对低收入群体的技能培训，使之适应新技术革命对劳动力素质的要求。加大清洁、安全维护等公益性岗位设置，吸纳无业劳动力并提高其待遇。三是做好脱贫攻坚与乡村振兴的产业衔接。在脱贫攻坚过程中培育起来的扶贫产业，如何在 2020 年后实现可持续发展，是一个迫切需要研究和解决的问题。目前这种"消费扶贫"能够解决一时之需，但非长远之计。关键是要促进扶贫产业转型升级，增强市场竞争力。为此，应把扶贫产业纳入乡村产业振兴整体规划，帮助其完善治理结构，提升技术水平，改进产品质量。

（四）实施推动欠发达地区发展的区域政策

虽然 2020 年后不宜继续采用确定贫困县的方式实施扶持政策，但有必要继续以片区为单元倾斜性地投入资源，以实现区域的互联互通和整体性开发。一是强化对欠发达地区的综合开发力度。加大对欠发达地区的产业支持力度,分梯度承接产业转移,做好区域间的产业布局,避免同质化竞争。加快重大基础设施项目的落地,破除地理环境造成的约束。二是推动欠发达地区绿色发展。一方面,应完善纵向生态补偿机制。制定公平合理的补偿标准,提高对限制开发区和禁止开发区的财政转移支付力度。进一步加强欠发达地区的生态工程建设力度,扩大低收入群体参与生态建设的受益面,优先安排低收入群体参与生态项目建设以及公益性生态管护岗位,为低收入群体提供就业和增收的机会。另一方面,应完善横向生态补偿机制。建立生态资源市场交易平台,以资源输出量为依据建立发达地区对欠发达地区的生态补偿机制。考虑自然资源禀赋、环境承载能力,在农、林、草等绿色资源丰富的地区开发生态型产业。建立发展生态产业的激励机制,鼓励“资源变股份”,引导低收入群体参与生态产业开发,增加其经营性和财产性收入。三是加大易地扶贫搬迁的后续扶持力度。在完成1000万人易地扶贫搬迁任务后,需强化对搬迁群体的后续扶持政策,在提供与城镇居民均等的公共服务之外,还需通过延续产业扶持和技能培训、就业安置等政策(宁静等,2018),帮助搬迁群体转变生计方式,实现既“挪穷窝”又“换穷业”,形成稳定的收入来源。

第八章　世贸组织农业改革的可能走向及对我国的影响

我国作为 WTO 成立之后新加入的成员,《农业协定》未能充分反映我国农业发展利益;我国加入 WTO 以来,工业化、城镇化和对外开放快速发展,工农和城乡关系、国内外农业关联特征均发生了深刻转变。根据当时情况作出的减让和承诺,已日益令我国农业发展政策处境尴尬。面向未来,我国经济发展水平将继续快速提高,农业比较优势将继续快速下降,农业发展利益势必出现新的变化。WTO 农业改革对我国农业发展势必带来深刻影响。多哈回合启动以来,农业改革进程步履蹒跚,目前农业改革主要领域仍在激烈博弈。我国作为农业生产和农产品进口大国,在 WTO 农业改革的博弈中,必须综合考虑发展阶段和农业比较优势的变化,立足长远,在扩大开放和维护我国农业发展利益之间把握好动态平衡。

一、WTO 农业改革的简要回顾[①]

农业曾长期游离于多边贸易规则的约束范围之外,各国农业政策自行

---

① 本章所涉议题仅限与 WTO《农业协定》直接相关的内容。根据 WTO《农业协定》对"农产品"的定义,渔业产品不包括在内,本章所涉及的农业议题不含渔业议题。卫生与植物卫生措施由 WTO《实施卫生与植物卫生措施协定》规范,所以本章也不涉及卫生与植物卫生方面的议题。

其是。特别是部分发达国家为农业提供高关税保护和严重扭曲贸易的农业补贴,这种以邻为壑的农业政策严重阻碍全球农产品自由贸易。自20世纪60年代以来的连续几轮关贸总协定(GATT)谈判,都试图解决这个问题。经过GATT最后一轮谈判,即乌拉圭回合谈判,终于在1994年4月达成《农业协定》,全球农业多边贸易规则正式确立。1995年WTO成立后,乌拉圭回合《农业协定》也称为WTO《农业协定》,各成员以此约束自己的农业政策。自2001年启动多哈回合谈判以来,农业依然是各方博弈最激烈的领域。经过8届部长级会议①、多次总理事会会议、多次农业委员会例会和特别会议的磋商,农业领域的谈判取得了一些进展,但总体而言农业领域改革步履维艰、分歧巨大,离《多哈部长宣言》设定的改革目标还有很长的路要走。

(一)WTO《农业协定》的主要内容

乌拉圭回合农业谈判的主要目标是削减扭曲贸易的国内支持和出口补贴,提高市场准入水平。这三个方面紧密相连,国内支持是核心,过高的国内支持导致国内产能过剩;为了向国际市场推销剩余农产品,部分出口方实施出口补贴,降低农产品进入国际市场的价格;进口方为了保护己方农业,只好提高关税等市场准入壁垒。经过乌拉圭回合谈判达成的《农业协定》,其主要内容包括扩大市场准入、削减国内支持、规范出口竞争等三方面。

1.扩大市场准入

核心是将非关税壁垒关税化,并实行关税减让。各方根据减让基期1986—1988年某农产品国内市场平均价与相同或接近农产品国际市场平均价格的差额,确定非关税措施的关税等值,加上现行关税后得出基础税

---

① 即2001年第四届部长级会议至2017年第十一届部长级会议。

率,从 1995 年开始,发达国家成员在 6 年内、发展中国家成员在 10 年内,平均关税和单项农产品关税分别削减 36％、15％和 24％、10％,过渡期结束后的税率即为最终约束税率。此外,还要求维持现行市场准入,规定了最低市场准入机会,为关税化的农产品建立特殊保障机制(SSM)。

2. 削减国内支持

国内支持措施分为绿箱措施、蓝箱措施和黄箱措施。绿箱措施是指由政府提供且费用不转嫁给消费者,对生产者不具有价格支持作用的政府服务计划,往往不针对特定产品,这些措施对农产品贸易和农业生产不会产生或仅有微小的扭曲作用,各成员无须承担约束和削减义务。蓝箱措施是指农业生产限制计划下的直接收入支持措施,是满足限产条件下的黄箱措施,如以基期 85％或更少产量为基础的直接收入支持,这些支持措施免予削减。黄箱措施是指政府直接支持农产品价格的措施或与农业生产直接相关的补贴,这些措施对农产品生产和贸易产生扭曲作用,各成员须承担约束和削减义务。黄箱措施又分为计入现行综合支持总量(AMS)的措施和不计入现行综合支持总量的微量允许(de minimis)措施。微量允许措施是指对特定农产品或所有农产品不超过规定比例的黄箱措施,即对特定农产品的支持不超过该农产品相关年度生产总值的 5％(发展中国家成员为 10％),以及非特定农产品的支持不超过相关年度农业生产总值的 5％(发展中国家成员为 10％),符合这些标准的黄箱措施免予削减。根据《农业协定》规定,国内支持以 1986—1988 年为减让基期,以 AMS 为基础进行削减,自 1995 年起,发达国家成员在 6 年内削减 20％的 AMS,发展中国家成员在 10 年内削减 13％的 AMS。

3. 规范出口竞争

以 1986—1990 年的平均水平为基础,在实施期结束,发达国家成员将享受补贴的农产品出口数量减少 21％和出口补贴支出额减少 36％,发展中国家成员享受补贴的农产品出口数量减少 14％和出口补贴支出减少 21％。如果在基期没有对某种农产品进行过出口补贴，则禁止该成员将来对该种农产品进行出口补贴。

（二）WTO农业改革的有限进展

在乌拉圭回合谈判中，为尽快达成《农业协定》，参与谈判的各方对发达国家成员的要求作出较多让步，对发展中国家成员的发展利益考虑不够，加之当时部分国家的农业保护政策积重难返、大幅度削减难过国内政治关，因而该协定只是一个低水平的多边贸易协定，在实质性减少市场准入障碍和国内支持力度、处理好不同类型成员的利益平衡、提高措施的精准性和可操作性等方面存在诸多缺陷。解决好这些问题，成为多哈回合农业谈判的重要使命，也是过去 8 届 WTO 部长级会议的重要任务。

2001 年 11 月，在卡塔尔多哈召开 WTO 第四届部长级会议，通过了《多哈部长宣言》，全面启动包括农业在内的新一轮谈判，即多哈回合谈判。谈判的主要目的是改革不公平的国际贸易体制，为发展中国家成员创造更多的贸易和发展机会。

2003 年 9 月，在墨西哥坎昆召开 WTO 第五届部长级会议，由于农业对多数成员具有重要性和敏感性，各谈判方分歧较大，会议没有取得任何成果。

2005 年 12 月，在中国香港召开 WTO 第六届部长级会议，绕开分歧大的难点问题，就部分内容达成共识。一是在国内支持方面。分三层削减 AMS 最终约束水平和总体削减扭曲贸易的国内支持，其中层数越高线性削减幅度越大。允许的支持水平最高的成员将分在最高层，支持水平次之和再次之的成员将分在中层，所有其他成员，包括所有发展中国家成员将分在最低层。无 AMS 承诺的发展中国家成员将免于对微量允许进行削减和对扭曲贸易的国内支持进行总体削减。绿箱标准将参照框架第 16 段进行审议,将特别保证发展中国家成员所产生的贸易扭曲作用不超过最小值的计划真正涵盖其中。二是在出口补贴方面。在 2013 年底前平行取消所有形式的出口补贴,并规范所有具有同等效力的出口措施,发展中国家成员将在取消所有形式的出口补贴的终止日期后 5 年内继续从《农业协定》第 9.4 条中获益。三是在特殊保障机制方面。发展中国家成员在根据基于粮食安全标准、生计安全和农村发展的指数,在自我指定特殊产品的适当税目数方面具有灵活性。发展中国家成员还将有权使用基于进口量和价格触发的特殊保障机制,明确安排有待进一步确定。特殊产品和特殊保障机制应成为农业谈判模式和谈判结果的组成部分。四是在棉花方面。发达国家成员将在 2006 年取消所有形式的棉花出口补贴;发达国家成员将自实施期开始时起给予来自最不发达国家成员的棉花出口免关税免配额待遇;棉花生产方面扭曲贸易的国内补贴的取消比任何议定的总体公式更快、更具抱负水平,且实施期短于普遍适用的实施期;承诺在谈判中对达成此种结果给予优先考虑。

2009 年 12 月和 2011 年 12 月在瑞士日内瓦分别召开 WTO 第七届、第八届部长级会议,由于各成员存在较大分歧,谈判没有取得实质性进展,多哈回合陷入僵局。

2013 年 9 月,在印度尼西亚巴厘岛召开 WTO 第九届部长级会议,自多哈回合谈判启动 12 年来,首次取得具体成果。一是在关税配额(TRQ)管理方面。发展中国家成员组成的农业谈判二十成员协调组(G20)根据 2008 年模式案文提出,严格 TRQ 管理透明度纪律,明确配额申领和配额期限等相关信息公布和通报义务;建立 TRQ 未完成机制,如连续 3 年未达到设定的配额完成率(65%),成员必须改变原有的配额管理方式,采用完全放开或先来先领等更自由的管理方式;发展中国家成员在配额完成率未达到 65% 的情况下,可以享受维持现有管理方式的特殊差别待遇。二是在粮食安全方面。印度、印度尼西亚、中国、菲律宾等发展中国家成员组成的农业特殊产品和特殊保障机制谈判三十三成员协调组（G33）根据 2008 年模式案文，对 WTO《农业协定》绿箱条款提出修订意见：在"政府一般服务"条款下增列发展中国家成员用于农民安置、土地改革、乡村发展和生计安全方面的支持内容；部分发展中国家成员用于粮食安全公共储备的补贴不计入黄箱；在达成永久方案之前，传统主粮品种的储备收购补贴不计入黄箱，但不能扭曲贸易或对其他成员的粮食安全造成负面影响。三是在出口竞争方面。G20 重申了 2005 年香港部长级会议宣言内容，重点为削减出口补贴和严格出口信贷纪律。

　　2015 年 12 月，在肯尼亚内罗毕举行 WTO 第十届部长级会议，有 4 个农业议题取得谈判成果。一是在出口竞争方面。包括 4 项内容：（1）出口补贴。发达国家成员将立即取消农业出口补贴，但对"加工产品、奶制品和猪肉"的出口补贴可以延至 2020 年。发展中国家成员也必须在 2018 年底前取消出口补贴。发展中国家成员用于运输和市场推广目的的出口补贴可以延至 2023 年。最不发达国家成员和粮食净进口发展中国家成员获准可以到 2030 年取消出口补贴。（2）出口信贷、出口信用担保或保险项目。发达国家成员出口信贷最长还款期限为 18 个月。发展中国家成员将在 4 年的过渡期后将最长还款期减少到 18 个月，并给予最不发达国家成员和粮食净进口发展中国家成员更为优惠的待遇。（3）出口国营贸易企业。各成员必须确保出口国营贸易企业的运营不会规避规则，要求各成员尽力确保相关企业的垄断不会扭曲贸易。（4）粮食援助。如可能对本地或区域性生产的同类或替代产品造成负面影响，各成员不可提供实物形式的粮食援助。各成员应确保，国际粮食援助不会过度影响已经形成的、正在运转的农业大宗商品市场。二是在特殊保障机制（SSM）方面。G33 积极倡导为发展中国家成员建立特殊保障机制，允许发展中国家成员在进口激增和价格下跌时临时提高关税，确认发展中国家成员拥有根据"香港部长宣言第 7 段"使用 SSM 的权利，并承诺将寻求未来在 WTO 农业委员会的特别会议中进行谈判。三是在粮食安全公共储备(PSH)方面。在发展中国家成员以粮食储备及救助贫困人口为目的的国内支持措施接近或突破其承诺的黄箱上限时,应免予起诉。进一步明确在达成永久解决方案前临时方案始终有效。四是在棉花方面。发达国家成员和"宣称有能力的"发展中国家成员将从 2016 年 1 月 1 日开始向最不发达国家成员棉花出口给予免关税和免配额的市场准入待遇。对削减棉花生产的国内支持,仍需要采取更多行动。发达国家成员将立即取消对棉花的出口补贴,而发展中国家成员在 2017 年 1 月 1 日前取消。

2017 年 12 月,在阿根廷布宜诺斯艾利斯召开第十一届部长级会议,农业谈判聚焦于国内支持、粮食安全公共储备两大议题。由于各方分歧严重,本次会议未达成任何农业成果。会前,美国片面夸大中国农业支持水平,宣称"中国是最大的扭曲贸易农业补贴国",提出中国等新兴国家削减农业国内支持是完成多哈谈判的前提条件。欧盟、日本、澳大利亚、加拿大等发达国家成员,以及阿根廷、巴西等农业出口国家成员附和美国,要求发展中大国在削减国内支持上作出贡献。针对美国的提案,会前我国与印度联署提案,提出"首先削减 AMS 到零再考虑其他国内支持纪律"的方案,2018 年我国和印度再次提出"分步削减特定产品 AMS"联署提案,同时强调国内支持改革也应包含蓝箱和绿箱改革,反对削减发展中国家成员的微量允许,提案得到了更多发展中国家成员以及最不发达国家成员的呼应。

特别值得一提的是,2008 年时任农业委员会特别会议主席、新西兰大使法克纳(Crawford Falconer)以 2004 年 7 月达成的谈判《框架协议》和 2005 年达成的《香港宣言》为基础,编撰了一份长达 123 页的农业谈判模式案文[①],覆盖全部农业议题,对每个议题都提出了详细的解决方案。这份模式案文尽管未形成决议,但为后来的农业议题谈判提供了重要基础,

---

① 即 TN/AG/W/4/Rev.4。

时至今日一些提案仍将其作为起点。

二、WTO 农业改革主要议题的基本背景和各方诉求

多哈回合以来,各成员由于经济发展水平、利益诉求等不同,形成了多个农业谈判联盟,不少成员加入了多个谈判联盟。各谈判联盟先后提出了各自的提案,部分成员就自己关注的问题单独或联合其他成员提出提案,这些提案涉及《农业协定》的方方面面。在梳理这些提案、总结各方诉求的基础上,WTO 农业委员会特别会议主席和农业贸易问题谈判机构在 2018 年 5 月确定了 7 个谈判议题(见附表 8-1):国内支持、粮食安全公共储备、市场准入、特殊保障机制、出口竞争、出口限制、棉花。下面围绕这 7 个议题,以及农业领域的发展中国家成员特殊和差别待遇,梳理各方诉求和改革走势。

(一)国内支持

1. 基本背景

规范国内支持、创造公平竞争的市场环境,是《农业协定》的核心内容。由于达成《农业协定》之前部分国家农业支持力度很大,支持政策种类繁多,而不同国家使用的政策种类不同、不同支持政策对生产和贸易的扭曲程度不同,因此对不同支持政策提出了不同的约束纪律。这种差异化处理的做法看起来合理,实际上掩盖了不少矛盾,为日后的谈判增加了难度。一是享受"发展箱"的权利不平等。《农业协定》第 6.2 条赋予发展中国家成员农业投资补贴、投入品补贴等免于削减的农业发展权利,但部分发展中国家成员在加入 WTO 时未能争取到适用这个权利,例如中国、哈萨克斯坦。二是对 AMS 的纪律约束不公。根据《农业协定》第 6.3 条的规定,各成员的国内支持以 1986—1988 年为减让基期,以 AMS 为基础进行削

减。这意味着只有在减让基期有 AMS 的成员,才能在加入 WTO 之后,既可以利用国内支持措施中的微量允许措施,又可以在过渡期内利用各年度 AMS 承诺值以内、过渡期结束后的最终约束综合支持总量(FBTAMS)以内的黄箱措施。目前 164 个 WTO 成员中,只有 32 个成员拥有基期 AMS。问题在于,发达国家和地区拥有的基期 AMS 高达 1600 亿美元,占全部基期 AMS 的 90%,例如,欧盟达到 943.77 亿美元,日本达到 402.98 亿美元,美国达到 191.03 亿美元[①]。减让基期没有实行黄箱补贴或黄箱补贴低于微量允许上限的国家,随着经济发展水平提高,有能力对农业提供补贴,但却面临《农业协定》的约束而不能为之。这造成不同成员的国内支持政策空间出现巨大差异。问题还在于,拥有基期 AMS 的成员,可以将 AMS 集中在少数关键产品上(如美国的棉花,欧盟的牛奶和家禽),集中使用 AMS 的产品可以随意进行调整,这使得这些成员在扶持本国想要扶持的特定产品上拥有巨大的政策空间。三是对"微量允许"的纪律约束不公,未能防止其随农业生产发展而不断扩大。虽然《农业协定》第 6.4 条对发达国家和发展中国家成员制定了差异化的微量允许上限,但多数发展中国家成员由于财力不足无法采用微量允许措施,发达国家成员实际使用的微量允许远远超过发展中国家成员。例如,2014 年美国微量允许措施达到 97.88 亿美元,而印度只有 30.44 亿美元。由于微量允许上限为当年生产值的一定比例,导致微量允许措施的可使用量随农业发展而不断提高,这与削减扭曲生产和贸易的国内支持措施的改革初心背道而驰。四是使用蓝箱的实际权利不平等,缺乏对蓝箱措施扭曲效应的监测和评估办法。《农业协定》第 6.5 条规定,限产计划下的直接补贴免予削减承诺,但对具体办法缺乏清晰的界定,为一些国家利用蓝箱措施替代原先需要削减的黄箱措施提供了合法途径。受国家财力、政策设计和执行能力等影响,仅少

---

① 各成员向 WTO 提交的国内支持通报一般以本国货币为单位,此处按 2010 年名义汇率换算成美元。

数国家采用了蓝箱措施，主要包括挪威、冰岛、欧盟、日本，美国也曾实行过蓝箱措施。2014 年，挪威、冰岛、欧盟、日本的蓝箱补贴分别为 8.11 亿、0.06 亿、38.19 亿和 7.05 亿美元，占农业产值的比重分别为 16％、2％、1％和 0.9％。一些研究表明，所谓的蓝箱措施并非没有扭曲作用。

2. 各方诉求

对国内支持的改革，因不同措施扭曲作用不同、不同国家受影响程度不同，出现巨大意见分歧。目前比较活跃的提案方及其主张如下。

一是关于"全部贸易扭曲型支持"（overall trade-distorting support，OTDS）封顶改革。大致包括固定封顶和浮动封顶两种思路。在固定封顶思路中，又大致包括与历史农业生产总值挂钩和与现有黄箱权利挂钩两种思路。巴西、欧盟、哥伦比亚、秘鲁、乌拉圭在联署建议中提出，可按两种方案确定 OTDS：包括 AMS 和微量允许在内的贸易扭曲型国内支持措施，发达国家成员不得超过其最近 3 年通报的农业生产总值的 X％，发展中国家成员不得超过其最近 3 年通报的农业生产总值的（X＋2）％；包括 AMS 和微量允许在内的贸易扭曲型国内支持措施，发达国家成员不得超过其2018 年农业生产总值的 X％，发展中国家成员不得超过其［　　］年农业生产总值的 X％，从 2022 至［　　］年发展中国家成员不得超过其最近 3 年通报的农业生产总值的（X＋Y）％。新西兰、澳大利亚、加拿大、智利、巴拉圭在联署提案中则强调，固定封顶比浮动封顶更有利于增强市场预期、降低行政成本，鉴于各成员黄箱权利并没有足额使用，制定 OTDS 限额而又不影响各成员的现行政策是一项有意义的、渐进的改革，可以将各成员以下三者中的最大值作为其 OTDS 限额：按 2011—2015 年平均农业总产值计算的微量允许，最近 3 年通报的年均 AMS 与微量允许之和的 1.1 倍，发展中国家成员为 20 亿美元或等值本国货币。阿根廷、菲律宾在联署提案中提出了类似的建议。墨西哥提出，对包括 AMS 和微量允许在内的贸易扭曲型支持措施进行封顶是国内支持改革的关键一步，发达国家成员不得

超过 FBTAMS 与按 2011—2015 年平均产值计算的微量允许之和的
(1－X)％,没有 AMS 的发展中国家成员不得超过按 2011—2015 年平均
产值计算的微量允许的(1－Y)％,有 AMS 的发展中国家成员不得超过
FBTAMS 与按 2011—2015 年平均产值计算的微量允许之和的[Y＋
A]％,其中 X＞Y,A 适用于 FBAMS 大于或等于 5 亿美元的发展中国家
成员,发展中国家成员的削减幅度不超过发达国家成员的 2/3。在浮动封
顶思路中,主要根据目前《农业协定》第 6.4 条规定的微量允许办法,与未
来年度的农业生产总值挂钩。瑞士代表 G10 集团提出,改革应以各成员
现有的 AMS 和微量允许权利为起点,不反对对贸易扭曲型支持进行封
顶,但任何改革都不应当直接影响本集团成员的现行国内支持措施,对按
农业生产总值的一定比例确定封顶线的观点表示严重关切,因为这会严重
影响到本集团成员,忽视了农业多样化的重要性。日本也提出,任何改革
都应考虑现实性和平衡性,按农业生产总值确定封顶线的方案(VoP-
based OTDS)未充分考虑到不同国家农业的差异性,对那些农业生产总值
较小、追求农业多样化的成员不公平,而且也不能解决一些成员因农业生
产发展其微量允许空间不断增长、对发展箱的利用越来越大等问题,因此
应以《农业协定》中的既有规定为讨论的起点。新加入成员集团(Article
XII Members)提出,为 OTDS 制定一个封顶线,无论是固定封顶还是浮动
封顶,均有可能进一步收缩本集团成员使用 AMS 和微量允许的空间,而
这些成员在加入时获得的空间本来就小。澳大利亚代表凯恩斯集团指出,
从推动改革进程的角度,对所有生产和贸易扭曲型国内支持进行更严格的
检查;采用澳大利亚常驻代表团开发的国内支持计算工具,9 个最大成员
(澳大利亚、巴西、加拿大、中国、欧盟、印度、印度尼西亚、日本、美国)贸易
扭曲型国内支持的权利空间高达 6250 亿美元,必须对如此巨量的权利空
间进行实质性削减;必须解决特定产品特别是大米、食糖、奶制品、小麦、大
豆、牛肉、棉花得到的支持过度集中的问题。

二是关于 AMS 改革。阿根廷提出,应分层削减 FBTAMS;FBTAMS 超过 400 亿美元的成员削减 30%,150 亿～400 亿美元的成员削减 21%,150 亿美元以下的成员削减 15%;发达国家成员在 2 年内完成削减,发展中国家成员在 4 年内完成削减且累计削减幅度为上述幅度的 2/3,不足 1 亿美元的发展中国家成员和最不发达国家成员无须削减。菲律宾也提出了分层削减 FBTAMS 的思路,分层标准与阿根廷一样,但相应削减幅度分别为 70%、60% 和 45%。菲律宾还提出,为解决 AMS 过度集中于少数产品带来的不公平竞争问题,应对发达国家成员特定产品使用的 AMS 进行约束,不得超过其通报的 1995—2000 年的平均值,且应对每一个产品的 AMS 约束值进行计算。卢旺达代表非洲集团提出,拥有 FBTAMS 的成员应取消这些 AMS,这是改革的第一步,是推进其他改革的基础,也有利于扭转将国内支持集中于少数产品的倾向。中国和印度在联署提案中强调,消除发达国家成员和发展中国家成员在使用特定产品 AMS 方面的不平衡是国内支持改革的前提,并提出了渐进式改革构想:第一步,根据截至 2018 年底通报的最近 3 年特定产品超过微量允许的 AMS 平均值,确定发达国家成员每一种农产品以产品产值比例衡量的超微量允许 AMS 基期值,没有超过微量允许的产品从 2019 年起不得再超过;第二步,在 2019—202x 年,至少削减各特定产品 AMS 值的 10%,累计削减各产品超过微量允许的 AMS 基期值与 10% 的差额的一半;第三步,到 202y 年,至少削减特定产品 AMS 值的 10%,削减至相当于该产品产值的 10%;第四步,到 202z 年,至少削减特定产品 AMS 的 5%,削减至相当于该产品产值的 5%。

三是关于蓝箱改革。早在 2004 年 7 月,多哈回合谈判框架协议就曾提出对农业国内支持的蓝箱措施制定新的规则:将蓝箱措施的使用量限定在一成员农业产值的 5% 以内;将蓝箱标准从原来的"限产"扩大到"不对生产进行要求"。这被称为"新蓝箱"。在 2017 年第十一届部长级会议前夕,巴西、欧盟、哥伦比亚、秘鲁、乌拉圭在联署提案中指出,应把蓝箱措施纳入贸易扭曲型国内支持"总量封顶"(overall ceiling)范围作为改革目标,在为此而进行的谈判中应考虑区别对待没有贸易扭曲效应的蓝箱以激励一些成员把黄箱措施调整为蓝箱措施,需要一定的过渡期。圭亚那代表非加太集团提出,发达国家成员和发展中国家成员的微量允许和蓝箱措施之和不得超过《农业协定》第6.4条规定的微量允许限额,允许有特殊困难的发达国家成员有更长的过渡期,农业生产总值小、大部分支持用于生计和资源贫乏农民的发展中国家成员其微量允许限额可以高于《农业协定》第6.4条的规定值。墨西哥提出,应制订一个工作计划以寻求对《农业协定》第6条所涵盖的所有支持措施进行削减和加严纪律;对蓝箱措施,应考虑如何纳入总量封顶范围,制定专门的纪律以限制这种类型的支持措施。卢旺达代表非洲集团提出,应按分阶段退出的思路,制定关于蓝箱措施的纪律。

四是关于绿箱改革。圭亚那代表非加太集团提出,仅制定 OTDS 封顶线是不够的,因为主要发达国家成员的实际 OTDS 低于其允许的 OTDS,应加强对绿箱措施的纪律约束,确保没有或只有极小的贸易扭曲效应,防止转箱。卢旺达代表非洲集团提出,根据《农业协定》附件2实施的绿箱措施必须符合没有或只有极小的扭曲效应的条件,对附件2第5—13段包括的措施应提出严格的标准。

(二)粮食安全公共储备

1.基本背景

用于粮食安全目的的公共储备要追溯到多哈回合谈判早期。当时,部分成员担心高度的贸易自由化会影响其粮食市场稳定,特别是影响城乡贫困人口的粮食可获得性,需要实施政府储备项目;另一部分成员则担心政府储备项目在实际运作中会产生扭曲效应。

实际上,《农业协定》相关条款的先天不足为这场争论埋下了伏笔。该协定把"用于粮食安全目的的公共储备"和"国内粮食援助"作为免除削减承诺的国内支持措施,即绿箱措施,纳入附件 2 第 3 款、第 4 款。同时,对粮食安全公共储备项目制定了严格的纪律要求:"此类库存的数量和积累应符合仅与粮食安全有关的预定指标,库存的积累和处置过程在财务方面应透明,政府的粮食采购应按现行市场价进行,粮食安全库存的销售应按不低于所涉产品和质量的现行国内市场价进行。"这个规定的核心,是政府储备粮的购进和销售必须实行市场定价,从而将各成员利用政府储备项目提供贸易扭曲型支持的空间限定在利息、保管费用、市场价格波动产生的价差损失等方面,使这个措施只具有较低的扭曲效应。

为照顾发展中国家成员的特殊利益,在附件 2 第 3 款的脚注 5 中,却又明确规定:"就本附件第 3 款而言,发展中国家为粮食安全目的而实施的政府储备计划,如运营是透明的并依照正式公布的客观标准或准则实施,则应被视为符合本款的规定,包括按管理价格收购和投放的、用于粮食安全目的的粮食储备计划,只要收购价格与外部参考价格的差额计入综合支持量。"从这个脚注看,虽然允许发展中国家成员实施用管理价格收购和投放的政府储备粮项目,但要计入黄箱,并非实质性的特殊和差别待遇。在实际执行过程中,一些成员混淆了附件 2 第 3 款与脚注 5,把本应按脚注 5 的要求计入黄箱的粮食安全储备项目视作适用第 3 款的项目。这自然引起了另一些成员的不满。双方围绕如何改革《农业协定》附件 2 第 3 款及脚注 5 展开了激烈博弈。

2013 年在巴厘岛召开的 WTO 第九届部长级会议就粮食安全公共储备问题发表决议指出,各成员同意就用于粮食安全为目的的公共储备问题实施临时机制,并谈判一项适用于所有发展中国家成员的永久解决办法的协定提交第十一届部长级会议通过。这个临时机制为:直至找到永久解决办法前,并在满足下列条件的前提下,对于在本协定通过之日已存在的、为实施用于粮食安全目的的公共储备项目而对传统主粮作物提供的且符合《农业协定》附件 2 第 3 款脚注 5、第 4 款脚注 5 和脚注 6 的支持,各成员应克制通过 WTO 争端解决机制对发展中国家成员是否遵守其在《农业协定》第 6.3 款和 7.2(b)项下的义务提出质疑。这些前提条件是:在通报和透明度方面,已向农业委员会通报因实施上述项目而超过或可能超过其 AMS 上限之一或全部上限(即该成员 AMS 或微量允许上限),已经履行并将继续履行《农业协定》项下的国内支持通报要求,对于其为粮食安全目的而维持的每一公共储备项目已经并将每年继续提供额外的信息,尽早提供这些额外信息并对早前提供的任何额外信息进行更正;在反规避或保障措施方面,寻求从此临时机制受益的任何发展中国家成员应保证此类项目下采购的储备不扭曲贸易或对其他成员的粮食安全造成不利影响,从此临时机制受益不得导致增加该成员受 AMS 或微量允许上限约束的其他项目的支持;在磋商方面,从此临时机制受益的发展中国家成员应请求,与其他成员就已超过或可能超过其 AMS 上限之一或全部上限(即该成员 AMS 或微量允许上限)的公共储备项目的运行情况进行磋商;在监督方面,农业委员会应监督根据此临时机制提交的信息。

2015 年在内罗毕召开的 WTO 第十届部长级会议再次就粮食安全公共储备问题发表决议强调,各成员应建设性地参与谈判并共同努力,从而为粮食安全目的的公共储备达成和通过永久解决方案;为达成该永久解决方案,关于此问题的谈判应在农业委员会特别会议中,以专门会议的方式和在加快的时间框架下进行,独立于多哈发展议程项下的农业谈判;总理事会应定期审议进展情况。

2017 年在布宜诺斯艾利斯召开的 WTO 第十一届部长级会议陷入僵局,未能如期就粮食安全公共储备问题达成永久解决方案。

2.各方诉求

目前主要利益相关方就粮食安全公共储备的永久解决方案仍在进行

激烈博弈,立场分歧较大。

(1)坚决要求粮食安全公共储备项目不计入黄箱,甚至要求扩大适用范围

印度尼西亚代表 G33 强调,自巴厘岛部长级会议召开以来他们已就永久性解决方案多次提交材料,但有些成员仍质疑达成永久性解决方案的公正性,不把自己的意见拿到桌面讨论,这意味着他们在质疑部长级会议决议这一 WTO 作为一个机构的基石;永久性解决方案中的透明度条款不能太苛刻,以免很多发展中国家成员不能使用这一机制;达成永久性解决方案不仅仅事关贸易,更关系到保障城乡贫困人口的粮食安全、食物的可获得性、价格稳定,听说有些成员关心的是储备出口、对其他成员粮食安全产生不利影响,希望他们拿出书面意见。他们还提出,应在《农业协定》中增加附件 6"发展中国家成员国内支持措施:粮食安全公共储备",主要内容是:①粮食安全公共储备项目,包括发展中国家成员和最不发达国家成员政府出于支持低收入或资源贫乏生产者之目的,以管理价格收购粮食的项目;发展中国家成员和最不发达国家成员政府出于保障城乡贫困人口粮食安全、维护食物适当的可获得性、保障食品价格稳定之目的,以管理价格收购粮食、以补贴价格销售粮食的项目;②这些项目的运营应当透明,并依照正式公布的客观标准或准则实施;③这些项目不应计入 AMS;④各成员应每年向农业委员会通报根据本附件实施的项目。菲律宾提出,永久性解决方案应包括以下内容:将适用 2013 年巴厘岛部长级会议和 2014 年总理事会关于粮食安全公共储备的决议的范围,扩大到任何发展中国家成员截至 2017 年已存在的粮食储备项目;最不发达国家成员任何时候的粮食储备项目均可适用此条款;除非经进口成员同意,适用此条款的粮食储备不得直接或间接出口。在 2017 年 WTO 第十一届部长级会议上,印度甚至提出,达成关于粮食安全公共储备的永久性方案,是推动农业协定其他议题谈判的前提。

　　(2)赞成不把粮食安全公共储备计入黄箱,但对储备规模、透明度等要进行严格的纪律约束

　　巴西、欧盟、哥伦比亚、秘鲁、乌拉圭在联署提案中提出,根据《农业协定》附件2第3款脚注5、第4款脚注5和脚注6的标准,为传统主粮作物提供的以粮食安全为目的的公共储备,只要符合下列条件之一,就不应被纳入OTDS封顶限制的范围,也不应计入黄箱:(a)最不发达国家成员的项目;(b)其他发展中国家成员,某产品储备收购值不超过通报的该产品最近3年平均产值的10%,产值数应当每年更新;(c)2013年巴厘岛部长级会议召开时即已存在的以粮食安全为目的的公共储备项目,且该成员尊重巴厘岛部长级会议决议提出的要求。适用这一规定的发展中国家成员,必须履行关于产量、产值、库存等的年度通报义务,必须确保不扭曲贸易、不影响其他成员的粮食安全,出库的产品不得用于出口。俄罗斯和巴拉圭在联署提案中提出,适用于所有发展中国家成员的永久性解决方案应是,各成员不应通过WTO争端解决机制,对一发展中国家成员以下为保障粮食安全而对传统主粮作物提供的公共储备项目是否符合《农业协定》第6.3条和7.2(b)条的规定提起诉讼,这些储备项目包括:截至巴厘岛部长级会议已存在的,符合《农业协定》附件2第3款脚注5、第4款脚注5和脚注6之规定的储备项目;最不发达国家成员提供的储备项目;其他任何发展中国家成员提供的、储备收购值不超过其通报的最近3年平均产值X%的项目,并每年向WTO秘书处更新该产品产值。适用这一规定的发展中国家成员必须严格履行详尽、及时的通报义务,遵守反规避和保障措施的相关纪律。挪威和新加坡在联署提案中提出,适用于所有发展中国家成员的永久性解决方案应是,各成员不应通过WTO争端解决机制,对一发展中国家成员根据《农业协定》附件2第3款脚注5、第4款脚注5和脚注6为传统主粮作物提供的以保障粮食安全为目的的公共储备是否符合《农业协定》第6.3条和7.2(b)条的规定,提起诉讼;适用这一规定的发展中国家

成员必须严格履行详尽、及时的通报义务,不得扭曲贸易、对其他成员的粮食安全产生不利影响。

(3)对发展中国家成员按管理价格收购和销售的粮食安全公共储备项目不计入黄箱提出质疑

针对巴西、欧盟、哥伦比亚、秘鲁、乌拉圭的联署提案,挪威在其提交的一份通讯中提出了6点质疑:第一,《农业协定》第1(a)条将除附件2规定的措施以外的其他"农业支持"界定为AMS,如果将粮食安全公共储备中的市场价格支持排除在AMS之外,这是否意味着要建立一个新的关于农业支持的分类?第二,通过公共储备项目为主粮提供的市场价格支持,如何纳入国内支持通报,需要为《农业协定》增加一个附件吗?第三,关于《农业协定》附件2第3款脚注5的建议的法律含义是什么?此建议与脚注5是否相冲突?第四,根据此建议,截至巴厘岛部长级会议召开时已存在的储备项目无须计入"AMS"或新的OTDS。那么,贸易扭曲型支持的总权利是随着储备项目覆盖的主粮的产值向下修正,或者产值不变,最终为未来向其他农产品提供补贴留出更大空间?第五,假设一个成员30%的国内小麦产量被公共储备项目覆盖,那么是全部小麦产量还是仅这30%的小麦产量免于计入AMS或新的OTDS?第六,对新的储备项目,意味着新增了10%的微量允许。这是否意味着这部分新增的微量允许无须计入"AMS"或新的OTDS,各成员仍可根据《农业协定》向储备项目覆盖的产品提供相当于其产值10%的市场价格支持?

(三)市场准入

1.基本背景

说《农业协定》是一个低水平的多边自由贸易协定,很重要的一点在于,其在改善和保障市场准入方面取得的进展极为有限。一是农产品约束关税"水分"很高,增加了贸易的不确定性。尽管自多哈回合谈判启动以来,为促进更加开放的贸易,以关税为主的市场准入壁垒已经下降,但目前农产品关税仍然比工业品高出 8 倍。据 2016 年世界关税报告,WTO 所有成员农产品的平均约束关税税率为 54.7%,平均实施关税税率为 14.5%,约 35% 的成员的约束关税税率与实施关税税率的差额(water tariff,即关税含水量)超过了 WTO 所有成员的平均差额水平。2018 年世界关税报告显示,无论是发达国家成员还是发展中国家成员,多数仍有较大的削减空间。由于这些成员的平均实施关税税率与约束关税税率还有较大调整空间,可以在约束水平内调节不同、实施关税税率,这就导致了成员之间实施关税税率的不平衡,从而带来国际市场准入的极大不确定性。二是关税高峰问题突出,隐含着对部分产品的高度保护。2018 年世界关税报告显示,为保护己方敏感农产品,多数成员在特定农产品上设置了关税高峰。美国虽然采取了比较低的平均实施关税税率,但对特定农产品采取的最高实施关税税率高达 350%;欧盟 28 国(含英国)、日本和韩国,虽然也采取了较低的平均实施关税税率,但特定产品关税高峰分别达到 189%、736% 和 887%,是其平均实施关税税率的 17.5 倍、55.3 倍和 15.6 倍。一些成员尤其是发达国家成员,对大多数农产品采取较低的平均实施关税税率,对少数特定农产品采取关税高峰的结构化关税,虽然履行了"关税削减"的承诺,但也维持了对特定产品的高度保护。三是进口配额的纪律约束松弛,隐含着对相关产品进口的非关税壁垒。从部分成员的通报情况看,配额完成率很低。例如,2016 年美国实行进口配额管理的农产品多达 54 种,完成率在 65% 以上的仅 22 种。不少成员多年未履行通报义务。不通报、低完成率,在很大程度上隐藏着进口数量限制,这有违非关税措施关税化的大方向。

　　针对这些问题,2008 年编撰发布的农业谈判模式案文提出了详尽的改革构想。一是按阶梯公式削减最终约束关税。发达国家成员大于 0、小于或等于 20% 的产品削减 50%,大于 20%、小于或等于 50% 的产品削减

57%,大于 50%、小于或等于 75%的产品削减 64%,大于 75%的产品削减 70%,最低平均削减幅度为 54%;发展中国家成员大于 0、小于或等于 30% 的产品削减幅度相当于发达国家成员第一档的 2/3,大于 30%、小于或等 于 80%的产品削减幅度相当于发达国家成员第二档的 2/3,大于 80%、小 于或等于 130%的产品削减幅度相当于发达国家成员第三档的 2/3,大于 130%的产品削减幅度相当于发达国家成员第四档的 2/3,包括敏感产品 在内的最高平均削减幅度为 36%,小型和脆弱经济体的削减幅度可再降 低 10 个百分点;新加入成员可比发展中国家成员少削减 8 个百分点,其最 终约束关税税率小于或等于 10%的产品免于削减。二是指定敏感产品。 发达国家成员可以指定最多 4%的税号产品为"敏感产品",如果超过 30% 的税号产品处于阶梯削减的最高档则可增加 2%的税号产品为"敏感产 品"。发展中国家成员指定为"敏感产品"的税号产品可比发达国家成员多 1/3。各成员敏感产品的关税削减可比按阶梯公式要求的削减幅度偏离 1/3、1/2 或 2/3。发达国家成员实行关税配额管理的产品,根据 2/3、1/3 和 1/2 的不同偏离幅度,相应地新增市场准入量分别不得低于国内实物消 费量的 4%、3%和 3.5%;如果现有的约束关税配额量达到国内消费量的 10%或 30%,新增市场准入量可以分别降低 0.5 个或 1 个百分点。发展中 国家成员新增市场准入量相当于发达国家成员相同情形下的 2/3。三是 其他方面,如关税升级、关税配额、特殊农产品保障措施(special agricultural safeguard,SSG)等。关税升级:加工产品的关税削减幅度应 比按阶梯公式要求的削减幅度高一档,处于阶梯公式最高档的加工产品应 追加削减 6 个百分点,以使加工产品和初级产品的关税税率差不超过 5 个 百分点,被指定为敏感产品的税号产品不适用这一要求。关税简化:各成 员减让表中所有产品的关税都应当为从价税;或者发达国家成员不少于 90%的产品为从价税、实施期结束后一年内提出对剩下部分如何实现向从 价税转换的办法,发展中国家成员的实施期可比发达国家成员延长 2 年。

关税配额:发达国家成员所有配额内关税削减 50％,或者以削减 10％ 为起点;从实施期第一天起,配额内关税税率最高为 17.5％;配额内约束关税税率已经等于或小于 5％ 的,在实施期第一年结束时应削减为零。发展中国家成员配额内关税削减 15％,小型和脆弱经济体为 7.5％。关税配额管理应当视同一种"进口许可",遵循乌拉圭回合《进口许可程序协定》和《农业协定》之要求。特殊农产品保障措施:发达国家成员应在实施期的第一天将适用 SSG 的税号产品占比减少到 1％,不迟于实施期的第 7 年底全部取消;发展中国家成员在实施期的第一天将适用 SSG 的税号产品占比减少到不超过 2.5％;小型和脆弱经济体适用 SSG 的税号产品占比在 12 年内减少到不超过 5％。

2. 各方诉求

在最近 2 年的磋商中,关于关税削减方面的讨论比较沉闷。澳大利亚代表凯恩斯集团指出,农产品平均关税仍然比工业品高出 8 倍,超过 300％ 的农产品关税也非个别现象,必须在削减保护方面取得实质性进展。巴拉圭和秘鲁在联署提案中提出,各成员农产品关税减让表表明,成员之间、成员不同产品间的关税差异很大,包括关税高峰、关税水平、复合或混合或更复杂的约束关税形式的差异,以及关税升级、关税配额、非关税措施的存在,使按公式法削减关税极为复杂。各成员应秉承《农业协定》第 20 条之精神,持续推进改革,在市场准入方面取得实质性进展。根据渐进推进的思路,第一步的改革措施包括:在关税简化方面,各成员应通报其约束和实施关税,包括把非从价税转换为从价税;各成员应修订其减让表,把所有农产品的约束关税(包括复合关税、混合关税、复矩阵关税)转换为简化的从价税;如有必要,发展中国家成员可以延期一年完成这种转换,最不发达国家成员可自愿确定是否进行这种转换。在关税峰值方面,发达国家成员约束关税税率超过 100％ 的农产品,应削减其与最近 3 年平均实施税率的差额的[X]％;发展中国家成员约束关税税率超过 150％ 的农产品,应削减其与最近3年平均实施税率的差额的[X]％。在关税升级方面,各成员应承诺对2008年模式案文附件D(TN/AG/W/4/Rev.4)所列产品的约束关税情况进行检视,如存在关税升级问题,应进行修订,以使加工品的关税不超过初级产品关税的[X]倍。关于配额内约束关税,发达国家成员所有配额内关税应削减[X]％或[X]％以上;发展中国家成员的配额内关税应削减[X]％。以这些改革为基础,各成员应继续致力于扩大市场准入,包括继续深化这些改革,也包括推进热带产品、非关税措施等领域改革。俄罗斯提出,应增强实施关税的透明度,GATT和TFA要求成员每年3月30日前提交实施关税情况,但在这一年内成员可能会采取涉及关税的多种贸易管制措施,进而使市场主体实际面临的关税水平与通报的实施关税不同。缺乏事先对实施关税水平的了解,将使贸易主体面临不确定性风险,应建立实施关税变化情况的及时通报机制。

2013年巴厘岛部长级会议就农产品关税配额管理作出决议后,各成员就如何落实进行了比较充分的讨论。欧盟指出,很多成员并没有按照决议要求通报配额完成情况,应加强配额管理的透明度、强化成员及时通报配额完成情况的义务,并要求每3年对该决议执行情况进行常规性评估;配额未完成机制的一个严重缺陷,是不适用于所有成员,也不是所有成员有同等的义务,这大大降低了其有效性,配额未完成机制应适用于所有成员。凯恩斯集团指出,该决议的执行效果不理想,40个作出通报承诺的成员中,只有17个成员通报的配额管理情况是最新的,只有28个成员通报了配额完成率,由此呼吁将配额管理通报系统更改至最新,用以评价该决议执行情况。澳大利亚也提出,应督促成员及时通报配额完成情况和未完成配额的再分配机制,同时应进一步明确未完成配额再分配的方法,以促进成员更透明、有效地分配未完成配额。

(四)特殊保障机制

1. 基本背景

为防范某项产品进口激增对国内生产同类产品或直接竞争产品的产业造成严重损害或严重损害威胁,根据《关贸总协定》第 19 条及第 12 条的规定,1994 年制定了 WTO 系列协定之一的《保障措施协定》。但该协定适用的产品范围很宽泛,触发条件比较严格,不足以消除美国、欧盟等发达国家和地区对原先受非关税措施保护的农产品实行关税化后可能受到冲击的担忧。在他们的坚持下,在《农业协定》中加入了第 5 条"特殊保障条款"。这一条款之所以"特殊",在于其比《保障措施协定》更有利于进口方采取保护措施,与《反倾销协定》(即《关于执行 1994 年关贸总协定第 6 条的协定》)相比也更有利于进口方采取保护措施。

根据《农业协定》第 5 条"特殊保障条款",当农产品进口数量超过触发水平或者到岸价降至触发价格以下,则允许暂时提高关税。相比一般保障措施,农产品特殊保障机制不需要进行损害检验或对出口方进行补偿。但适用农产品特殊保障机制也有较严格的条件:一是只适用成员已完成关税化的产品,并且在减让表中被相关成员特别标注"SSG"的农产品;二是实施特殊保障机制不能降低进口方最低市场准入水平,也不能对关税配额内和最惠贸易产品采取该措施;三是只能采取附加关税,而不能实行数量限制;四是应遵守透明性原则,以数量为基础的特殊保障措施必须在 10 日内通报该行动,以价格为基础的特殊保障措施必须提供触发价格说明。目前,只有 39 个成员拥有适用农产品特殊保障机制的权利,涉及 183 个产品类别,有特殊保障权益的农产品占各成员关税化产品的比例从最低 0.1%到最高 53%不等。

2004—2015 年,有 8 个成员启用过特殊保障措施,分别是巴巴多斯、欧盟、日本、韩国、菲律宾、中国台北、美国、挪威,涉及 77 个产品类别,使

78 个成员受到影响;启动数量措施和价格措施的累计次数分别为 1514 次和 1233 次,适用价格措施的数量 2004 年后逐渐下降。从适用的产品看,价格措施主要涉及乳品、食品配料、肉、水果和蔬菜、糖,数量措施主要涉及乳品、食品配料、肉、谷物、水果和蔬菜。

2. 各方诉求

因为农产品特殊保障机制只适用关税化且特别标注的产品,而大部分发展中国家成员都是采取直接设定关税约束上限的方式,因而不具有援用特殊保障机制的权利。针对这种贸易规则约束和政策适用的不平衡性,2015 年内罗毕第十届部长级会议提出,发展中国家成员也应拥有启动特殊保障机制的权益,并将推动这项权益的协商谈判。

G33 多次诉请赋予发展中国家成员有意义的特殊产品、可适用和有效的特殊保障机制,以帮助发展中国家成员维持农业投资、应对动荡国际市场的冲击。G33 认为,特殊保障机制最初设立时相对独立,并未与关税削减相关联,现在也不应以要求发展中国家成员削减关税为前提适用特殊保障机制;同时,因为很多发展中国家成员承诺的最高约束关税水平已明显低于发达国家,为确保有效的保障水平,应允许发展中国家成员使用特殊保障机制时可以超过其最高约束关税水平。G33 指出,特殊保障机制作为缓解价格波动风险和平衡农业贸易扭曲的补救性贸易工具,必须操作简单、入门容易、保障充分。G33 提出了一个适应所有发展中国家成员的以数量为基础的特殊保障措施方案,根据进口量超过近 3 年平均进口量(即"基期进口量")的幅度不同准予不同程度地加征关税:进口量超过基期进口量的 110% 但不超过 115%,可以加征不超过 25% 的关税;进口量超过基期进口量的 115% 但不超过 135%,可以加征不超过 40% 的关税;进口量超过基期进口量的 135%,可以加征不超过 50% 的关税。同时,对最不发达国家成员、占全球贸易比例非常低的脆弱小经济体和发展中国家成员给予特殊和差别待遇。对以价格为基础的措施,G33 认为,应以最近 3 年的平均价格作为参考价,而不是使用 1986—1988 年的固定外部参考价。进口的增加必然会导致国内价格的下跌,因此也要求约束同一产品不能同时使用以数量为基础的措施和以价格为基础的措施。

但对农产品特殊保障机制,因为各方的诉求不同,在前几轮谈判中难以达成一致。一些成员希望寻求对特殊保障机制更有效的约束纪律,确保市场准入改革不退步、成员现有约束承诺不倒退。菲律宾提出,要限制特殊保障机制触发提高的关税水平,以价格为基础的特殊保障机制的实施应以其税号产品总数的 15％为限①,而且触发条件必须是以当地货币计算的进口到岸价低于以平均每月价 90％计算的触发价格,但菲律宾却较为积极地支持建立以数量为基础的特殊保障机制。G33 尽管积极支持特殊保障机制,但也指出了现有特殊保障机制实施过程中缺乏约束的问题:以价格为基础的特殊保障机制较以数量为基础的特殊保障机制明显更容易被触发,美国、欧盟存在 5 年内连续启动特殊保障机制的情况,日本存在非常短时间内连续启动特殊保障机制的情况;因为条款中没有规定计算触发水平时必须排除因自由贸易协定而带来的贸易量,而是笼统地计算最惠国待遇下的贸易量,因此应要求各成员启动特殊保障机制时明确其触发水平是以总贸易量还是以最惠国待遇下的贸易量为计算口径。更有一些成员认为,特殊保障机制的讨论必须以农业贸易自由化为前提,在市场准入谈判没有实质性成果的情况下,不应推进特殊保障机制的谈判。俄罗斯提交给 2017 年布宜诺斯艾利斯第十一届部长级会议的决议草案提到,为促进市场准入谈判,各成员应继续推进以停止实施特殊保障机制为目标的工作,应努力在第十二届部长级会议削减适用特殊保障机制的税号产品数,发达国家成员应在 3 年内完成削减,发展中国家成员应在 5 年内完成削减。2018 年俄罗斯的提案指出,特殊保障机制的影响效果不平衡,近 5 年 8 个

---

① 更早一点提交的建议版本甚至要求降到税号产品(即关税线)总数的 6％。

成员启动过特殊保障机制,影响了 78 个成员的 77 个产品大类,关税配额和优惠贸易制度下的进口不受特殊保障机制的影响,因而特殊保障机制的影响具有明显的不平衡性。巴拉圭、阿根廷、澳大利亚等也在联署提案中主张取消《农业协定》中的特殊保障条款。

对特殊保障机制的主要分歧在于:支持者认为,特殊保障机制是为了保护贫困、脆弱农户免受国际市场价格波动冲击,应该较容易实施并能有效对冲价格下跌和进口激增的冲击,以作为当前农业国际贸易扭曲和各成员保护程度不平衡的一种补救措施;反对者则认为,特殊保障机制应作为不影响贸易发展和市场准入的临时性保护工具,其实施不能超出各成员承诺的最高约束关税水平,也不能在正常市场价格波动和贸易增长下启动,而且实施期必须限定在一定时间内。

(五)出口竞争

1. 基本背景

20 世纪 90 年代中期以前,美国、欧盟等发达国家因实行农产品价格支持政策而导致农产品严重过剩,通过出口补贴缓解国内过剩矛盾成为其农业政策的重要组成部分。这些国家的出口补贴不仅挤占了出口农产品的发展中国家成员的国际市场空间,而且也抑制了进口农产品的发展中国家成员的农业发展。出口补贴成为当时对国际农产品贸易最具扭曲作用的措施之一,迫切需要加以规范和约束。在此背景下,规范出口竞争成为《农业协定》的三大支柱之一。多哈回合以来,如何进一步规范出口竞争秩序、削减出口补贴,也一直是农业议题谈判的重要内容。

2015 年内罗毕第十届部长级会议形成具有约束力的决议,同意停止和逐步淘汰农业出口补贴,要求发达国家成员立即取消出口补贴、发展中国家成员 2018 年取消出口补贴,特定的"加工品、奶制品和猪肉"等产品可延至 2020 年。据此,25 个成员作出了削减出口补贴的承诺。从 3 年多来的执行评估看,出口补贴的削减仍是一项未完成的事业。只有 34.4% 的出口补贴通过正式修改支持计划而获得取消,发达国家成员完成立即取消补贴的比例为 7.2%,发展中国家成员完成阶段性取消补贴的比例为 51.9%,而且有 2 个成员出口补贴数量超过了其前 5 年的平均水平。各成员对出口补贴调查问卷的响应率下降,18 个提交出口补贴削减计划的成员中,有 5 个没有回答调查问卷,而其他有食品援助、出口信贷、信贷保险和国有企业贸易的成员也没有对相应的问题作出回答。信息透明度的缺乏,不利于监督出口补贴削减的执行情况。

2. 各方诉求

凯恩斯集团普遍具有农产品出口优势,但缺乏提供出口补贴的实力,其对规范和约束出口补贴的诉求最为强烈。该集团提出,应强化信息通报约束和更全面通报补贴削减的信息,对允许延期削减出口补贴的品种应要求通报其补贴的数量,应要求全面通报出口信用保险和再保险项目的情况。鉴于很多成员试图通过国有企业、国际食物援助和出口信贷(包括出口信贷、出口信用保险等)绕开出口补贴削减承诺,加拿大强调了增强农业出口国有企业、国际食物援助和出口信贷透明性的重要性,建议削减内罗毕部长级会议决议锁定 18 个月出口信贷的最大支持限额。

一些发展中国家成员则指出,出口补贴导致国际农产品市场价格被人为压低,使其国内生产者在进口冲击下缺少发展空间。一些发展中国家成员通过比较不同类型出口补贴产生的倾销效果,以证明出口补贴对其农民造成了明显的伤害。还有一些发展中国家成员突出强调了现行规则的不平等性,因为发展中国家成员没钱而没有补贴基础,实际补贴水平在时空上存在不平衡,要求对发展中国家成员必须有平衡性考虑。东盟和印度要求所有发达国家成员取消出口补贴,但应允许发展中国家成员针对特定目的的营销进行补贴。一些发展中国家成员则要求,除非发达国家成员实质性取消出口补贴,否则要保留高关税壁垒或调整当前的关税限定水平以保护其国内生产者。

(六)出口限制

1.基本背景

WTO 创立之初正处于全球粮食过剩、国际市场粮食价格低迷的市场环境中,因此《农业协定》的制定集中于解决农产品市场开放和削减扭曲贸易的国内补贴问题。但进入 21 世纪后,国际市场粮价持续走高、粮食供应短缺现象频发,部分粮食主产国采取了出口限制措施,国际市场波动下粮食安全保障问题日益引起粮食净进口国的关注。2007 年 1 月至 2011 年 3 月,105 个国家中有 33 个国家实施了粮食出口限制措施。因为国际粮食贸易中出口高度集中于少数几个国家,出口限制将极大影响国际市场粮食供应,进而使高度依赖于粮食进口的国家面临粮食安全风险。联合国粮食及农业组织(FAO)等国际组织的一项研究显示,主要粮食出口国采取的出口限制措施能将世界粮价 10 个百分点的上涨转变为 20~50 个百分点的上涨。2007—2008 年和 2011—2012 年,粮食出口大国的出口限制推助了国际市场粮食价格的飙升,使净进口国面临粮食采购困难,这引起国际组织和净进口国对完善出口限制规则的关注。

2011 年日内瓦第八届部长级会议将全球粮食供给和粮价波动作为讨论内容,起草了两项关于取消出口限制或禁止措施的提议:一是各国不能对世界粮食计划署基于人道主义目的而购买的粮食实施出口限制措施;二是探索建立"主要粮食出口商免除对最不发达国家和粮食净进口发展中国家实施出口数量限制"的机制。这两项提议虽没有获得通过,但提高了各成员对此问题的关注度,成为未来关于粮食出口限制议题讨论的基石。

2.各方诉求

日本等农产品净进口国认为,出口限制或出口税的设置干扰了国际农产品市场供应,应建立对出口限制的规范纪律,比如应将出口限制像进口限制一样进行"关税化",然后削减出口税。瑞士提出,应完全取消出口限制措施,但对发展中国家成员给予一定操作弹性。鉴于出口限制的通报时间普遍滞后[①],影响了净进口国的及时应对,净进口国普遍要求加强对提前通报的约束。新加坡提出,出口限制的实施应至少提前 30 天通报,只有在食物严重短缺的特殊情况下才允许事后通报,但也应在实施后 10 天内进行通报;各成员不得对非商业性人道主义援助的国际项目限制出口,并应免除对发展中国家成员出口限制的约束。以色列、日本、韩国等要求,即使在出现食物短缺的情况下,也必须在实施 30 天前通报,并且实施的期限不能长于 12 个月,特定情况可以延长至 18 个月,超过 18 个月必须经过净进口国同意。

很多专家和净进口国认为,WTO 关于出口限制的规则较为模糊,缺乏明确的限定和约束。贸易和可持续发展国际研究中心对改进 WTO 出口限制规则提出了以下建议:不得向进行食物援助的国际组织实施出口限制;进一步具体化实施出口限制的约束性条件,强化对实施出口限制的提前通报,并明确出口限制的取消时间;积极限制出口税等限制措施对国际市场和粮食安全的影响,应对出口方实施条件和特定产品出口量进行约束,比如要求实施出口限制时应保持特定产品出口量与国内产量的比例不变;禁止对粮食净进口的发展中国家成员和最不发达国家成员实施出口限制;对出口限制和出口税制定更严格的纪律;让进口与出口限制规则具有对等性,要求出口限制措施"税收化",即替换为等量的"出口税",对出口配额内的量实施最低出口税,按照参考其国内生产量的一定比例制定最低出口量。

---

① 16 条出口限制通报中,只有 8 条是在实施前通报的,平均是在实施的 9.6 天之前通报。

(七)棉花

1.基本背景

棉花并非全球农产品贸易中最重要的品种,2017年仅占全球农产品出口额的0.9%,但却能够在多哈回合农业谈判中单独成为磋商议题,其特殊性可见一斑。多哈回合以来,有两个因素使棉花议题格外引人关注。

(1)巴西诉美国棉花补贴案增强了发展中国家成员挑战发达国家成员农业补贴政策的信心

2002年9月,巴西就美国棉花补贴向WTO提出磋商请求。巴西认为,美国1999—2002年度提供的棉花生产者补贴和出口补贴,以及对棉花使用者的补贴,违反了相关承诺。巴西指出,2001年度,美国棉花生产者获得的国内支持超过了其产值的100%,国内支持和出口补贴共计超过40亿美元;《2002年农业法案》出台的措施,包括新的反周期支付、直接支付(原生产灵活性合同支付)、贷款差额支付、营销贷款支付、作物保险支付、第2步补贴和其他出口补贴,这些补贴的金额远远超过了《1996年农业法案》所包含的补贴金额;美国的补贴措施具有明显的促进生产和出口的效果,使美国棉花产量在生产成本高于市场价格、市场价格不断下降的情况依然实现了明显增长,使美国棉花期末库存和出口明显增长;美国的补贴政策压制了国际市场棉花价格,挤占了其他国家的出口份额,给巴西和其他棉花出口国造成严重损失,2001年度,仅巴西棉花产业遭受的损失就超过了6亿美元。

2005年3月,WTO争端解决机构采纳上诉机构和专家组报告,判定美国棉花出口信贷担保计划、《2002年农业法案》第1207(a)节规定的提供给棉花出口者的使用者营销支付(第2步补贴)和提供给国内棉花使用者的营销支付(第2步补贴)具有出口补贴和国内支持性质,要求美国在6个月内(或2005年7月1日前)消除相关补贴的负面影响或取消这些补贴措施。此外,上诉机构还认定美国通报为绿箱的"生产灵活性合同支付"及直接支付有可能刺激生产,不符合绿箱没有或仅有微小扭曲作用的标准。2014 年 10 月,巴西和美国达成和解,决定终结这场争端,条件是美国给巴西棉花研究所 3 亿美元技术援助。

巴西诉美国棉花补贴案取得成功,对推进 WTO 框架下的棉花改革具有标志性意义,既给提供大量农业补贴的发达国家成员带来很大压力,也给发展中国家成员利用 WTO 争端解决机制挑战发达国家成员的贸易扭曲型农业补贴政策、维护本国农业发展利益提供了示范。

(2)"棉花四国"挑头推动改革把棉花议题推上了道义制高点

2003 年,贝宁、布基纳法索、乍得、马里 4 个最不发达国家成员(简称"棉花四国"或"C4")向 WTO 提交棉花议案,要求对最不发达国家成员用以维持生计的棉花予以优先和特殊考虑,希望削减对棉花的边境限制和各类国内支持措施,并对最不发达国家成员在棉花领域的损失给予过渡性的经济补偿。C4 突出强调了棉花对其农民家庭生计的重要性,撒哈拉沙漠以南非洲有 5% 的人口以棉花生产为生,40% 的出口收入来自棉花,而发达国家成员的国内支持压低了全球棉花价格,使其棉农遭受巨大损失。

2004 年,在日内瓦达成的《7 月框架协议》(*July Package*)肯定了最不发达国家成员对与棉花贸易相关的发展议题的诉求,确定了对涉及棉花的市场准入、国内支持和出口竞争进行谈判。同年,还正式成立 WTO 农业委员会棉花分委员会,建立总干事棉花咨询框架机制。

2005 年,在中国香港召开的 WTO 第六届部长级会议就棉花问题达成共识:发达国家成员将在 2006 年取消所有形式的棉花出口补贴;发达国家成员将自实施期开始时起给予来自最不发达国家成员的棉花出口免关税、免配额待遇;棉花生产方面扭曲贸易的国内补贴的取消比任何议定的总体公式更快、更具抱负水平,且实施期短于普遍适用的实施期;承诺在谈判中对达成此种结果给予优先考虑。然而,各方在其他核心问题上的分歧,导致本届部长级会议在棉花问题上取得的成果难以得到有效执行。

2013 年,在巴厘岛召开的 WTO 第九届部长级会议同意了 C4 对棉花的提议:从 2015 年 1 月 1 日起,最不发达国家成员向发达国家成员出口棉花,将享受免关税、免配额的优惠政策;削减发达国家成员对棉花的出口补贴。但谈判结果缺乏对棉花国内支持的约束。

2015 年,在内罗毕召开的 WTO 第十届部长级会议就棉花问题形成决议:发达国家成员和发展中国家成员中声称有能力的国家,将从 2016 年 1 月 1 日起对产自最不发达国家成员的棉花给予免关税、免配额的市场准入支持[1];发达国家成员立即取消棉花出口补贴,发展中国家成员最迟 2017 年 1 月 1 日前取消;强调了削减具有贸易扭曲效应的国内棉花补贴的重要性,督促各成员在补贴削减进程中加强通报、保障必要的透明性;要求对发展中国家成员尤其是最不发达国家成员的棉花产业发展提供援助。

从上述回顾可以看出,自 2003 年 C4 提出改革议案以来,棉花议题在多哈回合农业谈判中受到的重视程度最高,WTO 相关部门为此付出的努力最大。在这背后,有其内在逻辑。多哈回合的最鲜明特征,是要维护发展中国家成员特别是最不发达国家成员的发展权。多哈回合启动后,受部分发达国家成员补贴政策影响,以棉花为代表的全球大宗农产品价格持续低迷。这使部分对棉花出口具有较高依存度的最不发达国家成员遭受巨大冲击。在这样的时代背景下,由这些遭受冲击的最不发达国家成员提出棉花改革议案,自然使棉花议题站上了道义制高点。理解棉花改革走过的这一历程,认清当前各方立场背后的逻辑,必须充分考虑到棉花议题的这种特殊性。

2. 各方诉求

由于取消农产品出口补贴的谈判已取得明显进展,目前涉及棉花改革

---

[1] 在这次会议上,我国宣布"在优惠贸易安排和政治承诺所规定的范围内具有此种能力"。

的讨论集中在国内支持和市场准入方面。中国近年来的棉花政策，也是各方关注的焦点。

（1）关于棉花国内支持改革

C4、欧盟等成员认为，2017 年召开的 WTO 第十一届部长级会议没能就削减棉花国内支持达成实质性进展令人遗憾，希望在 2020 年召开的第十二届 WTO 部长级会议上提出具有现实性和平衡性的解决方案。目前各成员对如何约束棉花国内支持，提出了不同主张。以 C4 的主张最为激进。2017 年 10 月，在 WTO 第十一届部长级会议前夕，C4 对棉花国内支持改革提出了完整的思路。第一，对包括 AMS、蓝箱、微量允许在内的棉花贸易 OTDS 按如下方式进行限制：①对发达国家成员，FBTAMS 大于 400 亿美元或其他等值货币的，削减 90%；FBTAMS 大于 150 亿、小于等于 400 亿美元或其他等值货币的，削减 80%；FBTAMS 小于等于 150 亿美元或其他等值货币的，削减 70%。②有 FBTAMS 的发展中国家成员，相应的 AMS 削减幅度为发达国家成员的 2/3。③以上削减，以各成员通报的 2009—2013 年的 AMS、蓝箱、微量允许值的算术平均值为基数。④发达国家成员和发展中国家成员在向棉花生产者叠加提供 AMS 和蓝箱支持方面应保持克制。⑤关于 AMS、蓝箱、微量允许的削减，发达国家成员从决议通过之日起实施，发展中国家成员从决议通过之日起 5 年内实施。第二，各成员不应为棉花生产者提供符合《农业协定》附件 2 第 5—13 段标准的各类绿箱支持①。对绿箱的削减，发达国家成员从决议通过之日起 2 年内实施，发展中国家成员从决议通过之日起 5 年内实施。有 FBTAMS 的成员，在过渡期内如果将维持或采取符合《农业协定》附件 2 第 5—13 段标准的绿箱措施，必须采取一系列措施确保这些措施的透明

---

① 这些绿箱措施包括：对生产者的直接支付、不挂钩的收入支持、收入保险和收入安全网计划中政府的资金参与、自然灾害救济支付、通过生产者退休计划提供的结构调整援助、通过资源停用计划提供的结构援助、通过投资援助提供的结构援助、环境计划下的支付、地区援助计划下的支付。

度,否则将会触发贸易争端解决机制。第三,最不发达国家成员无须作出削减承诺。在 2018 年的讨论中,C4 还希望能够以数据为基础比较各"箱"类棉花支持政策水平及其削减程度。C4 贸易部长在乍得召开第 6 次定期协调会议后发布部长宣言,再次呼吁提供扭曲贸易的国内支持措施的成员,提高其支持措施的透明度,按规定及时更新其通报;第十二届 WTO 部长级会议应是执行贸易部长早在 2004 年就已确定的棉花改革任务的最后期限。多哥、巴基斯坦和巴西等多个国家均表示,在 2020 年召开的 WTO 第十二届部长级会议上将支持 C4 提出的削减棉花国内支持的目标。巴基斯坦认为,C4 的建议是最长效的解决方案。巴西和澳大利亚均指出,削减扭曲贸易的补贴应是优先解决的问题。土耳其等建议以扭曲贸易支持占棉花产值比例设定限额。

C4 的改革主张,特别是把蓝箱纳入 OTDS 进行限制、对部分绿箱措施进行限制,令部分成员难以接受。一些成员认为 C4 的建议当下不现实,而另一些成员则直接反对 C4 的建议。特别是巴西、欧盟、哥伦比亚、秘鲁、乌拉圭认为,蓝箱不具有贸易扭曲效应,应被排除在 OTDS 之外。

作为反击,欧盟和美国均质询了印度 2011 年后实施的棉花价格支持政策。美国认为印度没有规定有资格接受管理价格收购的限额,所有棉花产量均应计入价格支持,由此计算的印度棉花 AMS 占其产值比重,2010/2011 年度至 2016/2017 年度分别为 53.7%、55.9%、78.9%、70.9%、81.4%、80.9%和 67.9%,远远超过了 10%的微量许可上限。

(2)关于棉花市场准入改革

美国向 WTO 提交的"棉花形势"报告指出,发展中国家成员平均实施关税水平为 3.9%、发达国家成员为 0.5%,发展中国家成员平均约束关税税率达到 51%、发达国家成员只有 2.4%,发展中国家成员约束关税与实施关税水平之间的"水分"明显高于发达国家成员,并专门指出中国的实施关税水平最高。巴西认为,棉花实施关税和约束关税的巨大差距是谈判不足导致的,应当削减约束关税。巴基斯坦指出,以进口关税为主的准入限制对最不发达国家成员和发展中国家成员的损害也非常突出。印度指出,本国进口棉花中来自发展中国家成员的比例达到 23%,希望还没有为最不发达国家成员提供零关税、零配额市场准入的成员加快落实 2015 年在内罗毕召开的第十届 WTO 部长级会议的决议精神。中国强调了棉花自由贸易应全产业链推进,进口了大量棉花生产加工,但因发达国家关税升级而使棉纺制品出口受限。

(3)关于棉花其他议题的改革

在棉花议题上还包括其他一些关注。一是棉花替代品问题。美国指出,中国产业补贴政策导致产能过剩、压低了全球人造纤维价格,棉花市场受到来自低价人造纤维的冲击,希望增加人造纤维产业政府补贴的透明度。C4 强调,人造纤维对棉花的替代带来很大影响,呼吁支持更环保、绿色的棉制品消费。二是棉花副产品问题。C4 提出,应支持其棉花副产品发展及市场准入。欧盟支持在 2020 年召开的 WTO 第十二届部长级会议上建立关于棉花副产品的工作项目,寻求为最不发达国家成员棉花副产品提供零关税、零配额的准入机制。三是棉花政策通报问题。总干事棉花咨询框架机制、C4、美国等均多次提出,各主要成员应切实履行通报义务,提高通报的及时性、准确性、充分性,以便为棉花改革提供数据支撑。此外,各成员原则上同意加强对 C4 的棉花产业发展的支持,包括技术援助、价值链提升等。

(八)农业领域的发展中国家成员特殊和差别待遇

1. 基本背景

WTO《农业协定》的一大不足,就是对发展中国家成员的农业发展问题关注不够。尽管如此,从总体上看,在 WTO 的各类协定、决议中,《农业协定》赋予发展中国家成员的特殊和差别待遇条款数是较多的。经梳理,

WTO 的各类协定、决议中,共有 155 条"特殊和差别待遇"条款。由于农业贸易自由化对发展中国家的影响较大,在《农业协定》中的"特殊和差别待遇"条款数量也较多,达到了 13 条(见附表 8-2)。但含金量不高。例如,尽管在微量允许的上限方面,发展中国家成员为 10％,比发达国家成员的 5％高出 1 倍,但发展中国家成员普遍没有基期 AMS,对需要重点发展的农产品缺乏支持政策空间。《农业协定》中对发展中国家成员的"特殊和差别待遇"条款,主要是赋予发展中国家成员农业支持政策更大的灵活性,包括补贴约束、关税削减、粮食储备和粮食援助等方面放松限制,13 个条款中有 9 条属于这类(见附表 8-3)。这些条款,含义模糊,可执行性差。

为弥补这些不足,多哈回合的各领域特别是农业领域的谈判中,普遍把发展议题作为核心。在多哈回合以来形成的各类协定、决议中,农业领域的发展中国家成员"特殊和差别待遇"条款数也较多,在 32 个"特殊和差别待遇"条款中,农业领域占 8 条,主要集中在"发展箱"扩围、改进配额管理、保障粮食安全、设立特殊保障机制、促进生产棉花的最不发达国家成员发展等方面(见附表 8-4)。

2. 各方诉求

多哈发展议题被提出后,WTO 成员对促进发展中国家成员发展在大方向上是基本一致的,但对赋予发展中国家成员哪些特殊和差别待遇存在较大分歧。

发展中国家成员普遍认为,当前对发展中国家成员的特殊和差别待遇没有给出实质性的优惠,各项条款均采用"尽最大努力""积极考虑"等措辞,规则具有模糊性和"软约束性"。2019 年,中国、印度、南非等 10 个成员在关于发展中国家成员特殊和差别待遇的联合提议中指出,当前的特殊和差别待遇条款缺乏精准性、有效性、操作性和执行力,促进发展中国家成员实现包容性发展的作用并没有充分体现出来;当前贸易和发展的不平衡以及规则的不公平,使得 WTO 规则实际上存在"逆向"的特殊和差别待遇,即发达国家成员实质上获得国内支持、市场准入、出口补贴等方面更宽松的政策空间;而且发展中国家成员参与贸易协定谈判的能力不足,也使得其不能在谈判中积极参与、充分争取与保护自身权益。因此,发展中国家成员一直努力争取 WTO 能够以"发展箱"政策形式给予更明确的政策优惠。比如,印度认为,支持发展中国家成员提高贸易参与能力,应允许发展中国家成员仍能够在一些产品上实施出口补贴;非加太集团提出,应允许发展中国家成员补贴在其领海内开展的只涉及手工捕鱼、小规模捕鱼、自给性捕鱼、渔民及其家庭生计的沿海捕鱼活动;等等。

发达国家成员不反对给予发展中国家成员特殊和差别待遇。凯恩斯集团支持对发展中国家尤其是最不发达国家成员的特殊和差别待遇,希望 WTO 改革继续支持这些成员经济发展和提供技术援助,但认为特殊和差别待遇必须有相应的监督机制保障其不被滥用。

最近几年,争论的焦点集中在"发展中国家"的界定、特殊和差别待遇的监督机制上。一是关于发展中国家的自我认定。美国发布的《2018 年贸易政策议程和 2017 年年度报告》和欧盟发布的《WTO 现代化方案》均指出,自我认定的方式使很多富裕国家(比如新加坡)通过自称"发展中国家"以规避规则的约束,应对发展中国家的认定提出标准。欧盟还主张建立发展中国家成员"毕业"机制,逐步退出特殊和差别待遇,并要求特殊和差别待遇条款转向以需求为导向和以证据为基础的方法,确保其具有明确针对性、避免集体豁免。发展中国家成员则认为,自我认定的方式并没有导致 WTO 谈判的僵局,恰恰促进了发展中国家成员履行贸易促进承诺,对协议的达成和有效执行起着关键作用。二是关于建立特殊和差别待遇的监督机制。巴厘岛第九届部长级会议决议提出,要建立特殊和差别待遇的监督机制。发达国家成员明确要求建立特殊和差别待遇的监督机制,日本、欧盟、加拿大等均对监督机制未实质建立而表示遗憾。大多数发展中国家成员也同意建立监督机制,认为监督机制的建立有助于促进更具实质意义的特殊和差别待遇条款的达成，但希望监督机制具有可操作性。南非等不少发展中国家成员还指出，因为特殊和差别待遇缺乏明确性，而实际中很多发展中国家成员并没有实质享受到其特殊优惠，监督机制应在特殊和差别待遇充分落实和有效加强的基础上建立。WTO农业委员会则指出，因为一直没有关于特殊和差别待遇监督机制的明确提案，所以没有办法推动监督机制的建立。

三、WTO农业改革对我国农业发展的可能影响

WTO框架下的农业改革诉求和主张短期内未必都能够达成共识、形成决议、付诸实施，但其代表的改革走向值得我们重视，需要对其一旦付诸实施对我国农业发展可能带来的影响做好预判、早做打算。

（一）国内支持改革对我国农业发展的可能影响

在农业国内支持方面，我国既属于没有 AMS 权利的新加入成员，又属于经济发展速度快、有能力提供农业支持且实际农业支持总量快速增长的成员；既具有支持总量大的特征，又具有相对支持水平（人均或相对农业产值的比重）低的特征。特别是我国农业国内支持政策的类型几乎涵盖《农业协定》第6条和附件2所涉及的所有种类，包括具有争议的蓝箱、脱钩的直接收入支付等。美国甚至指责我国已成为"最大的农产品贸易扭曲国"。一些发展中国家成员对我国的农业补贴政策也颇多微词。因此，关于国内支持改革的任何主张都会涉及我国农业发展利益。关于贸易扭曲型措施封顶改革，按静态方法制定改革方案，由于我国没有基期 AMS，微量允许比例只有8.5%，不利于我国未来增加支持总量；与未来农业生产总值挂钩的动态封顶方案，有利于我国随着农业发展而不断扩大支持政策空间。关于 AMS 改革，无论是取消还是限制其集中用于少数产品，都符

合我国利益,应成为我国在国内支持议题上优先推动的选项。关于蓝箱和绿箱改革,任何加严的改革动议(特别是把蓝箱纳入封顶范围的改革动议),都不利于我国未来建立新型农业支持政策体系,在谈判中应坚决反对。关于"发展箱",即《农业协定》第 6.2 条,我国入世时承诺可以使用其涵盖的措施,但需计入黄箱,目前绝大多数改革提案都主张维持此条不变,这对我国农业影响很小,可在关于此条的谈判中持中立立场。

(二)粮食安全公共储备改革对我国农业发展的可能影响

我国已根据《农业协定》附件 2 第 3 款的规定,建立起庞大的中央和地方两级粮食储备制度。其基本特征是:有公开发布的储备管理制度;对储备的数量规模有明确规定;轮入和轮出严格按市场价进行;财政对履行储备职能的企业补贴利息和保管费用,按 2016 年通报数据,此项支出为 1149.19 亿人民币,且按绿箱进行通报。在目前关于粮食安全公共储备的博弈中,任何改革主张都不会对我国现行粮食储备制度构成实质性的负面影响。未来的改革,如果沿着不计入黄箱且扩大适用范围的方向推进,有利于我国采用管理价格收购和销售储备粮,这相当于为实行粮食市场价格支持开辟了一条新途径;如果沿着不计入黄箱但要控制在一定幅度内的方向推进,比如不超过该产品产值的 10%,这也可以扩大我国的政策操作空间;如果沿着按管理价格收购和销售产生的价差必须计入黄箱的方向推进,我国只需维持现行粮食储备制度即可。

(三)市场准入改革对我国农业发展的可能影响

我国入世时在农产品市场准入方面做出了较大让步,入世后积极履行减让承诺。截至 2010 年,我国农产品进口平均约束关税税率为 15.2%,约为世界平均水平的 1/4,远低于发展中国家成员 56% 和发达国家成员 39% 的平均水平;我国农产品进口最高约束关税税率为 65%,而美国、欧盟、日本分别为 440%、408%和 1706%[1];我国农产品进口关税已全部转换为从价税,关税结构简单,约束关税与实施关税之间"水分"很少。我国入世时即已放弃适用《农业协定》第 5 条。我国对小麦、玉米、大米、食糖、棉花、羊毛、毛条实行关税配额管理,已按要求对配额完成率进行了通报,也已按 WTO 争端解决机构的裁决结果完善了农产品关税配额管理办法。今后在农产品市场准入方面可能的改革措施对我国农业的可能影响主要有:第一,如果按 2008 年模式案文提出的阶梯公式对农产品最终约束关税税率进行削减,我国部分缺乏比较优势的大宗农产品将面临削减进口关税税率的压力,这将进一步扩大国内外价格倒挂的幅度,增加价差驱动型进口;第二,我国部分农产品存在关税升级问题,如大豆、油菜籽和豆油、菜籽油进口关税税率分别为 3%和 9%,如果缩小加工品和初级产品之间的税率差,将对国内大豆、菜籽压榨等农产品加工行业带来压力。

(四)特殊保障机制改革对我国农业发展的可能影响

我国入世时采取设定关税约束上限的方式,并且没有特别标注适用特殊保障机制的产品,实际上放弃了采用特殊保障机制的权益。当时我国为农产品净出口国,主要农产品国内市场价格低于国际市场价格,未承受进口压力。但随着我国由农产品净出口国转变为净进口国,国际市场上低价农产品的大量进口对国内生产者的冲击日益凸显。随着国内外农产品生产成本和价格倒挂幅度的扩大,我国对国际农产品市场融入程度的加深,迫切需要风险防范机制的保护。虽然根据《1994 年关贸总协定》第 19 条第 1 款(a)项和第 3 款、《保障措施协定》第 8 条第 2 款的规定,以及《中华人民共和国保障措施条例》的规定,可以对包括农产品在内的产品进口采取保障措施,但触发条件更严格、适用的门槛更高。

---

① 见《中国与世界贸易组织》白皮书,2018 年 6 月。

（五）出口竞争改革对我国农业发展的可能影响

我国入世时承诺不实行农产品出口补贴，入世以来实际上也不存在出口补贴。履行内罗毕部长级会议所要求的削减出口补贴的义务，对我国而言没有任何压力。削减出口补贴对我国既有利又有弊。从利来看，我国当前仍有大量生计型小农，出口方削减出口补贴，会降低我国农产品的进口量，从而为国内小规模生产者留出更多发展空间。从弊来看，我国已日益成为农产品的净进口国，出口方的出口补贴压低了国际农产品价格，有利于增加我国消费者剩余，削减出口补贴则会减少这种消费者剩余。综合权衡，削减出口补贴对我国利大于弊；而且从长远看，出口补贴的削减有助于建立公平的市场环境，也是全球贸易自由化的重要方向，支持削减出口补贴属于站在道义的一边。

（六）出口限制改革对我国农业发展的可能影响

自 2004 年以来，我国已持续成为农产品净进口国。农产品净进口额从 2004 年的 47.2 亿美元扩大到 2018 年的 573.8 亿美元，我国已步入农业进口依存度长期上升通道，大豆、食用植物油、棉花、食糖等重要农产品的进口依存度已经很高。特别是 2009 年以来，小麦、玉米、稻谷先后持续出现净进口，如果说这三大谷物目前的净进口还是价差驱动型进口造成的，未来则极有可能出现缺口驱动型进口。总体而言，利用国际市场保障国内粮食和食物多元化供给将成为必然趋势。在全球农产品供大于求的时期，我国作为净进口国处于有利地位，可以把农产品进口作为处理国际经贸关系的重要砝码。但在全球农产品供不应求的时期，主要农产品特别是口粮等敏感农产品的净进口则意味着巨大的安全风险。因此，防范因部分国家的出口限制对我国食物进口来源可能带来的安全威胁是非常重要的。

(七)棉花改革对我国农业发展的可能影响

棉花议题的两个焦点,即削减国内支持和进口关税,都与我国棉花产业有直接关系,都将给我国棉花生产带来明显压力。我国既是棉花生产大国,又是棉花进口和棉纺织工业大国,既是目前的发展中国家,又会是将来的发达国家,需要统筹考虑棉花生产和棉纺织工业、当前利益与长远发展。在削减国内支持方面,要维护蓝箱措施不计入黄箱总量、绿箱措施不受限制的政策立场。我国已将 2017—2019 年的棉花目标价格补贴政策按蓝箱通报,尽管需要进一步完善,但必须坚持蓝箱政策没有明显的贸易扭曲效应、不应计入 AMS 的立场。在棉花的国内支持方面,还必须努力争取绿箱政策空间。尽管 C4 提出的对棉花绿箱政策加强约束纪律的提议没有获得更多支持,但这是一个值得警惕的动向,我国宜在未来的谈判中努力争取更多政策能够放入绿箱。在降低棉花进口关税方面,我国宜努力争取以各国棉纺制品关税的削减为条件削减棉花进口关税,或要求对棉花进口量超过一定水平的成员豁免关税削减。我国棉花生产成本已明显高于其他国家,关税配额制度是我国入世时为保护国内棉花生产争取到的主要政策工具,棉花进口配额使用率已连续多年达到 100%,配额外 40% 的最惠国税率已不足以抵挡国外棉的进入。如果配额外关税税率进一步下降,我国棉花生产更无法承受。美国棉花进口配额的完成率非常低,我国应竭力争取净进口国在配额足额用完条件下豁免关税削减的权利。

(八)农业领域特殊和差别待遇改革对我国农业发展的可能影响

我国从加入 WTO 时起就没有充分享受《农业协定》赋予发展中国家成员的特殊和差别待遇。从对我国的实际意义的角度来看,《农业协定》赋予发展中国家成员的 13 个特殊和差别待遇条款可分为 3 类:一是有 5 个条款我国在加入 WTO 时已放弃适用,主要包括:"发展箱"措施,如农业投资补贴;出口补贴;以最低准入的形式实行农产品进口数量限制。作出这些妥协是当时谈判的需要,有些妥协对我国农业影响不大,但也有些妥协带来了不利影响,如农业投资补贴。二是有 7 个条款尽管适用,但已无实际意义。包括两种类型:与加入和实施期有关的特殊和差别待遇,这些条款已自动失去意义,如发展中国家成员应拥有在最长 10 年内实施削减承诺的灵活性;随着我国经济发展水平提高和农产品供求关系变化而逐步失去意义,如粮食净出口发展中国家成员可以不受出口禁止或限制纪律的约束。三是只有 1 个条款有限度适用,即有限度适用关于微量许可的特殊和差别待遇。发达国家成员特定产品微量许可上限为该产品生产总值的 5%、非特定产品微量许可上限为农业生产总值的 5%,发展中国家成员分别为 10% 和 10%。我国加入 WTO 时,经过谈判,相应上限分别为 8.5% 和 8.5%,介于发达国家成员和发展中国家成员之间。

我国能够从多哈回合农业谈判主要议题的发展中国家成员特殊和差别待遇中受益的部分非常有限。经各方博弈,涉及发展中国家成员特殊和差别待遇的农业谈判取得 8 项初步成果。对我国而言,这 8 项初步成果可分为两种情况:一是有 5 项成果不适用我国。主要包括:新加入的最不发达国家可以确定较高的约束关税水平;对最不发达国家棉花的扶持;为发展中国家成员建立特殊保障机制,允许其在进口激增和价格下跌时临时提高关税;延期取消出口补贴;在缩短出口信贷还款期限方面更优惠的安排。这些成果,有的因我国入世时即已放弃相关权利而不能适用,有的则因只给予最不发达国家成员而不能适用。二是有 3 项成果适用我国,但对其实际意义需要进行具体分析。从政府一般服务方面的谈判成果看,在原有 7 种绿箱政策外新增"土地复垦、土壤保持和资源管理、干旱管理和洪水控制、农村就业、产权证发放、农民安置"6 种绿箱政策,对我国实施乡村振兴战略具有重要意义,但这取决于未来财政愿意投入多少资金。从粮食安全公共储备方面的谈判成果看,还没有形成最终方案。从农产品配额管理方面的谈判成果看，"发展中国家成员在配额完成率未达到 65％的情况下，可以享受维持现有管理方式"的特殊和差别待遇，对我国有一定意义，可以减轻目前小麦、玉米配额内进口的压力，但长远看，我国需要增加这些产品的进口，配额终将足量使用。

　　总体而言，农业领域发展中国家成员特殊和差别待遇的强化或减弱，对我国农业的实质性影响都是有限的。如果被进一步强化，由于我国入世时就没有充分享受到发展中国家成员的权利，以我国现在和今后的工业化程度就更难享受到新出台的发展中国家成员特殊和差别待遇。如果被弱化，无论是因我国发展中国家地位受到挑战而不得不退出特殊和差别待遇，还是因我国正享受着的特殊和差别待遇在改革中被平行削减，都可以通过深化国内支持政策改革，将其影响控制在可承受范围内。

四、应对 WTO 农业改革的原则与建议

　　从多哈回合以来的农业谈判历程看，尽管迄今只在部分议题上取得了早期收获、各成员方对大部分议题存在巨大分歧，但对改革的必要性和紧迫性是有共识的，在纷繁复杂的改革提案中主要博弈方的主张也是清晰和坚定的。由于入世时我国在农业方面作出了较大让步、入世以来我国农业的比较优势和发展政策发生了较大变化、未来我国经济发展水平仍将较快提高，WTO 农业改革将给我国农业发展带来全方位挑战。这一新挑战，丝毫不亚于入世初期我国农业承受的挑战。应审时度势，积极参与和引领 WTO 农业改革，为我国农业争取尽可能多的发展利益。

(一)基本原则

1. 符合我国基本农情

　　在 WTO 农业改革的博弈中，各成员由于发展阶段、资源禀赋不同而持

有不同立场。我国在参与和引领WTO农业改革过程中,必须考虑到我国农业的基本特征,以有效维护我国农业发展利益。一要清醒认识到我国农业的低保护特征。从我国入世承诺看,为农业设置的边境保护和国内支持水平是严重偏低的。我国农产品平均约束关税仅为WTO成员平均水平的1/4。虽然可以对大米、小麦、玉米等敏感产品实行关税配额管理,但配额外最高约束关税税率仅65%,比一些成员的最高约束关税税率低得多。我国没有AMS权利,对特定产品和非特定产品仅可实行8.5%的微量许可,而一般发展中国家成员为10%。我国承诺在加入WTO后不对农产品采取任何出口补贴,不适用特殊保障条款(第5条)、发展箱条款(第6.2条)。二要清醒认识到我国农业的低政策空间特征。入世初期,低保护对我国农业发展并未构成实质性挑战。但随着入世以来国内农业生产成本的快速上涨,国家补贴力度的逐步加大,特定产品微量允许剩余空间逐步收窄。棉花和食糖的最惠国税率已无法对国内市场形成有效保护,配额外进口已成现实;大米、小麦、玉米的配额外进口到岸税后价与国内市场价格的差距在逐步缩小,最惠国税率这道防护墙即将失守。三要清醒认识到我国农业的低竞争优势特征。2013年以来,我国主要土地密集型农产品已全面出现价格倒挂,高度依赖粮食成本优势的畜产品也已全面净进口。随着未来工业化与城镇化程度的提高,我国农产品的生产成本还将长期持续提高,粮食、棉花、食用植物油、食糖、肉类、奶类等大宗农产品缺乏比较优势和竞争优势的问题将进一步暴露。四要清醒认识到我国农业的多元化、动态性特征。我国既是农产品生产大国,也是农产品进口大国;既有大量生计型小农,也有现代化规模经营主体;既是现在的发展中国家,也在向高收入国家行列迈进。我国入世谈判中以1996—1998年为减让基期,当时我国还在征收农业税,部分产品政府收购价低于固定外部参考价,主要农产品可以出口创汇;而现在我国已广泛运用各类农业补贴政策,主要农产品全面净进口。这种多元化、动态性特征,要求我国在主要农业议题的谈判中必须瞻前顾后、留有余地。

2. 讲求方法策略

参与和引领 WTO 农业改革,涉及国内外立场协调、工农业利益互济、进攻与防守配合、开放与改革联动,必须以综合研判和战略谋划为基础。一要善结盟友。在多哈回合的前 11 轮部长级会议及各种磋商中,各方立场和主张分歧很大,我国在不同议题上的利益共同者差别较大,我国宜在最主要的利益关切点上与相关成员加强协调,同时也要做好与我国有利益分歧的成员的安抚工作。二要以工补农。随着我国工业化程度的提高,制造业的全球比较优势逐步上升、农业的全球比较优势逐步下降,可考虑通过纺织等制造业的更大幅度减让,换取保留敏感农产品的支持政策空间。三要加快改革。一方面,要在农业减让改革谈判中尽量为我国农业转型争取时间和空间;另一方面,要加大国内农业政策改革力度。要切实按入世承诺,推进稻谷、小麦价格形成机制和收储制度改革,将其市场价格支持率控制在微量许可范围内。改进棉花目标价格补贴、玉米和大豆生产者补贴①的操作办法,把蓝箱或脱钩的收入支付作为改革方向。

3. 尊重全球农业的多重属性

多哈回合以来的农业改革之所以艰难曲折,与农业的产业特性密不可分。以土地为核心的资源禀赋是决定农业竞争力的关键,而土地的不可移动性使国家间农业竞争力不可能像制造业那样出现趋同化,效率因素与环境、农民、文化等非效率因素交织往往使农业贸易问题政治化。在绝大多数国家,特别是发展中国家,农业是事关国计民生的基础产业,既关系到保障国民食物和营养安全,又关系到保障农民收入和解决农村贫困问题。在国际社会,一些机构和人士认为,完全商业化导向的贸易自由化将使国家粮食安全置于世界粮食市场波动风险之中;如果缺乏有效的国内支持政

---

① 据媒体公开报道,2017 年、2018 年度黑龙江大豆生产者补贴分别高达 173.46 元/亩、320 元/亩,2019 年度按不低于 270 元/亩安排,而且均强调要按当年实际合法种植面积发放该补贴,鼓励发展大豆生产。

策,国际低价粮食大量进入会使国内农民破产而加剧未来粮食生产保障的困难,引发饥饿、贫困等一系列社会问题。2012 年,联合国人权理事会发表的《世贸组织与后全球粮食危机时期议程》甚至指出,WTO 贸易规则和对农业政策的改革应首先考虑粮食安全,贸易自由化应放在次要地位。受这些认识的影响,一些国家将粮食主权放到国家主权的高度,要求在全球贸易谈判中例外讨论和设立专门规则。尽管在贸易自由化推进过程中,农业也在逐步削减关税、壁垒和补贴,但对农业而言没有一个国家愿意做到真正的自由贸易。农业谈判试图追求的目标并非彻底的自由贸易,而是关注公平的贸易条件,强调削减扭曲生产和贸易的补贴、配额使用的公平和透明、关税设置的简化和降低配额内关税、卫生与植物卫生措施不被滥用。我国在参与和引领 WTO 农业改革过程中,既要坚守"建立一个公平的、市场导向的农产品贸易体制"的改革方向,又要充分考虑到农业的产业特性和农业在各国经济社会生活中的重要性。

(二)政策建议

1.审慎跟进国内支持改革

我国入世时争取到的国内支持政策空间本身就很有限,这些年来部分产品的微量允许空间已得到较大程度利用甚至出现"暴箱",只有非特定产品微量允许还有较大剩余空间。我国刚刚开始探索蓝箱措施,总量不大,经验不足。未来要想促进农业稳定发展、保持敏感产品足够高的自给率,我国农业还需要加大补贴力度。这方面,我国既拼不过美国等农业竞争力强的新大陆国家,也拼不过支持保护基数高的欧盟、日本、韩国,尽管它们有维持补贴的既得利益,对它们在国内支持削减方面的出牌,我国宜审慎跟进;与大多数发展中国家缺乏经济实力、农业补贴力度很低不同,我国经济实力不断增强、农业补贴力度快速提高,对其在国内支持削减方面的提案和建议,应保持距离。我国宜化被动为主动,推动取消 AMS 或约束单一产品 AMS 使用水平的改革,推动从人均补贴额的角度建立新的补贴纪律。

2. 大力促成粮食安全公共储备永久性解决方案

我国以大米和小麦为核心的传统主粮在城乡居民日常生活中具有特殊重要性、需要保持常年均衡供应,而我国幅员广阔、年度间和地区间生产波动较大,有必要实施粮食安全公共储备项目。尽管目前我国的粮食储备项目完全符合《农业协定》附件 2 第 3 条之规定,无须按脚注 5 之规定计入黄箱,但如果就粮食安全公共储备达成永久性解决方案,也是符合我国利益的;如果所有发展中国家成员按管理价格收购和投放的、用于粮食安全目的的粮食储备计划,其收购价格与外部参考价的差额无须计入黄箱,可以为我国传统主粮的市场调控赢得更大的政策空间,这应成为我国的最优选项;如果收购价格与外部参考价格的差额所形成的市场价格支持必须符合一定的限量标准,比如不超过该产品产值的 10%,可以使我国传统主粮的微量允许空间得到放大,这应成为我国的次优选项;如果以城乡贫困人口为对象、按管理价格收购和销售的粮食援助项目无须计入黄箱,也可以扩大我国传统主粮的调控政策空间,我国应支持和推动这一主张。

3. 高姿态推进市场准入、出口竞争、出口限制改革

我国作为农产品净进口国家和拥有大量生计型小农的国家,本应在农产品市场准入方面处于"守势",对扩大市场准入的各类主张持审慎态度,但鉴于两方面原因,我国应高姿态推进市场准入改革。这两方面原因是:我国入世时在市场准入方面已作出巨大让步,目前关于市场准入的主要改革主张对我国的不利影响不大;我国未来需要更大程度地利用国际农产品市场和国外农业资源。我国作为人多地少水缺的国家,尽管部分产品具有出口竞争优势,但总体而言大规模出口农产品并不符合我国利益,遑论补贴出口,我国完全可以在加严出口竞争纪律方面主动出击。我国作为农产品净进口国,保障进口来源稳定可靠关乎我国战略利益。在高姿态推进市场准入、出口竞争、出口限制改革的同时，应在以下方面守住和拓展我国农业发展利益：在农产品最终约束关税税率削减方面，可优先对主要用作工业原料、满足国内升级型消费的农产品进行减让；力争扩大发展中国家特别是粮食净进口发展中国家的特殊产品、特殊保障机制的适用范围，力争扩围过程中我国能够被包括进去；支持削减出口补贴有助于建立公平的市场环境，属于站在道义的一边，我国应与各支持削减出口补贴的成员一起积极推动出口补贴的削减，监督主要农产品输出国出口补贴削减的落实情况；与日本、新加坡等主要净进口国一道积极参与和督促主要贸易国取消出口限制，在争取发展中国家成员为保障食物安全可实施出口限制的权益方面应持十分慎重的立场。

4.积极维护农业领域的发展中国家成员特殊和差别待遇

综合考虑我国经济发展水平、农业比较优势等的动态变化，以及平衡我国自身利益与其他发展中国家成员利益的需要，应在农业改革的主要议题中积极维护发展中国家成员的农业发展利益：在国内支持方面，支持发展中国家成员少削减 OTDS、拥有更长过渡期，支持发展中国家成员拥有更宽泛的发展箱措施，支持发展中国家成员的粮食安全公共储备项目不计入黄箱；在市场准入方面，支持发展中国家成员少削减约束关税税率、拥有更长过渡期，支持发展中国家成员一律可以适用特殊保障措施；在出口限制方面，应引导发展中国家成员严格遵守纪律，审慎使用出口限制措施；在棉花方面，应从道义出发，积极支持非洲"棉花四国"的合理诉求。

附表 8-1 多哈回合农业谈判主要议题、选项或方法

主要问题	需要解决的议题	选项或方法
一、国内支持		
1. 应当规范哪些类型的国内支持?	从任何限额或者削减中排除哪些类型的国内支持,比如,在提供公共产品中具有重要性的国内支持,或者与低收入或缺乏资源的生产者之间存在相关性的国内支持。哪些国家的哪些国内支持可以免于削减承诺。	A. 使用一些或者所有现有的国内支持类型,比如,综合支持总量(AMS),微量允许(de minimis),蓝箱,6.2条,绿箱。 B. 对最具贸易扭曲性的国内支持设立一个总的限额。 C. 取消 AMS 的权利。 D. 综合采取上述措施。
2. 应当如何对待被规范的国内支持?	应当设置的限额水平、支持限额应当削减的比率,以及时间期限。	A. 国内支持限额是一个固定的金额。 B. 国内支持限额是一个浮动的金额,比如与产值挂钩。 C. 在一个约定的期限内,逐步削减至允许的最高额度。
3. 成员如何解决特定农产品某些类型的国内支持集中度高的问题?	主要出口方提供给生产者的支持是否应当受到更加严格的规范;如果是的话,可以怎么做。成员如何平衡总量限制和对特定产品的支持。对于最不发达成员国家的产品,WTO 成员如何建立更加强有力的规则进行约束。	A. 按固定金额,或者产值的一定比率,设立特定产品支持限额。 B. 按总体贸易扭曲性支持量的一定比率,设立特定产品支持限额。 C. 按现有的总体限额下贸易扭曲性支持总额的一定比率,设立特定产品支持限额。
二、粮食安全公共储备		
1. 成员应当寻求什么类型的永久性解决方案?	这个领域的协定如何为 WTO 成员提供充分的法律确定性。成员如何确保永久性解决方案不削弱 WTO 关于农业国内支持规则的完整性。这个永久性解决方案在多大程度上可以基于巴厘岛部长级会议成果。	A. 在粮食安全公共储备项目下的支持可以免受 WTO 农业补贴规则的约束。 B. 同意不通过 WTO 争端解决程序去投诉粮食安全公共储备项目下提供的支持。

续　表

主要问题	需要解决的议题	选项或方法
2. 永久性解决方案应当涵盖哪些类型的支持?	是否可以为最不发达国家成员或者其他国家集团制定一个特别条款;政府采购价格低于国际市场价格的情形;采购数量很小的情形;自给农业占"合格生产"中一部分的情形。永久性解决方案如何为新的项目制定规则。	A. 粮食安全公共储备项目提供的所有支持。 B. 支持仅限于特定的产品,特定的国家集团或者根据一些特点,比如产值的一定比率。
3. 提供这些支持措施的成员应当遵守哪些类型的其他规范?	从这个规则中受益的成员,是否应当向 WTO 通报其违反了国内支持的限额或者存在违反限额措施的风险。成员是否需要提前通报此类支持项目。	A. 通报和透明度要求。 B. 反补贴措施和保障措施要求。 C. 磋商要求。
三、市场准入		
1. 如何解决关税保护?	需要削减的关税比例,以及执行这些削减的期限。可以免于承诺或者较低承诺降低关税水平。	A. 简化复杂的关税,从而可以表述为从价关税。 B. 设立一个关税削减公式,对高关税等地削减所有关税。 C. 使用阶梯式公式,对高关税给予更多的削减。 D. 设立关税封顶以限制关税高峰。 E. 设立一个公式防止关税升级(对高附加值的产品征收高关税)。
2. 如何处理配额形式的市场准入壁垒?	应当扩大的配额比例。应当削减配额内的关税水平。	A. 扩大现有的关税配额。 B. 削减配额内的关税。
3. 在使用特殊农产品保障措施(SSG)方面应当制定什么规则?	如果逐步取消 SSG,那么在执行期内,特殊农产品保障措施涵盖的产品范围和激励经济措施。	A. 维持现有的 SSG。 B. 立即取消 SSG。 C. 在一个约定期限内逐步取消 SSG。

续 表

主要问题	需要解决的议题	选项或方法
四、特殊保障机制		
1. 什么条件下构成进口激增或价格下降?	如何保护"正常的贸易增长"在进口激增或价格下降的计算中,是否应当包括优惠贸易。保障措施是否应当以数量上升和价格下降同时出现为条件。	A. 价格下降或进口激增超过平均水平的程度。 B. 用来界定平均进口量使用的参考期限。
2. 成员可以采取什么类型的救济措施?	价格或数量保障措施两者之间关系的性质。如何针对不同区域生产的季节性确定保障措施的模式。用保障措施进行贸易救济是否会影响没有提供补贴的成员。	A. 允许保障措施关税超过现有的关税限额(或者不允许超过)。 B. 在允许的最高保障措施关税和约束关税之间建立关联(或者不建立关联)。 C. 在首次使用保障措施后,再次使用之前的期限。
五、出口竞争		
1. 如何把出口信贷、出口担保和保险对贸易的扭曲降到最小?	如何把出口担保和保险对贸易的扭曲降到最小。	A. 发达国家成员还款最长期限缩短为18个月。 B. 维持现有的最高还款期。
2. 如何在提供国际粮食援助时避免实施变相的出口补贴?	如何有效地监督货币化纪律。	A. 终止成员把粮食援助"货币化"(把援助的粮食出售变为现金)的行为。 B. 为货币化粮食援助提供更加强有力的纪律。

续　表

主要问题	需要解决的议题	选项或方法
3. 如何把从事农业出口贸易的国有贸易(STEs)对贸易的扭曲降低至最小?	在全球贸易中占很小份额的产品是否可以从总体规则中豁免。	A. 政府给予从事农业出口贸易的国有贸易公司垄断权力的程度。 B. 政府可以为所有贸易企业提供低于市场利率的融资或者抵消营业损失的程度。 C. 透明度要求。
六、出口限制		
1. 修订通报和磋商要求可否提升透明度?	需要提前多长时间进行通报(比如,30天或者90天)。协定条款是否为符合通报要求的行为提供激励机制。	A. 提交该措施的事先通报。 B. 与有关成员进行磋商。 C. 向WTO农业委员会报告措施并进行磋商。
2. 人道主义援助可否免于出口禁令、限制和出口税?	这样的承诺可以采取什么样的法律形式。	A. 出口限制不应适用于世界粮食计划署为非商业和人道主义目的而采购的粮食。 B. 不应当对类似采购征收额外的出口税。 C. 成员同意将不采取这样的措施。
3. 可否通过谈判澄清现有的GATT和WTO协定中含义模糊的概念?	在WTO争端解决程序中考虑这种澄清可以采取哪些不同的法律形式。	A. 可以通过部长会议或者总理事会的决议澄清GATT第11条第2(a)款,比如"临时性的""防止""减缓""严重短缺""基本"等概念。 B. 通过WTO农业委员会的解释性声明澄清这些术语的含义。
4. 可否达成有关出口禁令、限制和出口税的规则?	应该有多长的执行期。成员如何解决通过第三方的食品出口问题。	A. 非粮食净进口发展中国家(non-NFIDCS)成员不发展中国家最不发达国家成员应当对粮食净进口发展中国家或者最不发达国家成员实施出口禁令或者限制。 B. 非最不发达国家成员采取的粮食出口禁令或者限制应当不适用于向最不发达国家成员的净出口(如果该出口成员是该净特定产品的净出口国)。

续 表

主要问题	需要解决的议题	选项或方法
七、棉花		
1. 如何消除对棉花贸易的扭曲性支持？	哪些贸易扭曲性支持措施应当受到总体限制。 支持量的限额应当设为多少。 限额总量削减的比率是多少。 如何区分对发达国家成员和发展中国家成员的规定。 削减支持的参考基数是多少。 削减的实施期应当多长时间。	A. 对给予棉花生产的所有贸易扭曲性国内支持设立一个固定的限额，比如一个数字。 B. 设立一个产量的限额。 C. 设立一个所有特定支持额的比率。 D. 设立向棉花生产者的转移支付占生产总值的一定比例作为限额。 E. 建立一个阶梯公式，提供较多支持的成员削减更多。
2. 如何削减棉花的市场准入壁垒？	给予最不发达国家成员棉花出口免关税免配额市场准入的期限。	A. 应当立即向最不发达国家成员的棉花出口提供免关税、免配额的市场准入待遇。 B. 成员逐步对实施对最不发达国家成员的棉花出口免关税、免配额政策。

资料来源：ICTSD，2018. Achieving Progress in Multilateral Trade Negotiations on Agriculture[R]. WTO: Paths Forward. Geneva: International Centre for Trade and Sustainable Development (ICTSD).

附表 8-2　WTO 协定和决议中发展中国家成员特殊和差别待遇条款数

协定	增加发展中国家成员贸易机会	要求 WTO 成员保障发展中国家成员利益	承诺、行动、政策工具使用方面的灵活性	过渡期	技术援助	与最不发达国家成员相关的条款	各协定合计
1994 年关贸总协定	8	13	4				25(25)
关于 1994 年关贸总协定国际收支条款的谅解			1	1			2(2)
农业协定	1		9	1		3	14(13)
实施卫生和植物卫生措施协定		2	2	2			6(6)
贸易技术壁垒协定	3	10	2	1	9	3	28(25)
与贸易有关的投资措施协定			1	2		1	4(3)
关于执行 1994 年关贸总协定第 6 条的协议		1					1(1)
关于执行 1994 年关贸总协定第 7 条的协议	1		2	4	1		8(8)
进口许可程序协定		3		1			4(4)
补贴和反补贴措施协定		2	10	7			19(16)
保障措施协定		1	1				2(2)
服务贸易总协定	3	4	4		2	2	15(13)
与贸易有关的知识产权协定			1	1	1	3	6(6)
关于争端解决规则与程序的谅解		7	1		1	2	11(11)

续　表

协　定	增加发展中国家成员贸易机会	要求WTO成员保障发展中国家成员利益	承诺、行动、政策工具使用方面的灵活性	过渡期	技术援助	与最不发达国家成员相关的条款	各协定合计
政府采购协定		3	6		1	2	12(10)
贸易便利化协定			3	7	7	9	26(10)
全部协定合计	15	47	44	27	25	25	183(155)

注："各协定合计"栏中，括弧内数字为该协定实际特殊和保障措施条款数，括弧外数为按条款属性分类统计数，同一条款可能具备两种属性。

资料来源：WTO贸易与发展委员会秘书处"Special and differential treatment provisions in WTO agreements and decisions"（WT/COMTD/W/239）。

附表 8-3　WTO《农业协定》框架下发展中国家成员特殊和差别待遇及我国适用情况

条款	发展中国家成员特殊和差别待遇	我国适用情况评估
序言	同意在实施其市场准入承诺时,发达国家成员将充分考虑发展中国家成员的特殊需要和条件,对这些成员有特殊利益的农产品在更大的程度上改进准入机会和条件,包括在中期审议时设定的给予热带农产品贸易的全面自由化,以及鼓励对以生产多样化为途径停止种植非法麻醉作物有特殊重要性的产品。	适用,但已无实际意义。发达国家成员已在其减让表中对发展中国家成员有特殊利益的农产品以高于平均水平的幅度降低进口关税。
第 6 条第 2 款	依照中期审评协议,政府直接或间接鼓励农业和农村发展的援助措施属发展中国家成员发展计划的组成部分。对于发展中国家成员中农业可普遍获得的投资补贴和发展中国家成员中低收入或资源贫乏生产者可普遍获得的农业投入补贴,应免除在其他情况下本应对此类措施适用的国内支持削减承诺,对于发展中国家成员鼓励以生产多样化为途径停止种植非法麻醉作物的国内给予生产者的国内支持也应免除削减承诺。符合本款标准的国内支持不需包括在一成员关于其现行综合支持总量的计算之中。	不适用。根据我国入世议定书,这类"发展箱"措施需计入现行综合支持量。
第 6 条第 4 款	(a)对于下列两项内容,成员不需将其包括在现行综合支持总量的计算中,也不需削减:(i)其他情况下本应要求包括在一成员关于其现行综合支持总量计算中的特定产品的国内支持,如此类支持未超过该成员一基本农产品在相关年度内生产总值的 5%;(ii)在其他情况下本应包括在一成员关于其现行综合支持总量计算中的非特定产品的国内支持,如此类支持未超过该成员农业生产总值的 5%。 (b)对于发展中国家成员,本款下规定的微量百分比应为 10%。	有限适用。根据我国入世议定书,微量百分比为 8.5%,介于发达国家成员和发展中国家成员之间。

续表

条款	发展中国家成员特殊和差别待遇	我国适用情况评估
第9条第2款第b项	（IV）在实施期结束时，该成员出口补贴预算支出和得益于此类出口补贴的数量分别不高于1986—1990年基期水平的64%和79%。对于发展中国家成员，百分比应分别为76%和86%。	不适用。我国加入WTO时承诺不实行农产品出口补贴，因而不存在按较低比例削减的问题。
第9条第4款	在实施期内，发展中国家成员不需就以上第1款（d）[为减少出口农产品的营销成本而提供的补贴（可广泛获得的出口服务成本，包括处理、升级和其他加工成本，以及国际运输和运费，其条件优于国内装运货物的国内运费）]和（e）[政府提供或授权的出口装运货物]项所列出口补贴作出承诺，只要这些补贴不以规避出口削减承诺的方式实施。	不适用。我国加入WTO时承诺不实行农产品出口补贴。
第12条第2款	本条的规定（出口禁止和限制的纪律）不得适用于任何发展中国家成员，除非该措施是由属有关特定粮食净出口国的发展中国家采取的。	适用，但已无实际意义。我国作为粮食净进口国可以对粮食出口实施禁止和限制措施，然而我国粮食市场价格已经长期高于国际市场价格。
第15条第1款	与关于对发展中国家成员的差别和更优惠待遇为谈判组成部分的认识相一致，应提供本协定有关条款所列出口减让和承诺表中的特殊和差别待遇。	适用，但已无意义。我国已加入WTO，减让和承诺表已成事实。
第15条第2款	发展中国家成员应拥有在最长为10年的时间内实施削减承诺的灵活性。最不发达国家成员不需作出削减承诺。	适用，但已无实际意义。我国已加入WTO，而且加入时不存在综合支持量和出口补贴削减问题；根据我国入世减让表，农产品关税减让的实施期普遍至2004年，仅有极少数产品实施期至2008年。

续　表

条　款	发展中国家成员特殊和差别待遇	我国适用情况评估
第16条第1款	发达国家成员应采取《关于改革计划对最不发达国家和粮食净进口发展中国家可能产生消极影响的措施的决定》范围内所有规定的行动。	适用,但已无实际意义。根据《关于改革计划对最不发达国家和粮食净进口发展中国家可能产生消极影响的决定》,我国已经不可能接受其推动的粮食援助、技术和财政资助。
第16条第2款	农业委员会应酌情监督该决定的后续行动。	(同上)
附件2第3款脚注5	就本附件第3款而言,发展中国家出于粮食安全目的而实施的政府储备计划,如运营是透明的并依照正式公布的客观标准和技收购实施,则应被视为符合本款规定的,用于粮食安全目的的粮食储备计划,只要收购价格与外部参考价格的差额计入综合支持量。	适用,但无实际意义。我国采用这类措施所产生的价差要计入黄箱。
附件2第4款脚注5和脚注6	就本附件第3款和第4款而言,以定期和按合理价格满足发展中国家城乡贫困人口的粮食需要为目的的按补贴价格提供的粮食,应被视为符合本款的规定。	不适用。我国采用这类措施所产生的价差要计入黄箱。

续 表

条　款	发展中国家成员特殊和差别待遇	我国适用情况评估
附件5B节	7.自《WTO协定》生效后，第4条第2款的规定也不得适用于作为一发展中国家成员的初级食品中主要食饮传统的产品除应符合第1款（a）项至（d）项列明的对有关产品适用的条件外，还应遵守以下条件： （a）有关发展中国家成员自实施期第1年初起占基期期国内消费量的有关产品的最低的1%，此后每年均等增长，实施期第5年初到达到相应到基期国内消费量的2%。自实施期第6年的年初起，有关产品的最低准入机会占相应基期国内消费量的2%，此后每年均等增长，实施期第10年的初到达到基期国内相应消费量的4%。此后按此公式产生的第10年的减让表中的产品的减让应维持在有关发展中国家成员的减让表中。 （b）已对本协定项下的其他产品提供适当的市场准入机会。 10.如自实施期启用的第10年结束后不再继续适用第7款规定的特别处理，则有关产品应适用以依照附件后附件中规则计算得出的关税等值为基础确定的普通关税，并应约束在有关成员的减让表中。在其他方面，应适用项经本协定下给予发展中国家成员的有关特殊和差别待遇修改后的第6款的规定。	不适用。根据我国入世减让表，我国农产品进口全部关税化。

资料来源：根据WTO《农业协定》，WTO贸易与发展委员会秘书处"Special and differential treatment provisions in WTO agreements and decisions"(WT/COMTD/W/239)，中国入世议定书整理。

附表 8-4　多哈回合农业谈判主要议题中的发展中国家成员特殊和差别待遇及对我国的意义

依据	议题	发展中国家成员特殊和差别待遇	对我国的意义
2012 年总理事会决议	约束关税	根据《农业协定》，各成员在加入 WTO 时已明确所有农产品的约束关税水平。最不发达国家加入 WTO 时亦应如此。新加入的最不发达国家可以将全部农产品平均约束关税水平确定为 50%。	不适用。仅限新加入的最不发达国家成员。
2013 年第九届部长级会议决议	政府一般服务	在《农业协定》附件 2 第 2 条"政府一般服务"项下增列发展中国家成员用于"土地复垦、土壤保持和资源管理、干旱管理和洪水控制、农村就业、产权证发放、农民安置"等促进乡村发展，保障粮食安全和减贫的支持内容。	适用。在《农业协定》附件 2 第 2 条规定的 7 种情形外新增了 6 种情形，这 6 种情形对我国有现实意义，但该决议未形成最终方案。
2013 年第九届部长级会议决议 / 2014 年总理事会决议 / 2015 年第十届部长级会议决议	粮食安全公共储备	就以粮食安全为目的的公共储备形成临时方案，在达成永久方案之前该临时方案始终有效。根据该临时方案，对发展中国家成员在传统主粮品种的公共储备方面是否遵守了《农业协定》第 6 条第 3 款和第 7 条第 2（b）款的规定，在寻求通过 WTO 争端解决机制解决纷争时保持适当兑制。各成员应建设性地参与为形成关于发展中国家成员以粮食安全为目的的公共储备的永久方案，与多哈发展议程下的农业谈判进程加快该谈判进程，与多哈发展议程下的农业谈判区别开来。	适用。但该决议未形成最终方案。
2013 年第九届部长级会议决议	配额管理	严格关税配额（TRQ）管理透明度纪律，明确配额申领和配额期限等相关信息公布和通报义务；建立 TRQ 未完成机制，如连续 3 年未达到设定的配额完成率（65%），成员必须改变原有配额管理方式，采用完全放开或先来先领等更自由的管理方式；发展中国家成员在配额完成率未达到 65% 的情况下，可以享受维持现有管理方式的特殊和差别待遇。	适用。但实际意义不大。经 WTO 裁决，并与发起方美国协商，我国已于 2019 年 12 月 31 日前完成对农产品关税配额管理政策的调整。

续　表

依　据	议　题	发展中国家成员特殊和差别待遇	对我国的意义
2013年第九届部长级会议决议 2015年第十届部长级会议决议	棉花	棉花生产对部分发展中国家成员是最不发达国家成员棉花生产国重要性。各成员和多边机构应加强对最不发达国家生产国的技术援助；在市场准入方面，发达国家成员从2016年1月1日起开始向"发展中国家成员宣称有能力的"免关税和免配额的市场准入待遇；棉花出口给予免关税和免配额的市场准入待遇；在国内支持方面，仍需要采取更多行动；在出口竞争方面，发达国家成员将立即取消对棉花的出口补贴，而发展中国家成员在2017年1月1日前取消。	不适用。仅限于最不发达国家成员，我国没有出口补贴。但我国作为棉花进口国，一旦失去发展中国家身份，就必须对最不发达国家成员的棉花提供零关税、零配额市场准入机会。
2015年第十届部长级会议决议	特殊保障机制	为发展中国家成员建立特殊保障机制（SSM），允许发展中国家成员在进口激增和价格下跌时临时提高关税，确认发展中国家拥有根据"香港部长宣言第7段"使用SSM的权利，并承诺将寻求未来在WTO农业委员会的专门会议中进行谈判。	不适用。我国加入WTO时放弃了使用《农业协定》第5条"特殊保障条款"的权利，在今后的谈判中争取该项新的特殊保障机制很难，且该决议仍在磋商中。
2015年第十届部长级会议决议	出口补贴	发达国家成员将立即取消农业出口补贴，但对"加工产品、奶制品和猪肉"的出口补贴可以延至2020年。发展中国家成员也必须在2018年底前取消前述目的的出口补贴，但用于运输和市场推广目的的出口补贴可以延至2023年。最不发达国家成员和粮食净进口发展中国家成员获准可以到2030年取消出口补贴。	不适用。我国加入WTO时承诺不实行农产品出口补贴，且该决议执行不到位。
2015年第十届部长级会议决议	出口信贷	发达国家成员出口信贷最长还款期限为18个月。发展中国家成员将在4年的过渡期内将最长还款期减少到18个月，并给予最不发达国家成员和粮食净进口发展中国家成员更为优惠的待遇。	不适用。我国没有农产品出口信贷。

资料来源：根据WTO贸易与发展委员会秘书处"Special and differential treatment provisions in WTO agreements and decisions"（WT/COMTD/W/239），中国入世定书整理。

参考文献

第二章

[1] 程郁,叶兴庆,2019.高水平开放背景下继续深化中国与南美国家农业合作[J].世界农业(12):4-9,20.

[2] 崔卫杰,2019a.四措并举建设更高水平开放型经济新体制[N].中国经济时报,2019-11-20.

[3] 崔卫杰,2019b.以制度型开放推动全方位对外开放[N].中国经济时报,2019-02-27.

[4] 郭庆海,2002.加入WTO后吉林农业面临的挑战和对策[C]//中国社会科学院农村发展研究所,国家统计局农村社会经济调查队.2001—2002年中国农村经济形势分析与预测.北京:外文出版社.

[5] 韩文秀,2019.建设更高水平开放型经济新体制[J].宏观经济管理(12):11-13,17.

[6] 国家统计局,2019.农业生产跃上新台阶,现代农业擘画新蓝图:新中国成立70周年经济社会发展成就系列报告之十二[EB/OL].(2019-08-05)[2020-03-01].http://www.stats.gov.cn/ztjc/zthd/bwcxljsm/70znxc/201908/t20190805_1689105.html.

[7] 国务院新闻办公室,2018.《中国与世界贸易组织》白皮书[EB/OL].(2018-06-28)[2020-03-01].http://www.scio.gov.cn/zfbps/32832/Document/1632334/1632334.htm.

[8] 柯炳生,2002.加入WTO与中国农业发展[C]//中国社会科学院农村发展研究所,国家统计局农村社会经济调查队.2001—2002年中国农村经济形势分析与预测.北京:外文出版社.

[9] 隆国强,2019.中国新一轮对外开放呈现三大特点[N].中国经济时报,2019-09-09.

[10] 倪洪兴,2019.开放视角下的我国农业供给侧结构性改革[J].农业经济问题(2):

9-15.

[11] 石光,2019.加快构建面向现代化的金融和商品衍生品市场[C]//吴振宇.建设适应
现代化目标的金融体系.北京:中国发展出版社.

[12] 吴思,2015.粮食安全新战略:2015中国粮食与食品安全战略峰会综述[J].中国经济
报告(12):47-52.

[13] 许英明,2019.外商投资法开启制度型开放新时代[N].中国经济时报,2019-03-13.

[14] 杨军,董婉璐,2019.中国农产品贸易变化新特征及其政策启示[J].经济与管理(5):
36-41.

[15] 叶兴庆,2016.演进轨迹、困境摆脱与转变我国农业发展方式的政策选择[J].改革
(6):22-39.

[16] 叶兴庆,2017a.我国农业支持政策转型:从增产导向到竞争力导向[J].改革(3):
19-34.

[17] 叶兴庆,2017b."一带一路"农业合作与我国全球农产品供应体系多元化[J].调查研
究报告(国务院发展研究中心),第69号(总5144号).

[18] 张陆彪,2019.新形势下构建我国农产品贸易新格局[C]//韩长赋.农村改革40年:理
论与实践.北京:中国农业出版社.

[19] 张在一,毛学峰,杨军,2019.站在变革十字路口的玉米:主粮还是饲料粮之论?[J].
中国农村经济(6):38-53.

[20] 周曙东,赵明正,陈康,等,2015.世界主要粮食出口国的粮食生产潜力分析[J].农业
经济问题(6):91-104.

[21] 朱晶,李天祥,林大燕,2018.开放进程中的中国农产品贸易:发展历程、问题挑战与政
策选择[J].农业经济问题(12):19-32.

[22] 朱满德,邓丽群,袁祥州,2019.价格支持抑或直接补贴:中等收入经济体农业政策改
革趋向:对墨西哥、土耳其、哥伦比亚、哥斯达黎加的考察与比较[J].世界农业(12):
10-20.

[23] 生源寺真一,2017.面对岔路的日本的粮食和农业:从顺应经济成长向对成熟的社会
做出贡献转变[R].2017-05-22.(在中国农业大学的特别讲义)

第三章

［1］OECD，2016. Agricultural Policy Monitoring and Evaluation 2016［M］. Paris：OECD Publishing.

［2］安琪，朱晶，林大燕，2017.日本粮食安全政策的历史演变及其启示［J］.世界农业（2）：77-81.

［3］陈文胜，2017.农业供给侧结构性改革：中国农业发展的战略转型［J］.求是（3）：50-52.

［4］陈锡文，2016a.完善农业政策，推进结构改革［J］.中国经济报告（12）：13-14.

［5］陈锡文，2016b.加快推进农业供给侧结构性改革，促进我国农业转型升级［J］.农村工作通讯（24）：5-8.

［6］程郁，叶兴庆，2016.借鉴国际经验改革我国农业支持政策［J］.调查研究报告（国务院发展研究中心），第 140 号（总 5023 号）.

［7］邓俐，2014.承包地碎片化阻碍农村土地流转［N］.农民日报，2014-04-14.

［8］方言，2016.农业支持政策体系亟待"升级版"［J］.财经（35）.

［9］冯利臣，2016.透视玉米定价逻辑［J］.农经（8）：28-30.

［10］哈罗德·詹姆斯，2017.劳动力流动再思考［N］.第一财经日报，2017-01-12.

［11］韩俊，2016.新形势下推进农业转型发展的若干思考［J］.中国经济报告（12）：15-17.

［12］何秀荣，2016.关于我国农业规模经营的思考［J］.农业经济问题（9）：4-15.

［13］齐驰名，2016.内外价差扩大，小麦出现配额外进口［N］.粮油市场报，2016-12-17.

［14］全世文，于晓华，2016.中国农业政策体系及其国际竞争力［J］.改革（11）：130-138.

［15］刘超，朱满德，徐雪高，2017.美国农业国内支持与WTO规则一致性分析［J］.世界农业（1）：4-12.

［16］杨东群，2014.日本农业标准化促进农产品竞争力研究：以良好农业规范（GAP）为例［J］.现代日本经济（4）：77-84.

［17］叶兴庆，2015.建立竞争力导向的农业政策体系［J］.当代农村财经（7）：2-5.

［18］叶兴庆，2016.演进轨迹、困境摆脱与转变我国农业发展方式的政策选择［J］.改革（6）：22-39.

［19］于晓华，武宗励，周洁红，2017.欧盟农业改革对中国的启示：国际粮食价格长期波动和国内农业补贴政策的关系［R］.未发表.

［20］中央农办调研组，2016.破解农民增收难题的"金钥匙"：山东农村新产业新业态发展

的调研与思考[N].农民日报,2016-08-30.

[21] 中央农办调研组,2017.创新现代农业经营体系的生动实践:安徽现代农业产业化联合体调研[N].农民日报,2017-01-17.

[22] 周其仁,2017.体制成本降中国经济才能涨[EB/OL].(2017-01-19)[2020-03-01].http://mt.sohu.com/business/d20170119/124756233_509997.shtml.

[23] 朱晶,晋乐,2016.农业基础设施与粮食生产成本的关联度[J].改革(11):22-39.

[24] 速水佑次郎,神门善久,2003.农业经济论(新版)[M].沈金虎,等,译.北京:中国农业出版社.

第四章

[1] 程郁,伍振军,李颖明,2014.耕地重金属污染治理需要有效的政策执行机制[N].(国务院发展研究中心)调查研究报告择要,2014-11-24.

[2] 冯华,2015.庄稼减"肥",农业更美[N].人民日报,2015-12-21.

[3] 何建武,2015.全要素生产率:着力提高行业内配置效率[C]//刘世锦.中国经济增长十年展望(2015—2024):攀登效率高地.北京:中信出版集团.

[4] 李伟,2016.清醒认识"十三五"时期面临的困难和挑战,以新的发展理念,全面建成小康社会[N].中国经济时报,2016-01-11.

[5] 林春霞,曹英,刘雅卓,2015.清徐水权改革在艰难中推进[N].中国经济时报,2015-01-23.

[6] 刘璨,武斌,鹿永华,2009.中国退耕还林工程及其所产生的影响[J].林业经济(10):50-53.

[7] 刘毅,2015.加快推广水肥一体化技术[N].人民日报,2015-10-10.

[8] 罗伊·普罗斯特曼,李平,2015.推进规模经营过程中保障粮食安全和农民利益[R].(美国农村发展研究所专家拜会本书作者时提供的研究报告)

[9] 宁启文,2015.三大主粮化肥农药利用率明显提升[N].农民日报,2015-12-03.

[10] 田纪云,1992.加快改革开放步伐,实现农业向高产优质高效的转变[C]//国务院研究室课题组.高产优质高效:中国农业发展的重大转折.北京:新华出版社.

[11] 吴敬琏,2015.在复旦首席经济学家论坛的演讲[R/OL].(2015-10-10)[2020-03-01].http://www.txy.net/4207.html.

［12］徐克,许世卫,2016.美国2014年农业法案对中国的启示[J].世界农业(1):18-23.

［13］宣晓伟,许伟,2015.应在产能过剩的化解中更多采取激励性政策[N].调查研究报告择要(国务院发展研究中心),2015-12-25.

［14］于文静,王宇,2015.坚定不移加快转变农业发展方式:访农业部部长韩长赋[J].农业经营管理(9):6-8.

［15］叶兴庆,2014."健康产能"的增长如何跑赢"有毒产能"的退出[J].中国发展观察(2):10-11.

［16］叶兴庆,2015a.建设节水型社会需多管齐下[N].中国经济时报,2015-01-23.

［17］叶兴庆,2015b.农业发展需要加快培育接续力量[N].人民日报,2015-03-16.

［18］叶兴庆,2015c.农业绿起来不是退回到传统农业[N].人民日报,2015-08-13.

［19］张宝文,2003.我国农业结构正从适应性调整向战略性调整转变[EB/OL].(2003-11-05)［2020-03-01］.http://www. sn. xinhuanet. com/11moon/2003-11/05/content _ 1153143. htm.

［20］赵文,程杰,2011.中国农业全要素生产率的重新考察:对基础数据的修正和两种方法的比较[J].中国农村经济(10):4-15.

［21］中共中央文献研究室,国务院发展研究中心,1992.新时期农业和农村工作重要文献选编[M].北京:中央文献出版社.

［22］中国社科院经济学部"中国经济形势分析与预测"课题组,2013.2014年经济蓝皮书[M].北京:中国社会科学文献出版社.

［23］朱满德,程国强,2015.中国农业的黄箱政策支持水平评估:源于WTO规则一致性[J].改革(5):58-66.

［24］朱镕基,2011.在一九九四年中央经济工作会议上的总结讲话[M]//朱镕基讲话实录(第2卷).北京:人民出版社.

第五章

［1］Alain de Janvry, Kyle Emerick, Marco Gonzalez-Navarro, Elisabeth Sadoulet,2015. Delinking land rights from land use: Certification and migration in Mexico[J]. American Economic Review,105(10):3125-3149.

［2］蔡海龙,李军,马玲,等,2017.农户对社会化服务的利用现状及政策建议[J].政研要报

(中国农业大学国家农业农村发展研究院)(16).

[3] 陈锡文,2017.农民与土地的关系[EB/OL].(2017-06-07)[2020-03-01].http://www.aisixiang.comdata104586-2.html.

[4] 陈锡文,韩俊,2002.如何推进农民土地使用权合理流转[J].中国改革(农村版)(3):37-39.

[5] 程令国,张晔,刘志彪,2016.农地确权促进了中国农村土地的流转吗?[J].管理世界(1):88-98.

[6] 程郁,2018.着力补齐农村民生短板,阻力乡村振兴繁荣[J].调查研究报告(国务院发展研究中心)(91).

[7] 杜志雄,2018.家庭农场发展与中国农业生产经营体系构建[J].中国发展观察(3):43-46.

[8] 封坚强,2013.松江家庭农场的探索与发展[J].上海农村经济(4):12-14.

[9] 全世文,黄波,2018.中国农民收入可持续增长的长效路径分析[J].世界农业(1):4-12.

[10] 国鲁来,2013.中国农村基本经营制度的演进轨迹与发展评价[J].改革(2):98-107.

[11] 韩长赋,2012.新生代农民工社会融合是个重大问题:关于新生代农民工问题的调查与思考[N].光明日报,2012-03-16.

[12] 何秀荣,2009.公司农场:中国农业微观组织的未来选择?[J].中国农村经济(11):4-16.

[13] 何秀荣,2016.关于我国农业经营规模的思考[J].农业经济问题(9):4-15.

[14] 贺雪峰,2017.论农村土地集体所有制的优势[J].南京农业大学学报(社会科学版)(3):1-8.

[15] 贺雪峰,2018.农地"三权分置"的变与不变[J].农村工作通讯(4):16-18.

[16] 何宇鹏,2017.推动农村由传统向现代转型:从"百村千户"调查看党的十八大以来中国农村社会变迁[J]."三农"决策要参(清华大学中国农村研究院)(24).

[17] 胡新艳,杨晓莹,王梦婷,2017.农地流转中的禀赋效应及其影响因素:理论分析框架[J].华中农业大学学报(社会科学版)(1):105-112.

[18] 黄宗智,2014."家庭农场"是中国农业的发展出路吗?[J].开放时代(2):176-194.

[19] 黄宗智,2016.东亚农业合作化历史经验及其借鉴意义[N].中国经济时报,2016-

08-12.

[20] 孔令君,2016.18 位缙云村干部联名倡议为土地,能比安徽小岗 18 个手印? [EB/
    OL].(2016-12-03)[2020-03-01].http://www.jfdaily.com/news/detail? id=38195.

[21] 林珊珊,杜强,2015.杜润生和他的学生[N].南方人物周刊,2015-10-09.

[22] 刘俊杰,2018.生产性服务业:农业发展新动力——基于江苏省的调研[J].农村工作
    通讯(4):44-46.

[23] 刘守英,2017a.农业经济的产权与组织[J].北京农村经济(7).

[24] 刘守英,2017b.乡村经济活动的变化与制度改革[J].农村工作通讯(15):48.

[25] 刘守英,高圣平,王瑞民,2017.农地三权分置下的土地权利体系重构[J].北京大学学
    报(哲学社会科学版)(5):134-135.

[26] 刘振伟,2017.对完善农村土地承包法律制度的认识(上)[J].农村工作通讯(22):
    8-13.

[27] 罗必良,2014.农地流转的市场逻辑"产权强度—禀赋效应—交易装置"的分析线索及
    案例研究[J].南方经济(5):1-24.

[28] 罗必良,2016.农地确权、交易含义与农业经营方式转型:科斯定理拓展与案例研究
    [J].中国农村经济(11):2-16.

[29] 罗必良,2017.农业供给侧改革的关键、难点与方向[J].农村经济(1):1-10.

[30] 罗鹏,王佳星,2017.农地确权对农户流转行为的影响与路径[N].农民日报,2017-
    07-22.

[31] 农业部经管司,2018.当前农村经营管理基本情况[EB/OL].(2018-01-05)[2020-03-
    01].http://www.jgs.moa.gov.cn/txjsxxh/201801/t20180105_6134218.htm.

[32] 农业部经管司,农业部经管总站,2017.中国农村经营管理统计年报(2016)[M].北
    京:中国农业出版社.

[33] 农业部农村合作经济研究课题组,1993.中国农村土地承包经营制度及合作组织运行
    考察[J].农业经济问题(11).

[34] 邵海鹏,2018.人大教授刘守英:宅基地改革是止住乡村衰败的关键[EB/OL].(2018-
    01-07)[2020-03-01].http://www.yicai.com/news/5389809.html? _t=t.

[35] 深圳市总工会,深圳大学劳动法和社会保障法研究所,2010.深圳新生代农民工生存
    状况调查报[R/OL].(2010-07-15)[2020-03-01].http://acftu.people.com.cn/GB/

67582/12154737.html.

[36] 生源寺真一,2017.面对岔路的日本的粮食和农业:从顺应经济成长向对成熟的社会
做出贡献转变[R].2017-05-22.(在中国农业大学的特别讲义)

[37] 王建宏,2015.韩国农地改革之再评价[J].江汉学术(4):86-93.

[38] 徐家鹏,2014.新生代农民工返乡务农意愿及其影响因素分析:基于陕西389位新生
代农民工的调查[J].广东农业科学(22):205-211.

[39] 扬·杜威·范德普勒格,2016.新小农阶级:世界农业的趋势与模式(修订版)[M].北
京:社会科学文献出版社.

[40] 姚洋,2017.小农生产过时了吗?[N].北京日报,2017-03-06.

[41] 叶敬忠,2013.没有小农的世界会好吗?——兼序《新小农阶级》中译本[J].中国农业
大学学报(社会科学版)(3):12-21.

[42] 叶兴庆,2013a.农业经营体制创新的前世今生[J].中国发展观察(2):7-9.

[43] 叶兴庆,2013b.台湾农地流转陷入困境给我们哪些警示[C]//宁吉喆.2013中国经济
社会发展形势与对策:国务院研究室调研成果选.北京:中国言实出版社.

[44] 叶兴庆,2015.对山东供销社服务规模化探索为何成功的思考[C]//国务院发展研究
中心农村经济研究部,山东省供销合作社联合社.服务规模化与农业现代化:山东省
供销社探索的理论与实践.北京:中国发展出版社.

[45] 叶兴庆,2016.以产权制度改革提高资源配置效率:六盘水"资源变股权、资金变股金、
农民变股民"调查[N].中国经济时报,2016-02-29.

[46] 叶兴庆,程郁,周群力,2017.我国小农生产现状和未来发展趋势研究[R].(国务院发
展研究中心农村经济研究部研究报告)

[47] 叶兴庆,翁凝,2018.拖延了半个世纪的农地集中:日本小农生产向规模经营转变的艰
难历程及启示[J].中国农村经济(1):124-137.

[48] 叶兴庆、伍振军、周群力,2017.日本提高农业竞争力的做法及启示[J].世界农业(9):
4-10.

[49] 张敦敦,2014.中国土地承包经营权流转的演变[EB/OL].(2014-09-30)[2020-03-
01].http://www.tuyinet.comtdzc3414.html.

[50] 张桂林,1994.东亚农地制度改革[J].中国农村经济(9):61-64.

[51] 张红宇,2017.实现小农户和现代农业发展有机衔接[N].农民日报,2017-11-21.

［52］张红宇,2018.家庭农场是我国农户经济发展的基本方向[J].农村工作通讯(4):12-15.

［53］张晓山,2014.农村集体农用地产权改革的几个理论与政策问题[N].光明日报,2014-12-31.

［54］钟文晶,罗必良,2013.禀赋效应、产权强度与农地流转抑制:基于广东省的实证分析[J].农业经济问题(3):6-16.

［55］周建明,2017.深化农村改革、实现由分到统的第二次飞跃[J].经济导刊(12):32-35.

［56］朱守银,2018.创新农业经营体制机制的几点思考[J].农村工作通讯(6):29-31.

第六章

［1］蔡继明,2018.深化土地改革,释放居民消费[N].经济参考报,2018-09-12.

［2］陈美球,2018.城乡要素流通离不开完备的农村土地使用制度基本框架:基于"城里人农村购地建房之争"的思考[J].土地科学动态(5).

［3］陈锡文,2014.在农村集体产权制度改革研究座谈会上的演讲(北京)[R],2014-12-01.

［4］陈锡文,2016.外人不应对承包地宅基地做非分之想[EB/OL].(2016-07-11)[2020-03-01].https://www.sohu.com/a/106141465_260401.

［5］程姝雯,蒋小天,2018.南都专访全国人大代表、中农办原主任陈锡文:推进城镇化就不存在"三农"问题,这个想法是片面的[N].南方都市报,2018-03-16.

［6］程郁,万麒雄,2018.完善分层治理机制,释放集体资产活力:贵州省湄潭县农村集体产权制度改革调查[J].(国务院发展研究中心)调查研究报告,第190号(总5465号).

［7］党国英,2018.农村土地市场再放开些,也乱不起来[N].新京报,2018-09-26.

［8］邓俐,2016."农地退出"破题:重庆市梁平县农村土地改革试验调查[N].农民日报,2016-11-25.

［9］董祚继,2016.以"三权分置"为农村宅基地改革突破口[J].国土资源(12):13-17.

［10］高海,2018.宅基地使用权继承:案例解析与立法构造[J].东方法学(5):98-108.

［11］韩长赋,2018.中国农村土地制度改革[J].农村工作通讯(Z1):8-17.

［12］韩松,2012.新农村建设中土地流转的现实问题及其对策[J].中国法学(1):19-32.

［13］贺雪峰,2015.为农民进城留好退路[N].环球时报,2015-10-13.

［14］李明烨,王红扬,Julien Aldhuy,2017.法国乡村复兴的历程回顾、政策演进与经验借

鉴[C]//江苏省住房和城乡建设厅.乡村规划建设(第7辑).北京:商务印书馆.

[15] 刘锐,2019.用法治手段推进和保障改革:宅基地"三权分置"入法的思考与建议[N].中国自然资源报,2019-01-18.

[16] 刘世锦,2018.打通要素通道是城乡协调发展的关键之举[N].中国经济时报,2018-09-27.

[17] 刘世锦,刘守英,许伟,等,2013.推进集体建设用地入市,为经济增长释放发展空间[J].调查研究报告(国务院发展研究中心),第210号(总4459号).

[18] 刘同山,2016."跨村"交易实现农村宅基地退出:乐清样本[EB/OL].(2016-06-22)[2020-03-01].http://www.crnews.net/29/32953_20160622111722.html.

[19] 农业部经管司,农业部经管总站,2017.中国农村经营管理统计年报(2016)[M].北京:中国农业出版社.

[20] 谭炳才,2015.建立珠三角股份合作社退社新机制:容桂街道股份社"退出潮"引发的思考[J].广东经济(2):74-77.

[21] 唐健,谭荣,2019.农村集体建设用地入市路径:基于几个试点地区的观察[J].中国人民大学学报(1):13-22.

[22] 王小鲁,2016.土地制度改革的热点和难点[R].北京:第十二届中国证券市场年会,2016-12-09.

[23] 杨伟民,2018.以改革创新促进新型城镇化发展[R].北京:中国新型城镇化理论·政策·实践论坛,2018-11-16.

[24] 杨秀彬,2019.全面激发乡村振兴动力活力[N].农民日报,2019-01-04.

[25] 叶剑平,陈思博,杨梓良,2018.宅基地"三权分置"的实践样态:来自浙江省象山县的实践探索[J].中国土地(1):32-33.

[26] 叶兴庆,2015a.集体所有制下的产权重构:在坚持集体所有制与赋予农民更多财产权利之间寻找平衡点[M]//国务院发展研究中心农村经济研究部.集体所有制下的产权重构.北京:中国发展出版社.

[27] 叶兴庆,2015b.宅基地的产权重构[N].中国经济时报,2015-05-15.

[28] 叶兴庆,2018.创新农业经营体制必须顺应三大结构性变化[J].调查研究报告(国务院发展研究中心),第63号(总5338号).

[29] 叶兴庆,程郁,于晓华,2018.德国乡村振兴的主要做法及启示[J].(国务院发展研究

中心)调查研究报告,第 160 号(总 5435 号).

[30] 叶兴庆,李荣耀,2017.进城落户农民"三权"转让的总体思路[J].农业经济问题(2):
     4-9.

[31] 张军扩,张云华,2017.深化农村宅基地制度改革的思考[J].(国务院发展研究中心)
     调查研究报告,第 45 号(总 5120 号).

[32] 赵家如,2018.改革开放以来北京市集体股份合作制改革探析[J].北京农村经济(9).

[33] 郑新立,2018.中国沉睡的钱太多,小心中了特朗普的奸计[EB/OL].(2018-09-16)
     [2020-03-01].http://www.sohu.com/a/254205386_352307.

[34] 周群力,程郁,2018.完善"村—企"分层治理架构,增强集体资产融入市场的能力:河
     南漯河市干河陈村的经验和启示[J].(国务院发展研究中心)调查研究报告,第 57 号
     (总 5332 号).

第七章

[1] World Bank,2018a.中国系统性国别诊断:推进更加包容、更可持续的发展[R/OL].
    NO. 113092-CN. http://documents. shihang. org/curated/zh/190251521729552166/
    China-Systematic-Country-Diagnostic-towards-a-more-inclusive-and-sustainable-develop
    ment.

[2] World Bank,2018b. Poverty and shared prosperity 2018:Piecing together the poverty
    puzzle[EB/OL]. [2020-03-01]. https://openknowledge. worldbank. org/bitstream/
    handle/10986/30418/9781464813306. pdf.

[3] 陈志钢,毕洁颖,吴国宝,等,2019. 中国扶贫现状与演进以及 2020 年后的扶贫愿景和
    战略重点[J]. 中国农村经济(1):2-16.

[4] 国家统计局,2018.中国统计年鉴(2018)[M].北京:中国统计出版社.

[5] 国家统计局住户调查办公室,2015.中国农村贫困监测报告(2015)[M].北京:中国统
    计出版社.

[6] 国家统计局住户调查办公室,2016.中国农村贫困监测报告(2016)[M].北京:中国统
    计出版社.

[7] 李实,朱梦冰,2018. 中国经济转型 40 年中居民收入差距的变动[J].管理世界(12):
    19-28.

[8] 李小云,徐进,于乐荣,2018.中国减贫四十年:基于历史与社会学的尝试性解释[J].社会学研究(6):35-61,242-243.

[9] 李小云,许汉泽,2018. 2020年后扶贫工作的若干思考[J].国家行政学院学报(1):62-66.

[10] 刘永富,2019.以习近平总书记扶贫重要论述为指导坚决打赢脱贫攻坚战[J].行政管理改革(5).

[11] 宁静,殷浩栋,汪三贵,等,2018.地扶贫搬迁减少了贫困脆弱性吗?——基于8省16县易地扶贫搬迁准实验研究的PSM-DID分析[J].中国人口·资源与环境(11):20-28.

[12] 欧阳煌,2017.精准扶贫战略落实与综合减贫体系构建思考[J].财政研究(7):4-10,24.

[13] 汪三贵,2008.在发展中战胜贫困:对中国30年大规模减贫经验的总结与评价[J].管理世界(11):78-88.

[14] 汪三贵,2018.中国40年大规模减贫:推动力量与制度基础[J].中国人民大学学报(6):1-11.

[15] 汪三贵,曾小溪,2018.从区域扶贫开发到精准扶贫:改革开放40年中国扶贫政策的演进及脱贫攻坚的难点和对策[J].农业经济问题(8):40-50.

[16] 汪三贵,殷浩栋,王瑜,2017.中国扶贫开发的实践、挑战与政策展望[J].华南师范大学学报(社会科学版)(4):18-25.

[17] 王广州,2019.新中国70年:人口年龄结构变化与老龄化发展趋势[J].中国人口科学(3):2-15.

[18] 王萍萍,方湖柳,李兴平,2006.中国贫困标准与国际贫困标准的比较[J].中国农村经济(12):62-68.

[19] 王萍萍,徐鑫,郝彦宏,2015.中国农村贫困标准问题研究[J].调研世界(8):3-8.

[21] 王晓琦,顾昕,2015.中国贫困线水平研究[J].学习与实践(5):76-87.

[22] 吴国宝,2016.改革开放40年中国农村扶贫开发的成就及经验[J].南京农业大学学报(社会科学版)(6):17-30,157-158.

[23] 鲜祖德,王萍萍,吴伟,2016.中国农村贫困标准与贫困监测[J].统计研究(9):3-12.

[24] 杨国涛,尚永娟,张会萍,2010.中国农村贫困标准的估计及其讨论[J].农村经济

(11):10-13.

[25] 杨宜勇,吴香雪,2016.中国扶贫问题的过去、现在和未来[J].中国人口科学(5):
2-12.

[26] 叶兴庆,2016.践行共享发展理念的重点难点在农村[J].中国农村经济(10):14-18.

[27] 叶兴庆,2017.精准扶贫是促进共享发展的关键[J].农村工作通讯(13):57.

[28] 叶兴庆,2018.新时代中国乡村振兴战略论纲[J].改革(1):65-73.

[29] 张琦,2016.减贫战略方向与新型扶贫治理体系建构[J].改革(8):77-80.

[30] 左停,2016.反贫困的政策重点与发展型社会救助[J].改革(8):80-83.